KB062721

처음 읽는
영미
현대철학

처음 읽는 영미 현대철학

비트겐슈타인부터 제임슨까지, 우리 눈으로 그린 철학 지도

© 철학아카데미, 박정일, 문창옥, 이봉재, 정원섭, 김수정,
황희숙, 이유선, 강주헌, 서유석, 이경덕, 2014

초판 1쇄 펴낸날 2014년 2월 5일
초판 4쇄 펴낸날 2023년 3월 20일

지은이 철학아카데미
펴낸이 이건복
펴낸곳 도서출판 동녘

등록 제311-1980-01호 1980년 3월 25일
주소 (10881) 경기도 파주시 회동길 77-26
전화 영업 031-955-3000 편집 031-955-3005 **전송** 031-955-3009
블로그 www.dongnyok.com **전자우편** editor@dongnyok.com

ISBN 978-89-7297-706-3 04100
      978-89-7297-690-5 04100 (세트)

처음 읽는

영미
현대철학

비트겐슈타인부터 제임슨까지, 우리 눈으로 그린 철학 지도

철학아카데미 지음

동녘

| 일러두기 |

1. 본문에 사용한 기호의 쓰임새는 다음과 같다.

   《 》: 단행본, 신문명, 잡지명

   〈 〉: 미술 및 영화 작품, 단편, 논문

2. 맞춤법과 띄어쓰기는 '한글 맞춤법'을 따랐다. 그러나 국내에서 통용되는 외국어는 국내 상황에 맞게 바꿨다. 특히 이 책에 등장하는 학자들의 이름은 최대한 원어를 번역하려고 노력했으나, 많이 다뤄져 관용적으로 굳어진 경우에는 기존의 표기를 따랐다.

목차

*

＊

들어가는 글

19세기 말 개신교 선교사들과 더불어 한국 사회에 유입되기 시작한 영어권 문화는 미군정을 거치며 사회 전체를 근본적으로 미국화시키고 있다. 흔히 영미 철학이라고 일컬어지는 분야 역시 미국의 국제적 패권과 한국의 자발적 종속이 절묘하게 맞물려 한국 철학계의 학문적 지형도에서 압도적인 영향을 미치고 있다.

보통 영미 철학이라고 하면 영국과 미국에서 영어를 바탕으로 수행하고 있는 철학 활동을 일컫는다. 영어로 철학을 하기 시작한 베이컨Francis Bacon(1561~1626), 로크John Locke(1632~1704)와 흄David Hume(1711~1776) 등 영국의 근대 계몽주의 사상가들은 추상적인 이론이나 종합적인 체계보다는 구체적인 경험과 예리한 분석을 중요하게 다루었다. 이러한 경험 중심의 합리주의 전통은 인간의 구체적인 감정을 중시하는 멘드빌Bernard de Mandeville(1670~1733), 샤 프츠베리Anthory Ashley Cooper Shaftesbury(1671~1713)와 스미스 등의 도덕 감정학파에서도 뚜렷이 나타날 뿐만 아니라 오늘날 소위 자 연주의 논쟁의 기원이 되고 있다.

그런가 하면 사회 전반의 급진적인 혁명을 시도하였던 다른 유 럽 국가들과는 달리 영국의 경우 벤담과 밀의 사상에서 보듯이 실용적면서도 온건한 개량주의 전통이 상대적으로 두드러지게 나 타난다. 물론 공리주의를 체계화한 벤담의 사상에 급진성이 없는 것은 아니지만 그 급진성은 당대의 프랑스혁명의 급진성과는 근 본적으로 결을 달리한다고 할 수 있다. 18세기 중반, 영국의 대영 박물관 한편에서는 맑스가 자본주의 체제에 대한 근본적인 변혁 을 구상하고 있었지만 그를 영국의 철학자라고 생각하는 사람은 그때나 지금이나 거의 없을 것이다.

영국인들에게 영국의 봉건 체제는 분명 개혁의 대상이었겠지만 그렇다고 지금 당장 반드시 철폐되어야만 하는 '앙시앙 레짐ancien régime(프랑스혁명 당시 타도의 대상이 되었던 구체제)'은 아니었을 것이다. 왜냐하면 18~19세기 영국인들에게는 식민지라는 도피처가 아메 리카 대륙에, 아시아의 인도에, 그리고 세계 도처에 있었기 때문이 었다. 영국을 떠나 아메리카 대륙에 새롭게 정착한 청교도들은 정교분리의 정신에 따라 '새로운 나라'를 세우면서 프래그머티즘, 곧 실용주의에 충실하고자 하였다. 이러한 전통은 제임스, 퍼스 그리고 듀이를 거치며 그 빛을 발하였다.

현대 영국과 미국의 강단 철학을 논하면서 한 명의 철학자만을 거론하자면, 그것은 당연히 비트겐슈타인일 것이다. 그가 제시한 '언어적 전환'이라는 표현이 시사하듯이, 그를 통해 20세기 영국과 미국의 강단 철학자들은 지금까지 사용하던 언어에 대해 깊이 성찰하기 시작하였던 것이다. 그의 빛이 강렬하였던 만큼 그의 그림자 역시 오랫동안 드리웠다. 물론 그의 언어에 대한 면밀한 분석은 강단 철학자들에게 학문적 전문성을 제공하였지만, 그렇게 강화된 전문성은 두 차례에 걸친 세계대전, 기나긴 흑백 인종 갈등과 극심한 사회경제적 불평등에 대해 침묵할 수 있는 명분과 핑계를 동시에 제공하였다. 현실 문제 또한 강단 철학의 고도의 전문성을 요구할 정도로 복잡다단하기보다는 그야말로 힘과 힘이 적나라하게 부딪히는 절박한 것들이 주를 이루었다. 이렇게 현실과 철학은 서로 점점 무관심해져 갔다.

그러나 시험관아기의 등장과 더불어 촉발된 의료윤리 논쟁은 철학자들에게 실천 문제에 대한 적극적 관심을 요구하였다. 20세기 후반 유럽의 거대 담론이 그 위력을 잃고 있는 사이 인지과학, 생명공학 그리고 정보통신 분야의 비약적인 발전은 "아는 것이 힘"이라는 베이컨의 언명에서 보듯, 태생에서부터 관찰과 경험을 중시했고 자연과학과의 친화성을 지닌 영미 철학의 입장에서는 질적 비약의 계기이자 현실과 새롭게 조우하는 접점이 되었다. 이론적으로 보자면 심리철학과 과학철학 분야에서 1980년대 이후 이룬 성과는 말 그대로 괄목상대하다. 실천적으로도 생명공학과 정보통신기술 덕분에 새롭게 갖게 된 다양한 능력을 어떻게 활용할 것인가에 대해 광범위한 규범적 논쟁이 전개되고 있다는 것이다.

이 책《처음 읽는 영미 현대철학》은 비트겐슈타인부터 화이트헤드, 쿤, 롤스, 매킨타이어, 왈쩌, 퍼트남, 로티, 촘스키, 프레이저, 그리고 제임슨까지 총 11명의 영미 철학자들을 소개하고 있다. 각각의 원고는 2013년 그 무더운 여름, 철학아카데미에서 진행됐던 강의를 내용을 바탕으로 새롭게 재구성한 것이다. 우선 그 당시 철학아카데미 강좌에 참여했던 모든 분들께 깊이 감사드린다. 원고를 쓴 한분 한분은 해당 철학자에 대해 이미 다양하고 폭넓은 연구 성과를 생산하고 있다. 또한 이번 기획을 통해 최대한 일반인들을 위해 쉬운 언어로 서술하는 수고를 해주고, 독자와의 거리감을 최소화하기 위해 여러 부분에서 많은 노력을 기울였다. 감사의 말씀을 드린다.

그리고 출판을 맡아준 도서출판동녘과 강의에 참석하고 원고를 꼼꼼히 챙기며 이 책이 나오는 순간까지 마음 졸이며 수고한 윤현아 선생님에게 깊은 감사를 표하지 않을 수 없다.

작지만 소중한 노력이 하나하나 모여 우리 모두의 큰 기쁨이 되리라.

2014년 1월 16일

정 원 섭

루트비히
비트겐슈타인,
유아론에서
실천으로

—

박정일

루트비히 비트겐슈타인
Ludwig Josef
Johann Wittgenstein(1889~1951)

루트비히 비트겐슈타인은 20세기가 낳은 영향력 있는 철학자 중 한 명이다. 아리스토텔레스의 논리학을 능가하는 새로운 논리학을 발명했다고 평가받는다. 또한 분석철학을 창시한 프레게의 논리학과 의미 이론을 부분적으로 수용하고 비판하면서, 또한 러셀의 유형 이론과 논리철학을 비판하면서《논리-철학 논고》라는 불후의 고전을 집필했다. 그는 이 저작을 통하여 자신의 실존적 문제를 해결하고자 했으며, 모든 철학적 문제들을 궁극적으로 해결했다고 선언했다. 그러나 철학을 떠난 후 10여 년의 방황 후에《논리-철학 논고》의 결정적인 오류를 자각하고 철학에 복귀하게 된다. 그 이후 그는《논리-철학 논고》의 오류들을 하나하나 치열하게 비판함으로써 자신의 독자적인 철학 사상을 정립하고자 필사적으로 노력한다.《철학적 탐구》는 바로 이러한 그의 노력의 결정체이다.

루트비히 비트겐슈타인은 20세기를 대표하는 철학자 중 한 사람입니다. 비트겐슈타인 철학에 관한 수많은 논문과 저서들이 지금도 계속 출판되고 있고, 그의 사상은 앞으로도 계속 중대한 영향력을 행사할 것입니다. 실례로, 1999년 21세기의 문턱에서 《타임스Times》는 정치, 경제 등 여러 분야에서 20세기에 가장 영향력 있는 100인을 선정하였는데, 비트겐슈타인은 철학자로서 그 목록에 오른 유일한 인물입니다. 이 사실만 보아도 20세기 철학에서 그가 차지하는 독보적인 위치는 미루어 짐작할 수 있습니다.

하지만 비트겐슈타인의 삶과 저작은 수수께끼로 둘러싸여 있습니다. 특히 그의 저작들은 난해하기로 유명해서 어떤 학자는 그의 저작을 연구하는 사람 수만큼 그에 대한 해석이 존재한다고 꼬집어 말하기도 했지요. 이 점은 국내에서도 마찬가지입니다. 비트겐슈타인의 철학이 한국학계에 수용된 지 약 40년이 지났지만, 현재도 비트겐슈타인 철학에 대한 논의가 만족스러울 만한 합의에 이르지 못하고 있는 실정입니다.

비트겐슈타인의 철학을 조명하는 일이 어려운 것은 그의 저작이 아주 난해하기 때문이기도 하지만, 무엇보다도 비트겐슈타인이 독자로 하여금 생각하는 수고를 덜어주는 글을 쓰지 않았다는 점에 더 근본적인 이유가 있습니다. 뿐만 아니라 비트겐슈타인이 씨름했던 철학 문제들은 아주 다양하고 서로 얽혀 있습니다. 따라서 그러한 문제들 중 핵심적인 것을 추려내는 일이 쉽지 않습니다.

저는 이런 점을 감안하여, 가급적 객관적인 입장을 유지하면서 비트겐슈타인의 삶과 철학을 조명해보고자 합니다. 먼저 앞으로의 논의를 위해 비트겐슈타인의 철학 전반의 얼개를 살펴보도록 하겠습니다. 비트겐슈타인의 철학은 보통 전기, 중기 그리고 후기로 구분됩니다.《논리 - 철학 논고Tractatus Logico-Philosophicus》(1922; 국역본은 이명철 옮김, 책세상, 2006)는 그의 전기 철학의 대표 저작이지요. 비트겐슈타인은 젊은 시절《논리 - 철학 논고》를 출판하면서 철학의 모든 문제를 해결했다고 선언하였습니다. 하지만 출판 후 10년 정도의 방황 끝에, 자신이《논리 - 철학 논고》에서 중대한 오류를 범했다는 것을 인정하게 됩니다. 그리하여 철학에 복귀한 후, 그는《논리 - 철학 논고》에 대한 치열한 비판과 함께 새로운 사상을 모색함으로써《철학적 탐구Philosophische Untersuchungen》(1953)를 집필하였습니다.《철학적 탐구》는 비트겐슈타인의 후기 철학의 대표적 저작입니다.

이렇게 한때 어떤 철학적 사상을 주장한 후, 이를 명시적으로 포기하고 그 기존의 생각과 대적할 수 있는 새로운 철학적 사상을 체계적으로 제시한 철학자는 비트겐슈타인을 제외하면 그 유례를 찾아볼 수 없습니다. 그렇다면 비트겐슈타인이 그토록 치열한 철학적 투쟁을 하게 한 철학적 문제들이란 무엇이었을까요? 무슨 문제들이 그로 하여금 이마에 혹들로 얼룩진 '병 속의 파리'인 것처럼 느끼게 했을까요? 이에 대답하기 위해서는 먼저 그의 생애를 살펴보는 것이 필요합니다. 그가 살았던 삶의 여정을 살펴보면 그의 근원적인 철학적 문제가 무엇인지 짐작할 수 있을 테니까요.

"나는 훌륭한 인생을 살았다"

비트겐슈타인은 1889년 4월 26일, 오스트리아의 비엔나에서 태어났습니다. 비트겐슈타인의 집안은 매우 특별했습니다. 그의 아버지는 '오스트리아의 카네기'라고 알려질 만큼 오스트리아 철강 산업의 대부호였습니다. 말하자면 비트겐슈타인은 그의 네 형과 세 누나와 함께 '재벌 2세'였던 것입니다. 그러나 그들의 가정환경은 천박한 졸부와는 완전히 달랐습니다. 그의 아버지 칼 비트겐슈타인은 유대인의 후손이지만 부친을 따라 개신교를 믿었으며, 탁월한 경제 평론가이자 음악 애호가였습니다. 그의 어머니 레폴딘 칼무스는 가톨릭 신자였고, 음악을 남달리 사랑했으며, 음악적 재능도 매우 뛰어났다고 알려져 있습니다.

음악에 대한 이러한 극진한 애호 아래, 브람스, 말러, 요하임, 발터 등 당대 최고의 음악가들이 호화스러운 비트겐슈타인 궁에 모여들어 많은 연주회를 열었습니다. 이러한 예술적 분위기는 비트겐슈타인 형제들에게 깊은 영향을 주었으며, 실제로 그들은 나중에 모두 음악에 탁월한 재능을 보였지요. 큰형 한스는 여러 악기를 다루었고, 셋째 형 쿠르트는 첼로를, 그리고 넷째 형 파울은 피아노를 연주하였습니다. 특히 파울은 제1차 세계대전에서 오른손을 잃고서도 왼손만으로 피아노를 연주했던 천재적 피아니스트라고 알려져 있습니다. 형제 중에서 가장 음악적 재능이 떨어졌다는 비트겐슈타인도 클라리넷 연주에 탁월한 재능을 보였습니다. 특히 웬만한 소나타 정도는 휘파람으로 불 수 있었는데, 나중에 주위 사람들과 제자들이 이런 휘파람 연주에 많은 감명을 받았다고 합니다.

그러나 이렇게 부유하고 행복한 가정에 불행이 닥치기 시작합니다. 청교도적 윤리를 지닌 자본가였던 아버지는 아들들이 가업을 잇기를 희망했습니다. 반면에 그의 아들들은 모두 예술적 감수성이 남달리 깊었고, 그러한 기업가의 의무를 다하며 사는 것을 원하지 않았던 것으로 보입니다. 아버지와 아들의 갈등은 결국 큰아들 한스의 자살로 이어집니다. 비트겐슈타인의 나이 13세 때였습니다. 그리고 2년 후 둘째 형 루돌프가 자살합니다. 연이어 제1차 세계대전 중 셋째 형 쿠르트가 자살하고요. 청소년기에 닥친 형들의 자살은 그에게 분명히 충격이었을 것입니다. 그는 낙원에서 쫓겨나듯, 행복과 환희가 사라진 이러한 실존적 상황에서 청소년기를 보냈습니다. 그가 죽음과 삶, 자살, 그리고 세계와 신에 대해서 수많은 실존적 물음을 던졌으리라는 것은 충분히 짐작할 수 있을 것입니다.

비트겐슈타인은 당시 부유한 집안이 그랬듯이 14세까지는 가정교사에게 교육을 받았습니다. 그런데 그는 다른 형제들과 달리 음악뿐만 아니라 기계에 남달리 관심과 재능을 보였습니다. 스스로 모형 비행기와 재봉틀을 만들어 주위 사람들을 놀라게 한 적도 있었지요. 이러한 관심은 지속되어서 몇 시간씩 박물관에 전시된 증기기관을 관찰했던 적도 있다고 합니다. 또한 이러한 재질과 관심을 이어가 15세부터 3년간 린츠에 있는 실업고등학교(우연하게도, 이 학교에는 히틀러가 다니고 있었습니다)에서 물리학을 공부했고, 1906년 독일에서 가장 유명했던 베를린에 있는 공과대학에 입학하였습니다.

이어서 비트겐슈타인은 1908년에서 1911년까지 영국 맨체스터 공과대학에서 항공공학 연구에 매달립니다. 그는 대기 상태를 연구하기 위하여 연으로 실험하기도 했고, 특히 제트 엔진 설계에 몰두했으며 프로펠러 설계로 특허를 따기도 했지요. 그러나 그의 관심은 이후에 서서히 바뀌기 시작했습니다. 항공공학에 대한 연구가 깊어질수록 관련된 이론에 대한 연구가 불가피했기 때문이죠. 그의 관심은 항공공학에서 유체역학 이론으로 나아갑니다. 그러면서 그는 자연스럽게 응용수학과 순수수학에 관심을 갖게 되었고, 급기야는 수학 기초론과 수학철학, 그리고 논리학으로 관심이 바뀌게 되었습니다.

그러던 중 비트겐슈타인은 그의 일생에 결정적인 사건을 맞게 됩니다. 비트겐슈타인이 우연히 러셀Bertrand Arthur William Russell (1872~1970)의 《수학 원리》를 접하게 된 것입니다. 그는 이때부터 본격적으로 논리학과 철학을 하겠다는 결심을 했을 거예요. 자료에 따르면, 비트겐슈타인이 러셀을 만나 논리학을 배우기 시작한 것이 1911년 가을이었습니다. 당시 러셀은 무어George Edward Moore (1873~1958)와 함께 영국 철학의 양대 산맥을 형성하고 있었으며, 《수학 원리》의 출판과 더불어 세계적인 명성을 얻었습니다. 러셀과 무어는 비트겐슈타인의 비범한 능력과 열정에 깊이 매료되었지요. 러셀은 당시 비트겐슈타인이 자신이 알고 있던 천재의 가장 완벽한 전형이라고 생각했습니다. 그리고 1년 후 러셀은 더 이상 비트겐슈타인에게 가르칠 것이 없고 더구나 그가 자신을 앞서 가고 있다고 느꼈다고 합니다.

1913년 비트겐슈타인은 자신의 철학적 문제와 싸우기 위해서 노르웨이의 조용한 바닷가 마을에서 스스로 오두막집을 지으면서 혼자 지냅니다. 그런데 이러한 은둔도 잠시, 1914년 제1차 세계 대전이 발발합니다. 그는 탈장으로 병역면제 판정을 받았지만, 자원입대하여 처음에는 오스트리아 육군의 사병으로, 그리고 2년 후에는 장교 훈련을 받고 장교로 참전했지요. 그러나 1918년 10월, 그는 이탈리아 군의 포로가 되어 1년 동안 포로수용소에 수감됩니다. 그런데 그가 포로로 수감되었을 때 그의 배낭에는 전쟁 중에 틈틈이 계속 적어 놓았던 철학 일기와 《논리 - 철학 논고》 원고가 들어 있었습니다. 아이러니컬하게도, 비트겐슈타인의 실존적 고뇌와 철학적 문제는 삶과 죽음이 넘나드는 참혹한 전쟁의 공포와 절망 속에서 구체화되고 해결되었던 것입니다. 비트겐슈타인은 이 원고를 포로수용소에서 최종적으로 완성합니다. 이후 러셀의 주선을 받아 1922년에 《논리 - 철학 논고》가 출판되었고요.

그런데 1913년에 비트겐슈타인의 아버지가 별세했습니다. 비트겐슈타인이 포로수용소에서 석방되어 오스트리아로 돌아온 후에 제일 먼저 한 일은 상속받은 막대한 유산을 처리하는 것이었지요. 그는 그 유산을 릴케와 같은 가난한 문인들을 위한 기금으로 썼고, 나머지는 또 넷째 형과 누이들에게 모두 나누어주었습니다. 그 이후로 그는 극도로 단순하고 검약한 생활을 하였습니다. 자료에 따르면, 그가 넥타이에 정장 차림을 한 모습은 상상할 수 없었고, 그의 방에는 침대, 책상, 의자 등 기본적인 몇 개의 가구만 있었다고 합니다.

비트겐슈타인은 《논리 - 철학 논고》에서 철학적 문제들을 "궁극적으로 해결했다"라고 선언했고, 또 스스로 그렇게 믿었습니다.

이제 그에게는 그저 사는 일만 남아 있었습니다. 그는 쓸모 있는 일을 하기 위해서, 1919에서 1920년까지 일종의 교육대학(교사연수학교)에서 교육을 받고 시골에 내려가 초등학교 교사 생활을 시작합니다. 교사 생활은 약 6년간 이어졌는데, 마을 사람들과의 알력과 같은 이런 저런 문제로 결국 교사 생활을 포기하게 됩니다. 이후에 그는 수도원의 정원사 조수로 일하다가 잠시 조각을 하기도 하고, 그의 누나의 부탁으로 누나의 저택 건축 작업에 착수하기도 하지요. 이 건물은 설계부터 완성에 이르기까지 비트겐슈타인의 손이 가지 않은 곳이 없을 만큼 세심하게 지어졌는데, 장식이라고는 거의 찾아볼 수 없고, 대신에 엄격성, 정확성, 그리고 경제성을 특징으로 한다는 점에서 《논리 - 철학 논고》와 많은 부분이 유사하다고 합니다.

이렇듯 그의 정처 없는 방황은 1929년에 막을 내립니다. 그가 《논리 - 철학 논고》에 결정적인 결함이 있다는 것을 자각하기 시작했기 때문입니다. 마침 이 당시 램지Frank Plumpton Ramsey(1903~1930) 와 케인스John Maynard Keynes(1883~1946)가 그를 계속 찾아와서 토론을 벌이고 또 철학에 복귀할 것을 간절히 권유합니다. 비엔나학파의 슐리크Friedrich Albert Moritz Schlick(1882~1936)와 바이즈만Friedrich Waismann(1896~1959)과의 토론도 그가 철학에 복귀해야겠다는 결심을 재촉하였습니다. 특히 수학 기초론과 관련된 브라우어Luitzen Egbertus Jan Brouwer(1881~1966)의 강연은 직접적인 계기가 되었던 것으로 보입니다. 결국 1929년, 그는 케임브리지로 돌아와 케임브리지대학교에 연구생으로 다시 등록합니다. 이미 그는 《논리 - 철학 논고》를 통해 세계적으로 유명해져 있었으므로, 《논리 - 철학 논고》

를 박사논문으로 삼아 학위를 취득하였고, 곧바로 강의를 하게 되지요.

케임브리지로 돌아온 후, 비트겐슈타인의 사상은 중요한 전환을 맞습니다. 비로소 그의 독창적인 철학이 싹을 피우고 있었던 것입니다. 그 독창적인 사유는 《논리-철학 논고》의 오류를 정확하게 비판하는 작업에서 시작되었습니다. 《철학적 고찰》, 《철학적 문법》, 《비트겐슈타인과 비엔나 학파》는 《논리-철학 논고》에 대한 철저한 반성과 비판을 읽을 수 있는 저작입니다. 이러한 반성과 비판을 거친 후에 그의 독자적인 사상은 1933~1934년에 구술되어 완성된 《청색책·갈색책 The Blue and Brown Books》, 《수학의 기초에 관한 고찰》, 《심리철학에 관한 고찰》에서 서서히 윤곽이 드러납니다. 이러한 노력은 모두 그가 《철학적 탐구》를 완성하기 위한 과정이었지만, 후기 사상이 집약된 그 저작은 그의 사후에야 출판되었습니다.

비트겐슈타인은 1929년에서 1947년까지 대부분을 케임브리지 대학교에서 지냈습니다. 그 사이에 제2차 세계대전이 발발합니다. 그는 제1차 세계대전 때와 마찬가지로 참전했으며, 이번에는 병원에서 조수로 복무했다고 합니다. 《철학적 탐구》를 완성하려는 그의 노력은 참으로 처절했던 것으로 보입니다. 이를 위해서 그는 1937년 한 해를 노르웨이 오두막집에서 은거하기도 했습니다. 1947년에는 《철학적 탐구》를 완성하기 위하여 교수직을 사임하고, 아일랜드의 서해안 오두막집에서 은둔하기도 했습니다.

비트겐슈타인은 1951년 4월 29일, 암으로 세상을 떠났습니다. 그러나 철학을 향한 그의 집념은 놀라웠습니다. 《확실성에 관하여》

는 그가 사망하기 며칠 전까지 매일 쓴 철학 일기입니다. 이 작은 저작은 그의 철학의 깊이와 집념이 어떠했는지를 그대로 말해주는 걸작이며, 읽는 사람으로 하여금 깊은 감동을 불러일으킵니다. 이 저작만큼 깊은 감동과 당혹스러움을 안겨주는 말이 있습니다. 주치의로부터 이제 살날이 며칠밖에 안 남았다고 들었을 때 그는 다음과 같은 말을 남겼다고 합니다. "좋습니다. 사람들에게 이렇게 전해주세요, 나는 훌륭한 인생을 살았다고 말입니다Good, Tell them I've had a wonderful life."

사고의 한계

앞에서 우리는 비트겐슈타인의 삶을 간단히 살펴보았습니다. 그러면 이제 그의 대표적인 저작인 《논리-철학 논고》에 대해 이야기해보겠습니다. 비트겐슈타인이 《논리-철학 논고》에서 모두 해결했다는 철학적 문제는 무엇이었을까요? 혹자는 그 책 제목에 '논리'라는 단어가 있으므로 논리학과 관련된 문제일 것이라고 짐작할지도 모릅니다. 한편으로는 그렇습니다. 그러나 보다 더 중요한 것이 있습니다. 그 책에서 다루고 있는 궁극적인 내용은 삶의 의미 또는 실존과 윤리에 관한 문제입니다. 젊은 시절 누구나 한 번쯤 삶이 무엇이며, 이 세계가, 이 모든 것이 무엇이냐는 질문을 해보지요. 비트겐슈타인 또한 바로 그러한 물음을 던졌습니다. 특히 청소년기에 경험한 형들의 자살은 그로 하여금 끝없이 실존의 문제들을 떠올리도록 하였을 것입니다.

그런데 삶의 의미에 관하여 그가 질문했던 방식은 기존의 철학자들과 달랐습니다. 그는 처음부터 '삶의 의미'가 무엇인지 묻기보다는, 오히려 '의미'가 무엇인지 물었습니다. 이러한 물음 방식은 분석철학의 전통에서는 핵심적인 것입니다. 분석철학의 창시자는 프레게Gottlob Frege(1848~1925)입니다. 프레게는 다음과 같은 유명한 물음을 제기하였지요. '샛별(아침별)'과 '개밥바라기(저녁별)'는 둘 다 금성을 가리키는 낱말입니다. 그런데 "아침별은 아침별이다"와 "아침별은 저녁별이다"는 그 성격이 다릅니다. 전자는 하나마나한 동어반복적 문장으로 우리에게 아무런 정보도 제공하지 않습니다. 반면에 후자는 천문학적 발견을 기록한 것으로서 중요한 정보를 제공해줍니다. 아침에 보았던 샛별과 저녁에 보았던 개밥바라기가 동일한 금성이라는 사실은 과학적 관측 이후에 알려진 것이니까요. 그렇다면 그 차이를 어떻게 설명해야 할까요? 프레게는 이 차이를 해명하기 위해서 '샛별'과 '개밥바라기'는 지시체는 같지만 뜻이 다르다고 말하였습니다. 1+5=2×3에서 '1+5'와 '2×3'은 뜻이 다르지만 지시체는 동일하다는 것이지요. 요컨대 프레게는 의미를 뜻과 지시체로 구분하여 엄밀하게 해명하고자 하였던 것입니다.

비트겐슈타인은 프레게의 이러한 생각을 통하여 자신의 철학적, 실존적 문제를 해결할 수 있다고 믿었을 것입니다. 그렇게 해서 그는 철학을 하기로 결심했겠지요. 또한 비트겐슈타인은 프레게의 영향 아래, 처음부터 삶의 의미를 문제 삼지 않고 오히려 한 낱말, 한 문장 등이 의미를 지닌다는 게 무엇인지를 문제 삼았습니다. 이는 논리, 세계, 언어 전반을 다루는 것이며, 이러한 논의를 거친 후에 비로소 삶의 의미에 대해 대답하고자 했던 것입니다.

그러면 비트겐슈타인의 《논리–철학 논고》를 살펴볼까요? 그 저작은 둘째가라면 서러울 만큼 난해하기로 악명 높습니다. 이 저작은 번호가 부여된 짧은 문장들로 이루어져 있는데, 1번 명제는 "세계는 일어나는 일들의 총체이다"이고, 마지막 7번 명제는 "말할 수 없는 것에 관해서 우리는 침묵하지 않으면 안 된다"입니다. 1번과 7번 명제 사이에 나오는 여러 명제에서 비트겐슈타인은 세계, 언어, 의미, 논리에 대해 논의하고 있고, 이와 함께 자연과학, 수학, 철학, 윤리학과 미학에 대한 논의가 제시되어 있으며, 그 다음에 철학적 자아와 삶의 문제에 대한 자신의 해답을 제시하고 있습니다.

《논리–철학 논고》의 최종 결론인 7번 명제를 통하여 우리는 "말할 수 없는 것"이 《논리–철학 논고》의 핵심 개념이라는 것을 알 수 있습니다. 사실상 《논리–철학 논고》의 목적은 비트겐슈타인이 머리말에서 밝히고 있듯이, 사고의 한계를 긋는 것이었습니다. 비트겐슈타인은 말할 수 있는 것과 말할 수 없는 것을 명확하게 구분하려고 했습니다. 말하자면 말할 수 있는 것은 사고의 한계 안에 있는 것이고, 말할 수 없는 것은 사고의 한계 밖에 있다는 것이지요. 그렇다면 이러한 한계는 어떻게 그을 수 있을까요? 비트겐슈타인은 이렇게 말합니다. "한계는 오직 언어에서만 그어질 수 있을 것이며, 그 한계 건너편에 놓여 있는 것은 단순히 무의미가 될 것이다"(《논리–철학 논고》, 머리말)라고요. 다시 말해 그는 언어에 대해 어떤 철학적 작업을 함으로써 한계를 그을 수 있다고 보았던 것입니다.

여기에서 비트겐슈타인의 "말할 수 있는 것"은 정확하게 말하면, "유의미하게 말할 수 있는 것"을 뜻합니다. 그리고 《논리-철학 논고》에서 유의미하게 말할 수 있는 것은 (처음 접하는 사람에게는 이상하게 들릴지 모르겠지만) "자연과학의 명제들"(6. 53)입니다. 비트겐슈타인에 따르면, 예컨대 윤리학과 미학의 명제는 발화할 수 있을 뿐, 유의미하게 말할 수 있는 것이 아닙니다. 그렇다고 해서 비트겐슈타인이 "유의미하게 말할 수 없는 것"을 열등하다고 파악한 것은 아닙니다. 오히려 정반대입니다. 비트겐슈타인에 따르면, 말할 수 없는 것은 스스로 드러나는 것이며 신비스러운 것입니다.(6. 522) 이 점은 비트겐슈타인이 《논리-철학 논고》를 출판하기 위해 출판업자에게 보낸 편지에서 《논리-철학 논고》의 요점은 윤리적인 것이며, 《논리-철학 논고》는 자신이 쓴 부분과 그렇지 않은 두 부분으로 이루어져 있는데 중요한 것은 두 번째 부분이라고 언급한 것을 보면 알 수 있습니다.

요컨대 비트겐슈타인은 '유의미하게 말할 수 있는 것'과 '유의미하게 말할 수 없는 것'의 경계를 그음으로써 사유의 한계를 밝히고자 하였습니다. 이때 유의미하게 말할 수 있는 것은 자연과학의 명제들일 뿐입니다. 윤리학과 미학의 명제는 유의미하게 말할 수 없지요. 이렇게 어떤 명제는 뜻을 지닐 수 있고 또 어떤 다른 명제는 뜻을 지니지 않을 수 있습니다. 그렇다면 어떻게 한 명제만 뜻을 지닐 수 있는 것일까요?

비트겐슈타인은 《논리-철학 논고》에서 뜻이 있는 명제는 어떤 사실에 대한 그림이라고 말합니다. 지금 제 앞에 있는 책상 위에는 다섯 권의 책이 놓여 있습니다. 비트겐슈타인에 따르면, "이 책상 위에는 다섯 권의 책이 놓여 있다"라는 명제는 그러한 사실에 대한 그림입니다. 이러한 《논리 – 철학 논고》의 주장을 보통 '그림 이론'이라고 부릅니다. 간단히 말하면, 한 명제는 사실이나 현실에 대한 그림이기 때문에 뜻을 지닐 수 있다는 것입니다.

비트겐슈타인은 그림 이론을 제1차 세계대전 참전 중에 한 신문기사를 보고 떠올렸다고 합니다. 그 신문기사에서는 자동차 사고에 관한 프랑스 법정의 재판 과정이 묘사되어 있었는데, 그 법정에서는 자동차 사고를 재현하기 위하여 자동차 모형, 건물 모형, 사람 인형 등을 사용하였다고 합니다. 그렇게 배치된 모형들은 곧 명제와 유사한 것이고, 그렇게 배치된 모형이 자동차 사고를 재현할 수 있듯이, 우리가 사용하는 명제도 사실을 재현하고 묘사한다는 것입니다.

그런데 그림 이론에 대해서 상세하게 해명하고자 한다면, 다시 사실이 무엇인지, 또 명제가 무엇이며, 한 명제가 어떤 의미에서 사실의 그림인지 해명이 요구됩니다. 그리하여 《논리 – 철학 논고》는 세계, 사실, 사태, 대상을 해명하는 존재론에 대한 논의로부터 시작하고 있습니다. 《논리 – 철학 논고》의 존재론에 따르면, 세계는 사실들의 총체(1, 2)이고, 사실은 사태들의 존립(2)이며, 사태는 대상들의 결합(2. 01)입니다. 비트겐슈타인에 따르면 세계는 사실들, 즉 일어나는 일들로 이루어져 있습니다. 세계는 단순히 어떤 사물들의 모임이 아니라 사실들의 총체입니다. 이 책상 위에 책이 다섯 권 있다는 사실은 더 기본적인 사태들로 이루어져 있으며, 그러한 사태는 어떤 궁극적인 대상들의 결합입니다.

또한 언어, 명제, 이름을 해명하는 구문론에 대한 논의가 요구되는데,《논리-철학 논고》의 구문론에 따르면 언어는 명제들의 총체(4.001)이고, 명제는 요소 명제들의 진리함수(5)이며, 요소 명제는 이름들의 연쇄(4.22)입니다. 여기에서 주목할 것은《논리-철학 논고》에서는 존재론과 구문론이 짝을 이루어 대응한다는 것입니다. 먼저 세계에 대응하는 것은 언어입니다. 다음으로 사실에 대응하는 것은 명제이고, 사태에 대응하는 것은 요소 명제이며, 대상에 해당되는 것은 이름입니다.

존재론과 구문론이 제시되면 비로소 그림 이론이 주어집니다. 그림 이론에 따르면, 명제는 현실이나 사실에 대한 그림으로서 참 또는 거짓일 수 있습니다. 명제가 그림일 수 있는 이유는 그것이 사실이나 현실과 어떤 일정한 형식, 즉 논리적 형식을 공유하고 있기 때문입니다. 말하자면 명제가 사실의 그림인 경우, 사실은 명제에 투영되어 있으며, 그러한 투영을 가능하게 하는 것이 곧 논리적 형식인 것입니다. 비트겐슈타인은 이러한 투영관계와 법칙을 설명하기 위해 음반, 악상, 악보, 음파의 비유를 듭니다. 외견상 그것들은 모두 상이한 것으로 보이지만 모두 "공통적인 논리적 구조"(4.014)를 지니고 있습니다. 그래서 음악가는 악보로부터 교향곡을 연주할 수 있는 것이고, 음파는 악보로 바뀔 수 있는 것입니다. 이렇게 논리적 형식을 공유하기 때문에 명제는 사태나 사실이 어떠어떠하다는 뜻을 지닐 수 있습니다.

그런데 어떤 명제는 뜻있는sinvoll 명제, 가령 "비가 온다"를 포함하고 있음에도 불구하고 뜻을 결여할 수 있습니다. 예컨대, "비가 오거나 오지 않거나이다"는 날씨에 관해서는 아무 것도 말해주지 않습니다.(4.461) 이런 명제를 동어반복이라고 합니다. 또한

"비가 오고 오지 않는다"와 같은 모순도 뜻을 결여합니다. 그리하여 이러한 동어반복 명제나 모순 명제가 어떤 점에서 뜻있는 명제와 유사하고, 또 그럼에도 불구하고 왜 뜻을 결여하는지 설명하는 것이 필요해집니다. 《논리-철학 논고》에서 이 문제를 다루는 것이 소위 진리함수 이론입니다.

진리함수 이론에 따르면, 동어반복이나 모순은 요소 명제들의 진리함수라는 점에서 뜻있는 명제들과 유사합니다. 즉 그것들은 다른 명제들과 같이 ∼(아니다), &(그리고), ∨(또는), ⊃(만일 …라면, 그러면 …) 등과 같은 진리함수 연결사로 요소 명제들을 결합함으로써 도출할 수 있습니다. 또한 요소 명제들의 진리치, 즉 참 또는 거짓이 모두 결정되면 동어반복과 모순, 그리고 다른 명제들은 모두 진리치가 유일하게 확정됩니다. 반면에 동어반복과 모순은 기호 결합의 한계 경우로서 뜻을 지니지 않습니다.(4. 466) 동어반복과 모순은 가능한 어떤 상황도 묘사하지 않으며, 그리하여 현실의 그림이 아닙니다.(4. 462)

요컨대 비트겐슈타인에 따르면, 뜻있는 명제들은 자연과학의 명제들입니다. 논리학의 명제들은 요소 명제들의 진리함수라는 점에서 뜻있는 명제들과 유사하지만 뜻을 결여하는sinnlos 명제입니다. 반면에 요소 명제들의 진리함수가 아닌 명제들은 모두 무의미한 unsinnig 명제입니다. 이렇게 무의미하고 말할 수 없는 것에는 윤리학과 미학의 명제들, 세계에 대한 언급, 자아나 유아론에 대한 언급, 철학에 대한 언급 등이 있습니다. 《논리-철학 논고》에서, 말할 수 있는 것은 뜻있는 명제들이고, 말할 수 없는 것은 뜻을 결여하거나 무의미한 명제들입니다.

《논리-철학 논고》의 포기

앞에서 살펴본 바와 같이, 《논리-철학 논고》는 존재론, 구문론, 그림 이론, 진리함수 이론 등으로 이루어진 체계라는 것을 알 수 있습니다. 비트겐슈타인은 이러한 치밀한 논의를 통해서 "말할 수 없는 것에 대해서는 침묵해야 한다"라는 준엄한 결론을 내립니다. 이러한 결론은 청년 비트겐슈타인이 자신의 철학적 문제와 실존적 문제에 대해 제시한 대답을 응축하고 있습니다. 그리하여 그는 《논리-철학 논고》 말미에서 의지, 가치, 삶과 죽음, 신, 그리고 삶의 문제에 대해 언급합니다. "세계는 나의 의지로부터 독립적이다"(6.373), "세계 속에는 가치가 존재하지 않는다"(6.41), "죽음은 삶의 사건이 아니다. 죽음은 체험되지 않는다"(6.4311), "신은 자신을 세계 속에서 드러내지 않는다"(6.432), "삶의 문제의 해결은 삶의 문제의 소멸에서 발견된다"(6.521)와 같이요.

《논리-철학 논고》는 치밀하게 저술된 저작이었으며, 그만큼 강력했습니다. 이 저작이 출판되자 논리실증주의자들이 이 책을 함께 읽고 심도 있는 토론을 했다는 것은 잘 알려진 사실입니다. 《논리-철학 논고》는 논리실증주의자들에게 말하자면 바이블과 같은 책이었으며, 그들의 주요 주장들은 《논리-철학 논고》의 영향 아래 가능했습니다.

반면에 《논리-철학 논고》는 한편으로 과격한 저작이었으며, 다른 한편으로는 불안정한 저작이었습니다. 《논리-철학 논고》가 과격한 저작이었다는 것을 우리는 단적으로 이 책의 유아론에서 확인할 수 있습니다. 유아론이란 오직 나만이 존재한다는 주장이며,

또는 이러한 주장을 결론으로 지니는 논변들을 말합니다. 비트겐
슈타인은 《논리 - 철학 논고》에서 "유아론이 뜻하는 것은 전적으
로 옳다. 다만 그것은 말해질 수는 없고, 스스로 드러날 뿐이다"(5.
62)라고 말합니다. 그러면서 그는 "세계는 나의 세계이다"라는 말
로 유아론을 표현하고 있습니다. 말하자면 청년 비트겐슈타인이
자신의 실존적 문제에 대한 대답으로서 찾은 게 유아론이었던 것
입니다. 유아론을 이렇게 노골적으로 주장하는 경우는 아마도 유
례없을 것입니다. 그만큼 《논리 - 철학 논고》는 과격한 저작이었습
니다.

한편 《논리 - 철학 논고》가 불안정한 저작이었다는 이유는 비
트겐슈타인이 구문론에서의 요소 명제와 이름의 예를(바꿔 말하면,
존재론에서의 짝인 사태와 대상의 예를) 하나도 제시할 수 없었다는 데
에 있습니다. 당시 비트겐슈타인은 그러한 예를 제시하는 것은 불
필요한 일로 논리학자의 임무가 아니라 자연과학자나 심리학자의
일이라고 여겼습니다. 사실상 이름이나 대상이 존재해야 한다는
것은 그에게 논리적 요청이었을 뿐이지 어떤 엄밀한 증명을 거쳐
서 입증된 것은 아니었던 셈입니다.

그렇다면 비트겐슈타인은 왜 그러한 논리적 요청으로 나아갔을
까요? 간단히 말하면 명제에 대한 완전한 분석이 가능하다는 이
유에서였습니다.(3. 201) 한 명제에 대해서 완전한 분석을 수행하면
요소 명제와 이름들로 나아갈 수 있고, 사실에 대해 완전한 분석
을 수행하면 사태와 대상들로 나아갈 수 있다는 것입니다. 그러나
비트겐슈타인은 대상과 이름의 예를, 더 나아가 사태와 요소 명제
의 예를 하나도 제시할 수 없었습니다. 바꿔 말하면, 그는 완전한

분석의 예를 하나도 제시할 수 없었던 것입니다.

그런데 더욱 더 치명적인 것이 있었습니다. 비트겐슈타인에 따르면 요소 명제의 본질적인 속성은 요소 명제들이 상호 독립적이라는 것입니다. 예컨대 p와 q가 요소 명제라면, p가 참이나 거짓이라는 것은 q가 참이나 거짓이라는 것과 아무런 관련이 없습니다. 바로 이러한 규정은 《논리-철학 논고》에서 처음 발명된 진리표와 관련해서 대단히 중요한 것이었습니다. 진리표는 요소 명제가 1개, 2개, 3개일 때 2개, 4개, 8개의 가로줄을 지닙니다. 일반적으로 요소 명제가 n개이면 《논리-철학 논고》의 진리표는 2^n개의 가로줄을 지닙니다. 이를 보장해주는 것이 요소 명제들의 상호독립성인 것입니다.

그렇다면 만일 3개의 가로줄을 지니는 진리표가 존재한다면 어떻게 될까요? 만일 이러한 진리표가 존재한다면 요소 명제들이 상호 독립적이라는 논제는 설득력 없어지고, 《논리-철학 논고》의 진리함수 이론은 치명적인 타격을 입게 될 것입니다. 1929년 비트겐슈타인이 철학에 복귀했을 때 비로소 깨닫게 된 것이 바로 이러한 진리표가 가능하다는 것이었습니다. 이제 한 점 A에 대해서 "A는 빨갛다"를 R로, "A는 푸르다"를 G로 나타내기로 합시다. 그러면 "A는 빨갛고 A는 푸르다"는 R&G입니다. 이제 R&G의 진리표가 어떠할지를 생각해봅시다.

(1)	R	G	R&G	(2)	R	G	R&G
	참	참	거짓		참	거짓	거짓
	참	거짓	거짓		거짓	참	거짓
	거짓	참	거짓		거짓	거짓	거짓
	거짓	거짓	거짓				

R&G의 진리표는 (1)과 (2) 중 어느 것과 같을까요? 《논리 - 철학 논고》에서 R&G는 모순으로 규정되어 있습니다.(6. 3751) 즉 비트겐슈타인은 R&G의 진리표가 (1)과 같다고 생각한 것입니다. 그런데 어떤 두 요소 명제도 상호 독립일 수 없고 그리하여 상호 모순일 수 없으므로,《논리 - 철학 논고》에서 R과 G는 서로 독립이 아니며, 따라서 요소 명제가 아닙니다. 다시 말해 비트겐슈타인은 R이나 G와 같은 색깔 명제가 복합 명제라고 믿었던 것입니다. 그러나 1929년 철학에 복귀한 비트겐슈타인은 바로 이 믿음이 잘못된 것임을 깨닫게 됩니다. 진리표 (1)에서 첫 번째 가로줄(참, 참, 거짓)이 불가능하다는 것입니다. 그리하여 그는 진리표 (2)를 받아들일 수밖에 없었습니다.

진리표 (2)를 받아들이는 것은 곧 《논리 - 철학 논고》의 진리함수 이론을 포기하는 것을 뜻합니다. 그러나 이는 진리함수 이론이 잘못된 것이라기보다는 진리함수 이론으로 해명할 수 없는(망라할 수 없는) 영역이 존재한다는 것을 뜻합니다. 그리하여 비트겐슈타인은 '문법'이라는 더 넓은 개념으로 나아갔으며, 이와 함께 이름, 대상, 완전한 분석과 같은 개념들은 모두 비판의 대상이 되지 않을 수 없었습니다. 마지막으로 유아론이라는 극단적이고 과격한 주장도 치열한 비판과 극복의 대상이 되지 않을 수 없었습니다.

언어놀이와 가족유사성

비트겐슈타인의 중기 철학의 특징은 《논리-철학 논고》라는 폐허 속에서 그 문제들을 진단하고 비판하면서 새로운 사상을 모색하는 과정으로 볼 수 있습니다. 이러한 새로운 사상은 비트겐슈타인의 후기 철학에서 《철학적 탐구》로 집약됩니다. 그러면 이제 곧바로 《철학적 탐구》의 핵심적인 생각들을 보기로 합시다.

《논리-철학 논고》에서의 의미 이론은 일종의 지시의미 이론에 기반을 둔 것이었습니다. 지시의미 이론이란 한 언어적 표현의 의미는 그것이 가리키는 대상이라는 주장에 토대를 둔 이론을 말합니다. 《논리-철학 논고》에서 이름은 대상을 지시하고(다시 말해 이름의 의미가 대상이고), 또 이름들의 연쇄인 요소 명제는 논리적 형식을 공유하는 사태에 대한 그림이기 때문에 그런 뜻을 지닙니다. 그런데 비트겐슈타인에 따르면 이 뜻은 확정적이어야 합니다. 명제는 뜻이 항상 확정적이라는 것이지요. 더 나아가 비트겐슈타인은 명제가 뜻이 확정적이라는 사실로부터 이름이 존재해야 한다는 것, 그리하여 완전한 분석이 유일하게 존재해야 한다는 것이 따라 나온다고 보았습니다.(3. 23, 3. 25)

요컨대 이름과 대상, 요소 명제와 사태, 그리고 완전한 분석의 개념들은 명제의 뜻 확정성 주장과 맞물려 있는 것입니다. 따라서 한 명제나 한 언어적 표현이 뜻이나 의미를 확정적으로 지니지 않는다는 생각이 가능하다면, 이제 《논리-철학 논고》에 등장하는 이름, 요소 명제, 완전한 분석 등과 같은 개념은 의미를 잃게 될 것입니다. 《철학적 탐구》에서는 바로 이러한 내용이 구체화되며, 사용의미 이론과 가족 유사성의 개념이 그것입니다.

사용의미 이론은 한 언어적 표현의 의미는 사용에 있다는 주장을 토대로 합니다. 비트겐슈타인은 《철학적 탐구》에서 자신의 사용의미 이론을 다음과 같이 제시하고 있습니다. "한 낱말의 의미는 언어에서의 그것의 사용이다."(43절), "문장을 도구로 간주하라. 그리고 문장의 뜻은 그 사용이라고 간주하라!"(421절)라고요.

이러한 사용의미 이론에서 가장 핵심적인 개념은 비트겐슈타인이 고안한 '언어놀이'입니다. 그렇다면 언어놀이란 무엇일까요? 비트겐슈타인은 《철학적 탐구》 2절에서 언어놀이의 예를 하나 제시합니다. 그 내용은 대강 이렇습니다. 어떤 건축가와 조수가 건물을 짓고 있습니다. 건축가가 "벽돌", "기둥", "석판"이라고 말하면 조수는 그 말한 것들을 가져가지요. 이를 "완전히 원초적인 언어"라고 생각할 수 있는데요, 그들은 여기에서 언어놀이를 하고 있는 것입니다.

이제 이 언어놀이에서 "벽돌"은 "벽돌을 가져오라"라는 의미를 지닙니다. "벽돌"이라는 말의 의미는 지시의미 이론에서 주장하는 바와 같이 그 말이 가리키는 대상이 아닌 것입니다. 이제 다른 언어놀이를 생각해봅시다. 어떤 태권도 사범과 훈련생이 격파시범을 보여주고 있다고 합시다. 사범은 "벽돌", "기둥", "석판"이라고 말합니다. 그러면 훈련생은 말한 것을 격파합니다. 이 언어놀이에서 "벽돌"은 "벽돌을 격파하라"라는 의미를 지닙니다. 이와 같이 한 언어적 표현의 의미는 그것이 어떻게 사용되느냐에 따라 결정됩니다.

비트겐슈타인에 따르면 언어놀이란 앞에서 제시된 예를 포함해서 "언어와 그 언어가 뒤얽혀 있는 활동들의 전체"(7절)를 뜻합니다. 이러한 개념 규정에서 중요한 것은 활동, 실천, 삶의 형식에서의 함Tun(행위)이 전면으로 부각되고 있다는 점입니다. 다시 말해, "언어를 말한다는 것이 어떤 활동의 일부, 또는 삶의 형식의 일부"(23절)임을 부각시키기 위해, '언어놀이'라는 개념이 고안된 것입니다. 이러한 언어놀이들은 삶의 형식과 실천에 따라 대단히 다양합니다. 그리고 《철학적 탐구》에서 '언어놀이'는 우리의 다양한 언어 현상을 고찰하기 위한 일종의 본보기, 척도, 비교대상으로서 기능하기도 합니다. 예컨대 위의 건축가와 조수의 언어놀이는 하나의 견본 역할을 했던 것이지요.

한편 《철학적 탐구》의 주장은 한 명제가 항상 유일한 확정적인 뜻을 지닌다는 《논리-철학 논고》의 주장과 완전히 상이합니다. "가족유사성 논제"가 그것입니다. 비트겐슈타인은 한 언어적 표현이나 개념은 가족유사성을 따른다고 주장합니다.

가족유사성이란 말 그대로 한 가족의 구성원들이 지니는 닮음 방식을 말합니다. 예컨대 갑, 을, 병, 정이 한 가족이라고 합시다. 갑과 을을 비교하면 눈이 닮았습니다. 을과 병을 비교하면 눈은 닮지 않았지만, 코가 닮았고요. 병과 정을 비교하면 코는 닮지 않았지만, 둘 다 키가 큽니다. 그런데 갑과 정을 비교하면 그들은 눈도 코도 키도 닮지 않았습니다. 즉 갑, 을, 병, 정을 두 사람씩 비교하면 유사한 점이 있지만, 그들 모두가 공통으로 지니고 있는 성질은 없을 수 있습니다.

비트겐슈타인은 이러한 가족유사성을 놀이에 적용하여 설명합니다. 예를 들어 축구와 농구는 공을 갖고 한다는 점에서 유사합니다. 그런데 농구와 배구는 공을 갖고 하지만 배구에는 네트가 있습니다. 테니스와 배구는 네트를 놓고 하지만 테니스는 라켓을 들고 합니다. 카드놀이는 공을 갖고 하지도 않습니다. 또 어린아이들이 하는 공놀이에는 대개 승부도 없습니다. 이와 같이 모든 놀이에는 공통점이 없습니다. 놀이들은 가족유사성을 지니고 있을 뿐입니다. 비트겐슈타인은 이렇게 "서로 겹치고 교차하는 유사성들의 복잡한 그물"(66절)을 '가족유사성'이라고 부르고 있습니다.

비트겐슈타인은 놀이뿐만 아니라 언어와 언어적 표현에 대해서도 이러한 가족유사성이 적용된다고 봅니다.(65절) 그렇다면 언어적 표현들이 가족유사성을 따른다는 것을 어떻게 알 수 있을까요? 비트겐슈타인의 대답은 간단합니다. "생각하지 말고, 보라!" 다시 말해 우리의 실제 언어 사용을 보면 알 수 있다는 것입니다.

유아론과 실천

그러면 이제 비트겐슈타인이 《논리-철학 논고》에서 제시한 유아론이라는 극단적인 주장을 어떻게 비판하고 극복하려고 했는지 살펴보기로 하겠습니다. 앞에서 지적했듯이 유아론이란 오직 나만이 존재한다는 주장, 또는 이러한 주장을 결론으로 지니는 논변을 의미합니다. 유아론은 '나의 의식'으로부터 출발하는 철학이 빠져드는 함정이지요. 먼저 의식에 직접 주어진 것(소여)이 가장 확실하다고(우선적이라고, 근원적이라고, 일차적이라고) 간주됩니다. 그리고 그 직접 주어진 것을 인식하는 '나'가 상정됩니다. 나는 직접 주어

진 것을 경험할 수 있습니다. 존재하는 것은 직접 경험되는 것(감
각 자료, 인상)과 직접 경험의 주체인 나입니다. 나는 다른 사람이
아닌 이상, 다른 사람이 나와 같이 직접 주어진 것을 경험할 수
있는지 절대 알 수 없습니다. 더 나아가 다른 사람은 나와 같이
생각하고 느끼는 존재가 아닐지도 모릅니다. 오직 나만이 내가 아
프다는 것을 알 수 있다는 것이지요. 그렇기 때문에 오직 나만 존
재한다고 하는 것입니다.

여기에서 "오직 나만 내가 아프다는 것을 알 수 있다"라는 주
장은 직접적 경험이 일차적이며 이러한 직접적 경험에서 앎이 성
립한다는 생각에서 도출된 것입니다. 유아론에 대한 비트겐슈타인
의 비판은 "오직 나만 내가 아프다는 것을 알 수 있다"와 같은 문
장에 초점이 맞추어집니다. 비트겐슈타인의 진단에 따르면, 이 문
장은 한편으로는 무의미하고 다른 한편으로는 거짓입니다. 왜 무
의미할까요? 왜냐하면 그 문장은 정상적인 언어놀이에서의 정상
적인 사용을 일탈했기 때문입니다. 다시 말해 우리는 '아픔'과 '알
다'라는 말을 그런 방식으로 사용하지 않기 때문입니다. 게다가
우리는 다른 사람이 아프다는 것을 매우 잘 알 수 있기 때문입니
다.(246절)

그렇다면 어떻게 우리는 다른 사람의 심리 상태에 대해서 알
수 있을까요? 이때의 앎은 어떻게 가능할까요? 가령 우리는 다른
사람이 아프다는 것을 어떻게 아나요? 이 물음은 무엇보다도 '아
픔'과 '알다'라는 용어에 대한 우리의 정상적인 사용의 경우를 문
제 삼고 있습니다. 우리는 정상적인 상황에서 그러한 용어들을 매
우 익숙하게 사용합니다. 예를 들어 어린아이가 달려가다가 넘어

진 후에 무릎에 난 상처를 감싸며 "아야!"라고 외치면 우리는 그 아이가 아프다는 것을 압니다. 누군가가 우리에게 "그 아이가 아프다는 것을 어떻게 아는가?"라고 묻는다면 우리는 그저 "이런 경우에 우리는 이렇게 말한다"라고 대답하겠지요. 더 정확하게 말하면 우리는 '아픔'과 '알다'라는 말을 이와 같이 사용하며, 또 우리는 그러한 사용에 통달해 있습니다.

바로 이 지점에서 우리는 언어와 놀이의 가장 중요한 유사성을, 그리하여 '언어놀이'라는 개념의 중요한 의의를 볼 수 있습니다. 장기나 바둑과 같은 놀이에서 우리는 어떤 규칙을 따라 어떤 동작을 합니다. 이때 누군가가 "당신은 그러한 동작에서 제대로 규칙을 따르고 있다는 것을 어떻게 아는가?"라고 묻는다면, "우리는 이렇게 놀이를 한다(이렇게 바둑을 둔다)", "나는 이 놀이 방법을 배웠다(바둑을 배웠다)" 등으로 대답할 것입니다. 마찬가지로 하얀 눈을 보면서 "눈이 하얗다"라고 말할 때 누군가가 "당신은 당신이 '하얗다'라는 말의 규칙을 제대로 따랐다는 것을 어떻게 아는가?"라고 묻는다면, "우리는 이렇게 우리말을 사용한다", "나는 우리말을 배웠다" 등으로 대답하겠지요. 여기에서도 그 대답은 어떤 "기술의 지배", 실천과 관련이 있습니다. 요컨대 우리는 그 물음에 관한 한, 놀이와 언어놀이를 통달하고 있습니다.

우리는 언어놀이에 참여하면서 예컨대 "하얗다"와 관련된 규칙을 실천을 통해 배웠습니다. 우리는 그러한 배움과 규칙을 따르는 데 있어 생각이 일치합니다. 그것은 실천, 관습, 제도이며, 넓게는 삶의 형식입니다. 비트겐슈타인에 따르면 우리는 사적으로 규칙을 따를 수 없습니다.(202절) 언어놀이, 제도, 삶의 형식과 얽힌 행함과 실천에서 우리는 각각의 경우에 필요한 기술을 지배하고 있습니다. 비트겐슈타인에 따르면 이러한 기술의 지배는 "체험의 논리적 조건"이지요.

그런데 "우리는 다른 사람의 심리 상태를 어떻게 알 수 있는가?"라는 물음은 '아픔'뿐만 아니라 참으로 다양한 경우들을 문제 삼고 있습니다. 즉 아픔뿐만 아니라 모든 심리 상태와 인간의 행동을 문제 삼고 있는 것입니다. 이러한 문제에 대해 대답하기 위해서는 참으로 다양한 인간의 행위와 심리 상태를 살펴보아야 합니다.《철학적 탐구》는 이러한 논의를 펼치면서 깊이와 내용의 풍부함, 더 나아가 위대함을 보여줍니다. 그리하여 읽기, 인도하기, 명령하기, 생각하기, 이해하기, 희망하기, 뜻하기, 꾀하기, 두려움, 믿음, 알고 있음, 봄, …로서 봄 등에 대한 논의가 전개됩니다.

비트겐슈타인의 철학관

지금까지 우리는 간략하게 비트겐슈타인의 철학 전반을 살펴보았습니다. 비트겐슈타인이 전기 철학에서의 주요 개념들은 후기 철학들에서 질적으로 다른 개념으로 전환되었습니다. 즉《논리-철학 논고》의 존재론에서 논의되었던 유아론의 세계가《철학적 탐구》에서는 인간이 활동하고 실천하는 언어놀이와 삶의 형식, 그리고 실천의 세계로 바뀌었습니다. 지시의미 이론과 그림 이론은 사용의미 이론으로 확장 및 전환되었고, 구문론과 진리함수 이론은 보다 넓은 '문법'의 개념으로 전환되었습니다. 이와 같이 비트겐슈타인의 전기 철학에서 후기 철학으로의 변화는 한마디로 패러다임의 전환이라고 할 수 있습니다.

그렇다면 전기 철학에서 후기 철학에로 패러다임이 전환하면서 비트겐슈타인의 철학관은 완전히 변화하였을까요? 그렇지 않습니다. 왜냐하면 넓은 관점에서 보면 비트겐슈타인의 철학관이 일련의 연속성을 보이고 있다고 말할 수 있기 때문입니다. 《논리 - 철학 논고》에 따르면 철학은 "언어 비판"(4.0031)을 하는 것으로서 "철학의 목적은 사고의 논리적 명료화"입니다. 그렇다면 왜 명료화와 언어 비판이라는 활동이 필요한가요? 비트겐슈타인에 따르면, 언어는 사고를 위장하며, 그리하여 명제의 외견상의 논리적 형식은 실제 형식과 완전히 다를 수 있습니다. 만일 이 실제 형식과 논리를 이해하지 못하면 무의미한 물음들과 명제들이 생겨날 수 있지요. 따라서 그러한 물음들이나 명제들이 '거짓'이 아니라 '무의미'하다는 점을 보이기 위해서는 "언어 비판"이 요구된다는 것입니다.(4.002, 4.003)

《철학적 탐구》에서 철학은 요컨대, 철학적 물음들과 문제들에 대한 투쟁입니다. 철학적 문제들은 "지성이 언어의 한계로 달려가 들이받음"(119절)으로써, 언어 수단이 우리의 오성understanding에 마법을 걸어댐으로써(109절), 우리가 우리의 언어 형식들에 대해 오해함으로써(111절), 우리의 언어적 표현들이 본래의 고향인 언어놀이를 떠남으로써(115절), 그리고 우리가 우리의 낱말들의 사용을 일목요연하게 보지 못해서(112절) 등등 여러 이유들로 발생합니다. 철학의 목적은 "파리에게 파리통에서 빠져나갈 출구를 가리켜 주는 것"(309절)입니다.

사고의 논리적 명료화를 위한 "언어비판"이라는 《논리 - 철학 논고》의 철학관과 "우리의 언어 수단에 의해 우리의 지성에 마법을 걸려는 것에 대한 투쟁"이라는 《철학적 탐구》의 철학관은 본질적인 측면에서 유사성과 연속성을 보이고 있습니다. 철학적 문제들이 표현되는 언어에 대한 일관된 관심이 바로 이것입니다. 그러나 그 결과는 상이했습니다. 즉 그는 전기 철학에서는 유아론이라는 극단적인 견해를 보인 반면, 후기 철학에서는 유아론을 극복하면서 실천이라는 "거친 대지"로 나아갔던 것입니다. 이와 함께 비트겐슈타인 사후에 출판된 《철학적 탐구》의 여러 논의가 이후에 오스틴, 라일 등을 위시한 일상언어학파와 콰인, 데이빗슨, 퍼트남, 로티 등의 분석철학자, 그리고 핸슨, 쿤 등의 과학철학자들에게 직간접적인 영향을 미쳤다는 것은 잘 알려진 사실입니다.

더 읽어보면
좋은 책

레이 몽크, 김병화 옮김,《HOW TO READ 비트겐슈타인》, 웅진지
식하우스, 2007.

이 책은 분량은 적지만 비트겐슈타인 철학의 핵심 내용을 조망하
는 데 유익한 입문서이다. 비트겐슈타인의 전기, 중기, 후기 철학이
알기 쉽게 잘 정리되어 있다. 또한 현재 비트겐슈타인 철학에 대해
논쟁이 펼쳐지고 있는 소위 '단호한 해석' 문제에 대해서도 한 단면
을 보여주고 있다.

박병철,《비트겐슈타인》, 이룸, 2003.

이 책은 국내의 비트겐슈타인 연구자인 박병철 교수가 저술한 것
으로, 비트겐슈타인의 전기, 중기, 후기 철학을 알기 쉽게 해명하고
있다. 특히 전환기의 비트겐슈타인 철학을 다루면서 비트겐슈타인
이 '현상학'에 대해 어떻게 생각했는지를 서술한 부분은 매우 흥미
롭다.

레이 몽크, 남기창 옮김,《비트겐슈타인 평전》, 필로소픽, 2012.

레이 몽크는 이 책에서 비트겐슈타인의 생애를 매우 상세하게 묘
사하고 정리하고 있으며 이것은 크게 네 부분으로 나뉘어져 있다.
즉 비트겐슈타인의 어린 시절부터《논리-철학 논고》가 출판된 시
기, 그 이후 10년간의 방황 시기, 철학을 다시 하기 위해 케임브리

***

지대학교로 복귀한 해부터 제2차 세계대전에 참전하기 전까지의 시기, 그리고 사망 전 10년의 기간이 그것이다. 《논리-철학 논고》가 집필되고 출판되는 과정에 대한 상세한 묘사가 압권이다. 이와 함께 비트겐슈타인의 인간적인 면모를 생생하게 볼 수 있어 많은 감명을 불러일으킨다.

로날드 수터, 《비트겐슈타인과 철학》, 남기창 옮김, 서광사, 1998.

이 책은 비트겐슈타인의 후기 철학의 전반적인 내용과 그 깊이를 이해하는 데 손색이 없는 입문서로, 몇 번이고 반복해서 읽어도 좋다. 저자는 이 책에서 비트겐슈타인의 철학적 문제가 아우구스티누스, 데카르트, 프로이트, 러셀, 크립키 등 여러 철학자들의 견해와 얽혀 있다는 것을 매우 설득력 있게 논의하고 있다.

알프레드 노스
화이트헤드의
생성의 합리성과
비합리성

—

문창옥

알프레드 노스 화이트헤드
Alfred North Whitehead(1861~1947)

알프레드 노스 화이트헤드는 1861년 잉글랜드 켄트주의 램즈게이트에서 태어났다. 19세가 되던 1880년 케임브리지대학교 트리니티 칼리지에 입학하여 수학을 전공했고, 졸업 후 1898년 《보편대수론》을 출간했다. 이 저술을 인연으로 1910년에서 1913까지 러셀과 《수학원리 I·II·III》을 공동으로 저술한다. 1915년 아인슈타인이 《일반상대성원리》가 발표되던 해, 《공간, 시간, 그리고 상대성》을 출간하여 자신의 시공 이론을 전개한다. 1919년 《자연인식의 원리에 관한 연구》, 1920년 《자연의 개념》을 잇따라 출간하고 물리학의 철학적 기초를 제시한다. 1924년 64세에 하버드대학교에 초빙되어 첫 저술로 《과학과 근대세계》을 출간하는데, 이 책은 그가 초기의 수학 연구와 중기의 과학철학에서 후기의 형이상학 연구로 넘어가는 전환점에 놓인다고 간주된다. 1929년 대작 《과정과 실재》를 출간한다. 그는 이 책에서 인간에게 가능한 모든 유형의 경험을 해석할 수 있는 모체로서 거대한 사변적 우주론을 구축하고 있다. 1933년에 나온 《관념의 모험》은 이 우주론에 토대를 둔 문명론을 담고 있다. 74세가 되던 1938년 마지막 저작 《사고의 양태》를 출간하여, 가치가 충돌하던 세계대전의 현실을 철학자의 시각에서 진단하고 처방한다. 그리고 86세가 되던 1947년 12월, 하버드의 교외에서 눈을 감는다.

이 글에 인용된 화이트헤드의 저술들은 다음과 같이 약칭하고,
(약칭, 쪽수)로 표기한다.

• PR: *Process and Reality.* 1929. Corrected Edition by David Ray Griffin & Donald W. Sherburne, New York: The Free Press, 1978.
• AI: A. N., *Adventure of Ideas.* New York: The Free Press, 1967.
• SMW: *Science and the Modern World.* New York: The Free Press, 1967.
• MT: *Modes of Thought.* New York: The Free Press, 1968.
• RM: *Religion in the Making.* Cambridge: Cambridge University Press, 1927.
• FR: *The Function of Reason.* 1929. Reprinted by Beacon Press, Boston, 1958.

경계의 철학: 과정철학 또는 유기체철학

영국 태생이면서 말년에 하버드대학교의 철학과에서 강의했던 알프레드 노스 화이트헤드, 그래서 그는 자연스럽게 영미 철학자로 분류됩니다. 그러나 그의 생각을 조금만 들여다보면 그의 철학은 실증과 언어분석을 기본 방법으로 하는 영미 현대철학의 일반적인 사조와 상당한 거리가 있음을 알 수 있습니다. 실제로 그는 이런 방법적 전략들을 강력하게 비판하고 있습니다. 그리고 이 때문에 그는 영미 철학의 문맥에서 이방인이 되고만 측면이 없지 않지요. 오죽했으면 그가 지도했던 콰인Willard Van Orman Quine(1908~2000)조차도 '선생님이 무슨 말을 하는지 도통 모르겠다'고 했을까요? 사실 그의 문제의식은 우리 자신을 포함한 세계 전체를 철학적 사변의 대상으로 삼고 있다는 점에서 고전 형이상학이나 당대 유럽 철학자들 몇몇의 기획과 훨씬 더 가까웠다고 할 수 있습니다. 고대의 플라톤이나 아리스토텔레스, 근대의 데카르트, 스피노자, 라이프니츠, 헤겔, 그리고 동시대의 니체, 베르그송, 하이데거 등이 그들입니다. 물론 이들의 철학적 시선이 동일했던 것은 결코 아닙니다. 특히 니체, 베르그송, 하이데거는 그 이전의 철학자들과 달리 거대한 합리적 담론 체계의 구성보다는 이를 해체하는 데 주력했다고 말할 수 있는 측면이 강하기 때문입니다. 그래서 오늘날 해체를 말하는 사람들은 이들의 철학적 시선에서 자신들의 전거를 찾고 있는 것이고요. 아무튼 고전철학자들은 변화의 사태가 비록 정도의 차이가 있긴 했지만 이성의 언어로 설명될 수 있다고 보았던 반면, 오늘날 해체적 성향의 철학자들은 이 가능성을 심각하게 의심하는 데서 사유를 시작하고 있다는 점에서 이 두 부류의 철학은 분명하게 대비된다고 말할 수 있습니다.

그렇다면 화이트헤드는 어느 부류에 가깝다고 할 수 있을까요? 흔히 화이트헤드는 합리적 체계 구성에 매달렸던 철학자로 간주됩니다. 하지만 이는 다소 성급한 이해일 수 있습니다. 물론 그는 자신의 주저 《과정과 실재》(오영환 옮김, 민음사, 2003)에서 다양한 범주들을 동원하여 세계를 기술하고 있습니다. 그러나 그는 존재를 관통하는 생성의 세계가 온전히 이성의 언어로 기술되기 어렵다는 점을 분명히 자각하고 있었습니다. 그는 생성하는 사건으로서의 존재가 부분적으로는 구성적 기술을 허용하지만, 부분적으로는 모든 구성에 도전하는 양면성을 지녔다고 보았습니다. 그에게 존재의 세계는 이성의 언어로 남김없이 담아낼 수 없는 것이었다는 말입니다. 이 때문에 그의 철학은 구성과 해체의 '경계 위에' 구축된 개방된 실험 체계로 나타나 있습니다. 이 글의 제목에 '생성의 합리성과 비합리성'이 들어가 있는 이유도 여기에 있답니다. 생성하는 세계를 앞에 두고 그는 합리주의를 하나의 철학적 이상, 그렇지만 결코 실현될 수 없는 이상으로 간주하였습니다. 그러나 철학은 이 이상을 향해 부단히 사변의 모험을 시도할 책무가 있다고 보았죠. 그가 자신의 저술 제목으로 '관념의 모험'(《관념의 모험》, 오영환 옮김, 한길사, 1996)을 쓰는 것도 이 때문일 거예요. 그는 철학이 이런 사유의 모험을 감행할 때 인류문명을 창조적으로 견인할 수 있다고 생각한 것입니다.

'경계 위에'라는 말의 의미를 좀 더 분명히 하기 위해 그의 철학을 베르그송 철학과 비교해보기로 하겠습니다. 베르그송은 만물유전을 최초로 역설한 헤라클레이토스Heraclitus of Ephesus(BC 540?~BC 480?)를 현대에 계승한 대표적인 철학자라고 할 수 있습니다. 그는 실재의 원질étoffe이 이질적인 생성의 연속, 곧 지속durée이라고 보았습니다.(H. Bergson, *L'évolution créatrice*, P.U.F., 1969, p. 272) 그래서 그는 '거대한 약동élan'이 존재와 사물을 휩쓸어가고 있음을 역설하면서 '모든 사물을 지속의 상하*sub specie durationis*에서 보는 데 익숙해져야 한다'(H. Bergson, *La pensée et le mouvant*, P.U.F., 1955, p. 142)고 주장합니다. 여기서 베르그송이 말하는 지속 그 자체는 우리의 '사유의 틀cardres', 곧 범주들과 조화를 이루지 않습니다. 그것은 차이의 계속적인 생산 그 자체로서, '비결정적이고 예측 불가능한 것'입니다. 헤겔도 생성을 말했죠. 그러나 헤겔이 말하는 생성은 '모순, 타자성, 부정' 등의 개념을 통해 철저하게 합리화됩니다. 그런 까닭에 헤겔의 생성은 부정을 매개로 하는 개념적인 추상적 생성인데 반해 베르그송의 생성은 구체적인 자기창조의 과정입니다. 프랑스 철학자 들뢰즈가 헤겔에 대한 대안으로 베르그송을 옹호하는 것도 바로 이 점 때문입니다. 그는 이질적 생성을 강조하는 베르그송의 철학에서 자기 차이화self-differentiation, 구체적이고 살아 있는 차이에 대한 사유를 발견합니다.(G. Deleuze, "Bergson's Conception of Difference," in *The New Bergson*, Manchester: Manchenster U, 1999, p. 62) '자기 차이화는 자신을 현실화시키는 잠세태의 운동'(G. Deleuze, *Bergsonism*, Zone Books, 1991, p. 51)으로서, '차이의 개념의 심층'을 표현하고 있다고 본 것입니다. 이 심층의 실재는 모든 개념적 도식, 모든 합리적 기획을 부질없는 것으로 만듭니다. 그의 철학이 비합리주의의 전형으로 평가되는 것도 바로 이런 문맥에서고요.

그런데 화이트헤드는 비록 한계가 없는 것은 아니지만 실재를 합리화하는 데에 철학의 과제가 있다고 보았습니다. 심지어 그는 철학이 신비마저도 합리화해야 한다고 주장합니다. 그는 이런 실재 기술에서, 인간과 자연에 대한 다양한 이해 방식들을 조화시킬 토대를 발견할 수 있을 것이라고 믿었습니다. 물론 전통적으로 형이상학의 과제도 이런 것이었습니다. 화이트헤드가 이 과제를 다시 역설하는 이유는 과거의 체계들이 활력을 상실했고, 따라서 수정 없이는 받아들이기가 어렵다고 보았기 때문입니다. 더구나 과거의 철학은 자연언어에 속하는 범주들을 전제하고, 가시적 감각에 기원을 둔 추상적 관념들을 충분히 검토하지 않은 채 활용하기에, 실재의 실상을 제대로 기술하는 데 한계가 있었다고 보았습니다. 예컨대 '실체와 속성', '단순 정위하는simple located 물질'과 '절대 시공간', '자기 동일적인 주체' 등이 그것입니다. 이 범주적 개념들은 감각적으로 경험하는 사물들의 분류 방식이나 일상언어의 문법에 기원을 둔 대단히 추상적인 기호들이라는 것입니다. 이것이 전통철학의 내재적 결함이라면 20세기 초에 인류가 얻은 다양한 과학적 통찰은 심각한 외적인 도전이 되었습니다. 상대성이론, 양자역학 등이 그것입니다. 화이트헤드는 철학이 이런 외적 도전에 적극적으로 대응하려면 무엇보다도 먼저 그 내적 한계로 작동하고 있는 전통의 추상 관념들을 비판하고 넘어설 필요가 있다고 보았습니다(화이트헤드가 철학을 '추상 관념에 대한 비판자'라 부르는 까닭이 여기에 있습니다. 그에 따르면 사람들은 추상 관념의 실천적 유용성에 현혹

되어 추상을 실재 그 자체로 오인하는 경우가 많았습니다. 이것은 과학과 철학과 상식에서 흔히 통용되는 환원주의적 사유의 배후에 놓여 있는 그릇된 착상인데, 그는 이를 '잘못 놓인 구체성의 오류the fallacy of misplaced concreteness'라고 부릅니다(SMW, 51)).

그래서 화이트헤드는 가능한 한 전통의 범주나 자연언어의 굴레에서 자유로운 범주들을 새로이 구상하여, 인간의 다양한 경험 세계를 아우를 수 있는 실재에 대한 새로운 그림을 그리고자 합니다. 그의 철학에 생경한 표현들이 대거 등장하는 것도 바로 이 때문입니다. 근대 이후의 철학이 대개 그렇듯이 화이트헤드도 이 그림의 출발점이 될 실재의 모델을 인간에게 가장 직접 주어지는 실재, 곧 '경험 행위 그 자체'에서 발견합니다. 우리의 경험 행위 자체는 우리의 반성적 의식에서 가장 먼저 발견하게 되는 가장 구체적인 사태라고 할 수 있습니다. 화이트헤드가 이 사태에서 주목한 것은 우리가 경험을 통해 타자(객체적 존재)와 교섭하는 가운데 우리 자신을 구성해가고 있다는 것입니다. 우리의 존재 자체가 우리 경험의 구성물이라는 것이지요. 화이트헤드는 바로 이런 경험의 구조적 특성을 존재하는 모든 것들의 본질적인 존재 방식으로 일반화합니다. 모든 존재자들은 모종의 경험 행위를 통해 자기를 만들어가고 있다고 보는 것이죠. 우리 자신의 존재가 그렇듯이 모든 존재자들은 타자와 교섭(경험)하는 가운데 자기를 구성해가는 과정적 사건으로 존립한다는 것입니다. 따라서 화이트헤드의 체계에서 인간의 경험사건 또는 존재사건은 세계사건들 가운데 하나가 되고 그러면서 인간과 세계 간의 존재론적 경계는 사라집니다.

그런데 이 과정을 좀 더 들여다보면 화이트헤드가 말하는 궁극적 실재의 실상에 한 걸음 다가설 수 있습니다. 언급한 것처럼 인간 존재가 경험 행위로 구성되는 것이라고 할 경우, 경험의 종결은 존재의 종결을 의미합니다. 우리는 데카르트의 '코기토cogito'에서 그 구체적인 사례를 찾아볼 수 있습니다. 데카르트에 따르면 '나는 생각하는 동안 존재한다'라고 말할 수 있습니다. 그러나 '나는 생각한다', '나는 존재한다'라고 우리가 말할 때마다 '나'는 사실상 달라집니다.(PR, 75) 그렇다면 '나'는 '생각'에 선행하는 동일적 주체가 아니라, '생각'과 더불어 생겨나는 일시적 주체라고 해야 할 것입니다. 나아가 여기서 '생각한다'를 '경험한다'로 일반화하면, 다시 말해 '생각한다'를 '경험한다'의 특수 사례로 간주하면 우리는 경험하는 한, 존재한다고 말할 수 있고 또 경험하는 동안만 존재한다고 말해야 할 것입니다. 화이트헤드가 말하는 궁극적 실재로서의 원자적 생성의 사건, 곧 '현실적 존재actual entity' 또는 '현실적 계기actual occasion'* 개념은 바로 이런 유비적 일반화를 거쳐 구상된 것입니다. 현실적 계기는 타자를 자기화하는 주체적 경험 과정으로 현실 속에 존립하며, 이 과정은 자기구성이라는 본래의 목적을 성취하면 주체성(현실성)을 상실하는 동시에 가능태가 되어 새로운 생성 주체의 객체로서 주어집니다. 주체의 이런 생

---

* '현실적 존재'와 '현실적 계기'

이 둘은 교환 가능한 표현이지만 차이가 없는 것은 아니다. 전자는 시공간적 조건에서 자유로운 현실태를 가리키며, 후자는 시공간적 조건을 함축하는 현실태를 가리킨다. 예컨대 끊임없이 생성하는 신은 시간 밖의 존재이기 때문에 현실적 존재이지만 현실적 계기라고 할 수 없고, 시공간적 세계를 구성하는 현실적 존재들은 현실적 계기라고 말할 수 있다.

성과 소멸의 과정은 다음과 같은 방식으로 반복됩니다. 즉 임의의 생성은 그에 앞서 생성을 마감한 완결된 존재로서의 객체들과 그 밖의 다른 가능태들을 자기화하는 경험에서 시작됩니다. 이 생성의 주체적 과정은 다양한 가능태를 통일시키는 과정 또는 현실화시키는 과정입니다. 그리고 이런 통일이 성취되는 지점 내지 현실화 과정이 끝나는 지점이 바로 주체가 생성을 마감하는 지점이자 가능태가 되는 지점이며, 후속하는 새로운 생성에 주어지는 객체가 되는 지점입니다.

그렇기에 현실적 존재는 생성, 종결과 더불어 곧바로 소멸하는 미시적 존재입니다. 그것은 공간적 의미에서는 물론이요, 시간적 의미에서도 미시적이지요. 아니 보다 정확히 말하자면 그것은 시공간에 존재론적으로 선행하는 미시 사건입니다. 시간연장이나 공간연장은 현실적 존재들의 공존co-existence이나 계기succession에서 현실화되는 파생적 실재들입니다. 우리가 감각적으로 경험하고 변화하는 거시적 세계는 이런 원자적 사건들로 구성된 것입니다. 화이트헤드는 《과정과 실재》에서 이 원자적 사건들의 생성 과정과 이들 간의 상호관계에 대한 기술을 중심으로 우주론 체계를 구축하고 있습니다. 일상의 모든 물리적 대상이나 사건은 물론이고 우리의 의식적 경험이나 사유까지도 이 기술 속에서 해명됩니다. '존재의 사건'과 '인식의 사건'이 모두 현실적 존재의 자기구성에 속하는 경험의 과정으로 기술된다는 것입니다. 말하자면 우리의 인식 행위는 우리의 존재를 확충하는 행위의 일부일 뿐이라는 것이지요. 그래서 화이트헤드의 철학에서 존재론과 인식론은 별개의 탐구 영역으로 간주되지 않습니다. 그가 사용하는 범주들은 언제나 인식론적 함축과 존재론적 함축을 함께 가지고 있습니다. 이 부분이 전통철학의 범주에 익숙한 독자에게는 조금 당혹스러울 수도 있겠네요.

하지만 현실적 존재가 '경험의 사건'으로부터 유추된 것이라는 사실과 마주할 때, 우리는 화이트헤드 철학의 핵심 이념과 닿아 있는 두 가지 특징을 이해할 수 있게 됩니다. 우선 그의 철학이 고대 그리스 이후 서양의 사유를 지배해온 정태적인 자기 동일적 실재를 거부하고 있다는 점입니다. 현실적 존재는 생성 과정으로 존립하며, 과정을 종결하면 독자적 존재로 지속할 수 없고 오직 새로운 생성 주체의 과정에 참여함으로써만 존재할 수 있습니다. 이 생성의 배후에는 자기동일성을 가지는 그 어떤 것도 존재하지 않습니다. 이 과정을 초월하는 무시간적이고 몰역사적인 존재가 있다면 그것은 추상적, 문법적 존재일 뿐입니다. 우리의 현실세계는 끊임없는 생성과 소멸의 장일 뿐입니다. 현실적 존재들 하나하나의 생성 사건은 소우주적microcosmic 과정이요, 이들의 생성과 소멸을 바탕으로 구성되는 우주의 생성은 대우주적macrocosmic 과정이라고 할 수 있습니다. 화이트헤드의 사변철학은 이 두 가지 비시간적 생성의 과정과 시간적 변화의 과정을 분석하고 기술하는 범주적 언명들의 체계로 나타나 있습니다. 흔히 그의 철학을 '과정철학process philosophy'이라고 부르는 것도 바로 이런 의미에서입니다. 요컨대 그의 철학은 반反실체*철학인 셈이죠.

다음으로 현실적 존재들이 경험의 계기에서 유추된 것이라는 점은 이 존재들이 상호의존하는 것임을 시사합니다. 왜냐하면 그것들은 타자를 경험하는 가운데 주체로서 존립하거나, 타자의 경험 구성에 참여하는 객체로서 존립할 수 있을 뿐이기 때문입니다. 그것들은 타자와의 관계를 떠나서 '나 홀로' 존립할 수 없다는 뜻이지요. 보다 정확히 말하자면 그것들은 이런 관계의 그물망 속에서 상호 내적으로 연관되어 있으며, 이런 관계에 힘입어 비로소 이 존재들은 각기 자신의 정체성을 가질 수 있다고 할 수 있습니다. 화이트헤드가 자신의 철학을 '유기체철학organic philosophy'이라 부르는 것은 이 때문입니다. 요컨대 반反기계론의 철학인 셈이지요.

현실적 존재의 구조 분석

이제 논의를 좀 진척시켜, 생성의 원자적 사건으로서의 현실적 존재가 어떻게 분석될 수 있는지 살펴보도록 하겠습니다. 물론 현실적 존재는 다양한 방식으로 분석될 수 있지만 그것을 구성하고 있는 가장 일반적인 궁극적 요소들을 살펴보면, 화이트헤드의 우주론의 기본 골격을 엿볼 수 있다는 이점이 있습니다. 화이트헤드는 이 학적 요소들을 형성적 요소formative element라 부르는데, 여기에는 '창조성creativity', '영원한 객체eternal objects' 그리고 '신'(신을 말한다고 해서 고리타분하다거나 의아하게 생각할 필요는 없습니다. 뒤에서 보겠지만 화이트헤드가 말하는 신은 아리스토텔레스의 '부동의 동자Unmoved Mover'

＊ 실체

반실체철학에서 '실체'는 변화의 과정을 담지하는 불변자를 의미하는 것으로, 다소 좁은 의미로 쓰인다. 가령 아리스토텔레스적 전통에서 이야기하는 실체나 이를 부분적으로 대체한 근대의 물질입자 같은 것이 해당된다.

를 계승한 것이라 볼 수 있는 존재-신학적 전통의 신과 아주 다르기 때문입니다)이 속합니다. 달리 말하면 현실적 존재의 과정은 이 세 가지 범주적 요소로 최종 분석될 수 있습니다. 여기서 창조성은 현실적 세계에 새로움으로의 추이passage라는 성격을 부여하는 무규정적인 힘이고, 영원한 객체들은 이 힘을 특정한 활동성으로 특징짓는 한정자라고 할 수 있습니다. 그리고 신은 이 양자를 매개하는 작인입니다. 어떤 의미에서 이들은 플라톤의 '수용자Receptacle'와 '형상 Form' 및 '제작자Demiunge'의 관계와 유사하다고 말할 수 있습니다. 이 세 가지 요소를 좀 더 보기로 하겠습니다.

일반적으로 창조나 창조성은 무에서 유가 산출되는 것과 관련이 있는 표현입니다. 그러나 화이트헤드의 형이상학적 기술에서 창조성은 기본적으로 '새로움의 원리'(PR, 21)로 간주되고, '다 many'와 '일one' 간의 상관관계 속에 작동하는 것으로 이해됩니다. 보다 구체적으로 말하자면 그것은 다수의 여건들에 대한 경험이 통합되어 하나의 현실적 존재가 탄생한다고 할 때, 이 탄생의 과정에서 작동하는 힘입니다. 그리고 이때 탄생하는 일자, 즉 현실적 계기는 그것이 통합하는 다자, 즉 과거의 현실적 존재들과는 다르다는 의미에서 새로운 것입니다. 그래서 화이트헤드는 창조성을 가리켜, '이접적disjunctive 방식으로 주어지는 다자의 우주를 연접적 conjunctive 방식으로 구현되는 우주인 하나의 현실적 계기로 만드는 궁극적 원리'(PR, 21)라고 말합니다. 우리가 임의의 생성을 진정한 의미의 생성이라고 말할 수 있는 것은, 바로 이 새로움의 출현 원리로서의 창조성 때문이고, 창조성은 이질적 생성을 가장 근원적으로 규정하고 있는 궁극적 범주이기 때문입니다(생성Becoming이 이질성을 산출하지 못한다면 그것을 생성이라 말하는 것은 무의미합니다. 왜냐하면 그것은 동일자의 존속, 곧 존재Being와 구별되지 않을 것이기 때문입니다). 그것은 또한 직관된 것으로서의 우주의 창조적 전진creative advance에 대한 가장 근원적인 범주적 기술이라고 할 수도 있습니다. 그래서 화이트헤드는 창조성을 가리켜 '궁극적인 사태를 특징짓는 보편자들의 보편자universal'라고 말하기도 합니다.

그러나 창조성은 현실적 존재의 외부에서 독자적으로 작동하는 힘이 아닙니다. 그것은 어디까지나 현실적 존재의 활동성으로 현실화할 뿐입니다. 즉, 창조성은 현실적 존재의 생성을 통해서만 비로소 작동한다는 말입니다. 그래서 창조성은 모든 현실태의 생성에 필연적으로 포함되어 있는 실재이긴 하지만 그 자체는 현실태가 아니라 가능태에 속합니다. 말하자면 창조성은 상호 연관된 개별 현실태들의 다수성을 통해 끊임없이 현실화하고 있는 형이상학적 힘, 즉 영원한 기체substratum (SMW, 103, 154, 219, 255)라고 할 수 있고, 그렇기에 어떤 의미에서 창조성은 스피노자의 '무한 실체'와 유사합니다. 물론 스피노자는 무한 실체를 독자적 작인으로 보고 개별적 양태를 의존적인 것으로 보았다는 점에서 역전된 구조를 가지고 있습니다. 화이트헤드에게서 현실적 존재는 작인이고, 창조성은 의존적인 것으로 간주되기 때문입니다. 다른 한편 창조성은 체계 내적인 기능에서 볼 때 아리스토텔레스의 '제일 질료prime matter'와 유사한 것으로 이해될 수도 있습니다. 후자가 사물들이 '존재하는 이유'에 대한 설명으로 기능하는 것과 같이, 창조성은 사물들이 '생성하는 이유'를 설명하는 기능을 한다고 볼 수 있기 때문입니다.

한편 영원한 객체 또한 가능태로서, 창조성과 결합하여 특정한 현실적 존재의 정체성을 구성하는 가운데 현실화됩니다. 화이트헤드는 이를 '실재적 가능태real potentiality', 즉 생성을 마감한 과거의 현실세계와 구별하여 '순수 가능태pure potentiality'라고 말합니다. 영원한 객체를 순수 가능태로 분류하는 까닭은 그것이 현실세계에 구현될 수 있는 가능적 형식으로서 다양한 논리적, 존재론적 특성들, 즉 동일성, 보편성, 추상성 등을 갖기 때문입니다. 영원한 객체들은 현실적 계기의 생성과 현실세계의 유동flux에 결여되어 있는 한정성 내지 동일성을 제공합니다. 그렇기에 또한 그것은 현실의 특성일 뿐 그 자체로 구체적 현실에 존재할 수 없다는 점에서 추상적 존재입니다. 이런 의미에서 영원한 객체는 아리스토텔레스의 전통에서 '형상form', '본질eidos', '보편자', '속성attributes' 등으로 거론되어온 다양한 한정 요인들을 대체하고 있는 범주적 존재라고 할 수 있습니다.

그런데 창조성과 영원한 객체는 모두 활동성이 없는 가능태이기 때문에 그 자체로는 작인의 역할을 할 수 없습니다. 그래서 화이트헤드는 이 양자를 추동하여 매개하는 현실태, 곧 현실적 존재로서의 신을 상정합니다. 창조성과 영원한 객체들이 피한정자와 한정자의 관계에 있다고 할 때, 신은 이런 한정과 피한정의 통로라 할 수 있고, 이런 의미에서 플라톤의 '제작자'를 연상시킵니다.

그러나 화이트헤드가 말하는 신은 현실세계를 초월하는 순수한 원리적 존재가 아닙니다. 신 또한 기본적으로 현실세계의 그 물망에 얽혀 있으면서 항상 생성하고 있는 하나의 현실적 존재일 뿐이죠. 이런 의미에서 신조차도 창조성의 피조물입니다. 신의 생성 사건은 영원한 객체들 전체(가능세계)를 최대한 풍부하게 현실 속에 구현하고자 하는 목적을 가지고, 영원한 객체들을 경험하면서 시작됩니다. 물론 영원한 객체들은 신의 이런 생성에 포섭되면서 그 현실적 근거를 확보합니다. 반면 신이 영원한 객체들을 자기화하면서 얻게 되는 성격을 '원초적 본성primordial nature'이라 부르는데, 오직 이 측면만을 고려할 경우 신은 영원한 가능성의 세계에 머문다는 점에서 현실세계를 초월한다고 말할 수 있습니다. 그런데 신은 생성에서 과거의 현실세계 전체도 자기화합니다. 현실세계의 다른 모든 계기들이 그렇듯이 신도 시간적인 세계 속에서 완결되는 모든 현실적 존재들을 남김없이 경험하는 가운데 자신을 구성하는 것입니다. 그리고 현실세계에 대한 이런 경험을 통해 신은 '결과적 본성consequent nature'을 가지게 됩니다. 따라서 신 또한 다른 모든 현실적 존재들과 상호의존의 관계에 있습니다. 이런 의미에서 신은 현실세계에 내재한다고 말할 수 있습니다. 그러나 온전한 의미에서의 신은 두 측면, 즉 원초적 본성과 결과적 본성이 상호 결합하면서 짜여 들어가는 가운데 생성하고 있는 현실적 존재입니다. 그래서 신은 한편으로 원리성(세계 초월성)을, 다른 한편으로는 현실성(세계 내재성)을 함의합니다.(PR, 349) 신은 세계 내재적이면서 세계 초월적인 존재라는 것이지요.

잠시 신과 현실적 존재의 관계를 좀 더 살펴볼 필요가 있습니다. 여기서 우리는 화이트헤드의 형이상학 체계가 가지는 중요한 성격을 일견할 수 있기 때문입니다. 현실적 계기는 여건data에 대한 경험들로 구성된다고 했습니다. 이 여건에는 과거의 현실세계와 신이 포함됩니다. 그런데 이런 경험의 출발, 다시 말해 생성의 시작에는 어떤 준거가 필요합니다. 생성의 주체가 미리 존재하는 것이 아니기 때문입니다. 이 준거를 제공하는 것이 바로 신입니다. 새로운 계기는 신이 제공하는 영원한 객체를 자신이 구현해야 할 목표로 수용하면서 생성을 시작합니다. 현실세계의 다른 여건들은 이 목표를 달성하기 위한 소재로 선택되고요. 이때 신(원초적 본성)에 대한 경험에서 새로운 계기가 수용하는 영원한 객체(들)를 '최초의 지향initial aim(그 계기가 구현하고자 하는 이상적인 목적)'이라 부르는데(PR, 224~225, 244), 화이트헤드는 여기서의 신이 유혹lure으로 기능한다고 말합니다. 말하자면 새로운 현실적 계기는 신의 유혹을 받아들여 자신의 최초의 정체성으로 삼는다는 것이지요. 하지만 새로운 계기에 주어지는 신의 유혹으로서의 최초의 지향은 신의 임의적 선택만으로 결정되는 것은 아닙니다. 신은 현실적 계기를 탄생시키는 여러 여건들data 중 하나일 뿐이기 때문입니다. 그렇기에 신의 원초적 본성에 들어 있는 영원한 객체들 중 일부가 유혹의 대상으로 주어져 새로운 계기를 낳는 최초의 지향으로 기능할 수 있으려면, 이를 구성하고 있는 영원한 객체들이 그 계기의 현실세계 속에 실현되어 있는 다른 영원한 객체들과 양립 가능해야 합니다.(PR, 247) 따라서 새로운 존재의 최초의 지향은 신뿐만 아니라, 시간적 세계에 의해서도 결정되는 것이라 할 수 있습니다. 신과 세계가 새로운 현실적 계기의 공동 창조자가 되는 것이지요.

그런데 신의 기획(주체적 지향)에서 유혹으로 수용된 최초의 지향은 새로운 현실적 계기의 생성 과정에서 '주체적 지향subjective aim'으로 수정될 수 있습니다. 생성하는 존재는 주체적 결단decision

을 통해, 신에게서 수용한 지향을 수정하여 다른 영원한 객체로 바꿀 수 있다는 말입니다. 그렇기 때문에 현실세계는 신의 기획과 현실적 계기들의 결단의 합작품이라고 할 수 있습니다. 그렇지만 현실적 계기가 행사하는 이런 결단은 중요한 결과를 동반합니다. 무엇보다도 현실적 계기의 결단은 생성과 변화의 현실세계를 온전히 합리적으로 설명될 수 없는 것, 요컨대 비합리적인 것으로 만듭니다. 왜냐하면 새로이 생성하는 존재를 주어진 여건, 즉 과거의 현실세계와 신의 의도(목적)만으로는 설명될 수 없는 것으로 만들기 때문입니다. 그래서 신의 예정 조화는 존재할 수 없습니다. 세계는 언제나 예측 불가능한 것으로 남는다는 말이지요. 새로운 현실적 존재들은 하나같이 자신의 결단을 통해 자신의 정체성을 바꿀 수 있고, 그래서 당초 신의 기획 속에 없던 것, 곧 신조차도 예상치 못한 새로운 사건이 될 수 있기 때문입니다. 그렇기에 신이 이들을 자신의 경험 속에 수용하게 될 때, 결과적 본성에 있어서의 신 역시 새로워집니다. 그래서 화이트헤드는 '신과 세계는 각각 상대편의 새로움을 위한 도구'(PR, 349)라고 말합니다. 또한 우리는 이렇게 말할 수 있습니다. 즉 신은 시간적 세계에 개념적인 새로움(최초의 지향)을 제공하고, 시간적 세계는 신에게 물리적인 새로움(신의 기획이나 의도와는 다른 방식으로 생성을 마감한 현실적 존재들)을 제공한다고요. 그래서 신과 세계는 상대방의 창조자가 된다고 말입니다. 그러므로 화이트헤드의 세계는 창조성, 영원한 객체, 신으로 분석되기는 하지만 그 생성 과정이 온전히 이 요소들만으로 설명되지는 않는다고 할 수 있습니다. 세계의 내적 생성 과정은 합리적으로 예측하거나 설명할 수 없는 일탈성을 가지고 있기 때문입니다. 여기에 화이트헤드의 철학에서 읽어낼 수 있는 생성의 비합리성이 있습니다.

현실적 계기의 '경험' 분석

지금까지 우리는 현실적 계기의 생성이 아주 일반적으로 어떻게 분석되는지 살펴보는 가운데, 화이트헤드가 구성한 우주론 체계의 기본구조와 특성을 개괄해보았습니다. 이제 생성하는 현실적 계기의 생성 내부로 들어가 보기로 하겠습니다.

현실적 계기는 그것에 주어지는 여건(객체 또는 가능태)을 현실화시키는 과정, 즉 객체를 자기화하는 경험 과정으로 존립한다고 했습니다. 화이트헤드는 이 여건들 각각에 대한 경험을 '파악 prehension', 또는 '느낌feeling'이라고 부릅니다.(PR, 219) 그러므로 '파악'이나 '느낌'이라는 말은 지금까지 우리가 '경험'이라는 막연한 말로 지칭해왔던 현실적 존재의 자기 구성 활동 하나하나를 대치하는 범주적 용어입니다. 화이트헤드는 이 범주를 중심에 놓고 다양한 방식으로 세분하고 변용함으로써 현실적 계기의 내적 생성 과정을 분석하고 기술합니다. 이 분석적 기술에서는 모든 현실적 계기가 행사할 수 있는 단순한 물리적 작용에서부터, 인간을 구성하는 희귀한 현실적 존재들만 행사할 수 있는 고도의 지성 작용에 이르기까지의 모든 활동들이 설명됩니다. 여기서 활동들이란 물리적 에너지의 단순한 전이transmission로부터, 인간과 같은 고등 유기체가 향유하는 감각, 의식, 추론, 다양한 정서 등을 말합니다.

이에 관한 그의 논의는 지극히 세밀하고 복잡합니다. 여기서는 중요한 골격만을 소개하기로 하겠습니다.

앞에서 하나하나의 '파악'은 현실적 계기가 여건을 수용하는 가장 구체적인 단위 활동이라고 했습니다.(PR, 22) 그러나 이때의 수용은, 근대 경험론이 말하는 '재현representation'과 달리 전적으로 수동적인 것이 아닙니다. 여기에는 기본적으로 주체적 요소가 항상 능동적으로 개입하기 때문입니다. 화이트헤드는 파악에 내재하는 이 주체적 요소를 '주체적 형식subjective form'(PR, 23)이라 부릅니다. 이는 주체가 그것에 주어지는 객체를 '파악하는 방식'을 일컫는 범주입니다. 그것은 공적公的으로 주어지는 객체를 '어떻게how' 사적私的으로 수용할 것인지를 결정하지요. 그리고 이 결정은 주체가 스스로 구현하고자 하는 이상적인 목적, 즉 주체적 지향subjective aim을 준거로 합니다. 그러므로 현실적 존재를 구성하는 하나하나의 활동인 '파악'은 전적으로 공적이거나 전적으로 사적인 것일 수 없고, 언제나 그 양자의 결합으로 이루어진다(PR, 290)고 할 수 있습니다. 그리고 이것은 화이트헤드가 인식론적 문맥에서 대비됐던 실재론과 관념론의 구도를 모두 거부하는 논리이기도 합니다. 존재를 구성하는 근원적인 관계적 활동인 파악은 주체-객체의 분화에 선행하는 존재론적 사태인 것이지요.

나아가 파악은 여러 유형으로 나뉘는 가운데 다양하게 변용됩니다. 파악에 대한 분석과 설명에서 가장 기본이 되는 것은 '느낌feeling'이라 불리는 '긍정적positive 파악'과 '느낌으로부터 배제'를 의미하는 '부정적negative 파악'(PR, 23)입니다. '긍정적 파악', 곧 '느낌'은 '우주의 일부 요소들을, 그 느낌의 주체의 실재적인 내적구조를 이루는 구성 요소로 만들기 위해 사유화appropriation하는' 활동입니다. 이에 반해 '부정적 파악'은 세계 속에 주어진 요소(여건)들 가운데 주체의 통일성에 도전하는 요인을 배제하는 활동을 가리킵니다. 여기서 '긍정적 파악'과 구별되는 '부정적 파악'이 필요한 까닭은 주체가 '만족satisfaction'이라 부르는 하나의 최종적 경험에 이르러 생성을 마감하기 위해서는 무엇보다도 먼저 내적인 통일성을 달성해야 하기 때문입니다. 그러기 위해서는 주체의 통일성을 저해하는 것을 걸러내야 하는데 이 걸러냄의 기제가 바로 부정적 파악이라는 것입니다. 그러므로 긍정적 파악과 부정적 파악의 구별은 파악하는 주체의 특성에서 비롯된다고 할 수 있습니다.

다음으로 파악은 객체의 성격에 따라서도 구별됩니다. 가장 기본적으로 '물리적 파악physical prehension'과 '개념적 파악conceptual prehension'으로 구별됩니다. '물리적 파악'은 '현실적 존재 자체를 여건(객체)으로 하는 파악, 또는 그 여건에 현실적 존재가 포함되어 있는 파악'이며, '개념적 파악'은 영원한 객체에 대한 파악입니다.(PR, 23) 그리고 다시 파악은 객체의 복합성의 정도에 상응하여 다양하게 분화됩니다. 특히 개념적 파악과 달리 물리적 파악은 여러 가지로 세분됩니다. 우선 물리적 파악 가운데 가장 기본적인 것은 단 하나의 현실적 존재를 객체로 하는 '단순한 물리적 느낌'으로, 여기서는 객체적 여건의 주체적 형식이 그대로 답습, '재연re-enaction'됩니다. 그래서 그것은 생성하는 현실적 계기가 과거의 현실적 존재들과 관계 맺는 가장 기본적인 통로인 동시에, 현상 세계에서 찾아볼 수 있는 물리적 우주의 연속성과 안정성의 토대가 된다고 할 수 있습니다. 이보다 조금 복잡하지만 여전히 기본적인 것으로 현실적 존재들의 '결합체nexus'(뒤에서 보겠지만 이는 여러 현실적 존재들의 집단을 일컫는 범주입니다)를 여건으로 하는 '변환된 transmuted 물리적 파악'이 있습니다. 이는 미시적 존재들을 그 일부의 공통 특성을 매개로 삼아 하나의 거시적 존재로 묶어서 객체화하는 파악입니다. 그래서 단순한 물리적 느낌에서는 하나의 현실적 존재가 파악되는 데 반해, 변환된 느낌에서는 다수의 존재들이 마치 하나의 존재처럼 파악된다고 할 수 있습니다.

그리고 이 기본적인 파악들, 즉 '개념적 파악', '단순한 물리적 파악', '변환된 물리적 파악' 등으로부터 한층 복잡한 유형의 파악들이 파생됩니다. 이 파악들은 현실적 존재가 하나의 통일된 느낌인 '만족satisfaction'을 향해 나아감에 따라 점점 더 복합적인 성격을 띱니다. 물론 복합성에 상응하여 객체의 영역에도 현실적 존재(또는 결합체)와 영원한 객체 이외의 다른 범주적 유형의 복합적 존재들이 출현하게 되고요. 이때 나타나는 새로운 유형이 존재들을 통칭하여 '대비contrast'(생성하는 주체는 기본적인 유형의 파악들을 통해 수용한 다양한 여건들을 계속해서 통일하여 하나의 파악satisfaction(만족)으로 이끌어가야 합니다. 이 과정은 우선 두 개의 상이한 여건을 하나의 여건으로 묶어 파악하는 데서 시작됩니다. 그리고 두 여건이 이처럼 하나의 여건으로 묶여 있는 것이 대비입니다. 사실 복잡한 유형의 파악은 모든 이런 대비를 여건으로 합니다. 명제도 대비의 일종이고요. 그것은 가능태(영원한 객체들)와 결합체(의 영역)의 대비로 구성된 존재이기 때문입니다. 보다 자세한 설명이 필요하다면 필자의 《화이트헤드 과정철학의 이해》(통나무, 1999, 250~258쪽)를 참조하세요)라고 하는데 '명제proposition'와 같이 우리 인식의 소재가 되는 것들이 여기에 속합니다(R, 219).

현실적 존재는 파악의 구성물입니다. 따라서 다양한 유형의 파악들은 현실적 존재의 다양한 특성을 낳습니다. 우선 물리적 파악은 그 계기의 물질성, 즉 '물리적인 극physical pole'을 이루며, 개념적 파악은 그 계기의 정신성mentality, 즉 '정신적 극mental pole'을 이루게 됩니다.(PR, 240) 여기서 물질성은 과거의 현실적 계기를 답습, 반복, 재연re-enaction하는 활동을 특징짓는 표현이고, 정신성은 영원한 객체를 추상하고 변용하여 영입하는 활동을 특징짓는 표현입니다. 특히 여기에는 시간적인 과정 가운데 아직 실현되어 있지 않은 어떤 한정성(영원한 객체)을 자율적으로 끌어들이는 활동이 포함됩니다. 정신적 극을 이루는 개념적 파악은 여건에 실현된 영원한 객체(가능태)들을 추상하여 그 여건으로 가지는 것입니다. 따라서 직접적인 과거에 순응하여 그 주체적 형식을 재연해야 하는 물리적 느낌과 달리, 그 여건 중 일부가 주체의 궁극적인 만족에 불필요한 것으로 보일 때는 단적으로 무시(부정)할 수 있을 뿐만 아니라 그 여건에 실현되지 않은 모종의 새로운 여건에 필요한 것으로 간주될 때는 적극적으로 끌어들일 수 있습니다. 이는 현실적 계기가 개념적 파악에서는 그 여건을 자유로이 선택할 수 있다는 것을 의미합니다. 그래서 화이트헤드는 이런 정신성을 주체의 자율성과 주체의 새로움을 실현하는 창조적 측면으로 이해합니다.(FR, 32~33, PR 184)

그렇기는 하지만 현실적 존재는 순수한 가능태로서의 영원한 객체를 직접적으로 느끼지 못합니다. 그것은 언제나 물리적 세계와 연관되어 있는 것으로서만 느낄 수 있습니다. 이런 의미에서 개념적 파악은 언제나 물리적 느낌에서 파생된다고 할 수 있지요.

화이트헤드는 이렇게 물리적 느낌으로부터 개념적 느낌이 파생되는 것을, 물리적 느낌에 대한 '개념적 가치 평가conceptual valuation'라 부릅니다.(PR, 248) 이는 '물리적으로 느껴진 현실적 존재의 한정성 내지 결합체의 한정성에 들어 있는 영원한 객체를 추상해서 느끼는 활동을 가리키는 말입니다.(PR, 248) 이 개념적 가치평가의 범주는 정신성이 물리적 토대를 가진다는 화이트헤드의 경험주의적 신조를 함의하고 있습니다. 그것은 '정신이란 감각적 경험으로부터 생긴다는 원리' 또는 '감각적 경험이 정신 작용을 일으킨다는 원리'를 담고 있다는 것입니다.(PR, 248)

따라서 모든 현실적 존재가 물리적 느낌과 개념적 느낌을 가지며, 그래서 물리적인 극과 이로부터 파생되는 정신적인 극의 유기적인 결합으로 이루어진다(PR, 248)는 화이트헤드의 주장에서는 정신과 물질 간의 존재론적 이원성 문제가 해소됩니다. 현실적 존재가 가지는 정신성과 물질성은 그 존재가 보여주는 일탈성과 안정성으로 각기 환원될 수 있기 때문입니다. 이는 라이프니츠가 모나드의 물질성과 정신성을 지각의 모호성과 판명성으로 환원했던 것과 유사하다고 할 수 있습니다. 그래서 화이트헤드에게 있어 물리적 극이나 정신적인 극은 실체적 지위에 있는 것이 아닙니다. 전자는 물리적 파악에서 오는 반복성과 연속성을 특징짓고, 후자는 개념적 파악에 수반되는 자율성과 일탈성을 특징짓는 개념일 뿐입니다. 그래서 양자는 이질적 생성의 정도를 설명하는 범주로 이해될 수 있습니다. 여기서 특히 정신성은 개념적 파악의 복합성이나 일탈성에 따라 그 정도가 대단히 큰 폭으로 달라질 수 있습니다. 예컨대 화이트헤드에게 있어 정신성의 근원적인 토대인 '개념적 등재conceptual registration (영원한 객체의 단순한 반복 수용)'는 '개념적 역전conceptual reversion'이라는 보다 자율적인 활동과 구별됩니다. '개념적 역전'은 '개념적 등재'에서 단순히 수용되는 영원한 객체와 연관되면서도 구별되는 새로운 영원한 객체를 파악하는 활동입니다. 그래서 '개념적 역전'은 단순한 '개념적 등재'보다 높은 정신성을 구현하게 됩니다. 생성하는 존재가 주어진 여건들로부터 파생되는 가능태들(영원한 객체들)과는 다른 새로운 가능태들을 개념적으로 파악할 수 있는 것은 바로 이러한 '역전'의 작용에 의해서입니다. 나아가 고도의 정신활동이라 할 수 있는 의식적 인식이나 상상의 가능성도 기본적으로 이런 개념적 파악들에서 출발합니다. 이 양자의 지배적인 특성은 여건으로부터의 일탈이나 추상이라고 할 수 있기 때문입니다. 보다 일반적으로 말하자면 우리의 의식적 인식은 언제나 주어진 것을 놓고 벌이는 추상의 결과이고, 상상은 주어진 것으로부터의 창조적 일탈을 기본으로 한다고 할 수 있을 것입니다.

우리의 현실세계는 이처럼 물리적 극이 지배적이고 정신적 극이 거의 존재하지 않는 것으로부터, 정신적 극이 지배적인 것들에 이르기까지 점진적으로 차등화되어 있는 현실적 존재들로 구성되어 있습니다. 물리적인 극이 지배적인 현실적 존재는 소위 빈 공간을 형성하는 존재들과 열등한(일상 용어로 표현하자면, '무기적인') 형태의 현실적 계기들이라 할 수 있습니다. 이러한 존재들의 거시적 과정은 무기물이 보여주는 '무차별적인 존속', 곧 연속적 안정성이 특징입니다. 이에 반해 정신적 극이 지배적인 현실적 존재들은 자신이 수용한 여건들 속의 영원한 객체들 및 이들과 연관된 다른 영원한 객체들을 놓고 자유로이 선택적으로 결단하여 수용하거나 거부하는 가운데 불가예측적 일탈성을 보여주게 됩니다. 물론 현실적 계기가 이런 창조적 역량을 발휘한다면 이는 그것이 기본적인 유형의 느낌들을 통합하고 재통합하는 가운데 보다 복잡한 유형의 느낌들을 가질 수 있고, 그래서 '보다 높은 경험의 여러 위상phase'을 향유할 수 있는 계기가 되기도 합니다. '명제적 느낌propositional feeling'*, '의식적 지각conscious perception', '직관적 판단intuitive judgment' 등은 바로 이런 위상에서 가능한 느낌들입니다. 이런 복잡한 구조의 느낌들은 현실적 존재에서 물리적 경험과 개념적 경험이 중첩적으로 비교되고 통합되는 과정에서 생겨납니다. 그렇기에 이들은 고등 유기체를 구성하는 현실적 존재들 가운데서도 의식 중추를 구성하는 것으로 간주되는 고도의 현실적 존재들만이 가질 수 있는 느낌이라고 할 수 있습니다. 그래서 인식론 전통의 철학이 주목해온 '의식'이라는 것도 사실상 실체적인 것이 아니라 이런 느낌들의 '주체적 형식', 즉 고도의 현실적 계기들이 그 여건들을 '비교하고 통합하여 파악하는 방식'에 지나지 않습니

＊ 명제적 느낌

명제적 느낌은 명제를 여건으로 하는 느낌이며, 두 가지로 대별된다. 하나는 지각적인 명제적 느낌이고, 다른 하나는 상상적인 명제적 느낌이다. 전자는 명제의 술어(영원한 객체들)가 그 명제의 주어가 되는 결합체로부터 도출되고 있는 명제를 여건으로 하는 느낌이고, 후자는 명제의 술어가 주어로 기능하는 결합체와는 다른 결합체에서 도출되고 있는 명제를 여건으로 하는 느낌이다. 하지만 이 양자는 모두 의식적 인식에 속하지 않는다. 의식은 이 명제들을 한 번 더 대비시켜 파악할 때 성립한다. 그래서 의식적 지각은 지각적인 명제적 느낌의 여건인 명제와 결합체의 대비를 여건으로 하는 느낌이고, 직관적 판단은 상상적인 명제적 느낌의 여건이 명제와 결합체의 대비를 여건으로 하는 느낌이다. 인간의 상상을 포함한 모든 의식적 인식은 이 두 가지 범주로 분석되고 설명된다. (이 부분에 대해 더 알고 싶다면 필자의 책 《화이트헤드 과정철학의 이해》(통나무, 1999)의 250~314쪽을 참조하라.)

다. 말하자면 자신을 보다 창조적으로 풍부하게 만드는 수단적 활동 방식에 불과하다는 것이지요. 그래서 인식은 그 주체가 벌이는 단순한 관념 놀이가 아니라 주체 자신의 존재를 확충하는 기제가 되는 것입니다.

현실세계의 '변화' 분석

앞에서 우리는 생성의 기본구조와 그 내적 활동 및 이에 따르는 현실적 존재들의 특성을 살펴보았습니다. 그런데 사실 이 지평의 세계는 우리의 일상적 경험에 실증적으로 포착되는 세계가 아닙니다. 글자 그대로 현실적 존재들은 시공간적으로 아주 미시적인 생성의 원자적 사건들입니다. 이미 언급했듯이 현실적 계기의 생성은 시공간 안에서 일어나는 사건이 아닙니다. 오히려 시공간이 생성, 소멸하는 현실적 계기들의 관계로부터 부차적으로 파생됩니다. 따라서 현실적 존재는 자신의 입각점에서 생성하고 소멸할 뿐, 변화를 겪을 수 없습니다.* 변화는 시간 축 위에서만 가능하기 때문입니다. 요컨대 현실적 존재는 시공간 축에 존재론적으로 선행하는, 따라서 변화한다고 말할 수 없는 존재입니다. 그렇다면 우리의 감각경험에 잡히는 변화는 어떻게 설명할 수 있을까요? 결론부터 말하자면 그것은 잇따라 생성하는 계기들 간의 차이로 설명됩니다.

우리가 변화하는 것으로 경험하고 또 여러 실천적 필요에 따라 분류하는 사물이나 존재들은 현실적 존재들이 연대하여 나타난 것입니다. 이들은 기본적으로 '결합체'라는 범주로 통칭됩니다 (일상의 사물들, 예컨대 돌멩이, 뜬구름, 흐르는 물 등은 물론이요, 거시물리학의 천체, 미시물리학의 미립자, 특정한 에너지의 발생과 전이, 생물학의 유기체와 세포 및 그 구성 요소인 화학적 분자 등에 이르기까지 모두 결합체로 분류됩니다). 그리고 결합체를 구성하는 현실적 계기들이 가지고 있거나 공유하는 어떤 특성(한정성)이, 뒤이어 생성하는 계기들에게 계승되어 반복될 때, 그 결합체 자체는 시간선상에서 모종의 안정된 특성endurance(존속성)을 가지게 됩니다. 화이트헤드는 이런 특성을 지니는 결합체를 '사회society'라 이름하고(PR, 89), 사회에서 시간 축을 따라 계승, 재생되는 공통의 특성을 '한정 특성defining characteristics'이라 부릅니다.(PR, 34) 이는 한 사회의 특성을 결정하는 것입니다.

현실세계가 근원적으로는 끊임없이 생성하고 변화하고 있음에도 불구하고, 결합체의 구성원들 사이에 한정 특성이 공유, 계승

＊생성과 변화

화이트헤드는 생성과 변화를 존재론적 위계에서 구별하여 차별화했다. 생성은 궁극적인 존재론적 사태인 반면 변화는 생성에 의해 설명되는 파생적인 존재론적 사태라는 것이다. 변화와 생성을 구별하는 이 논리를 부연하자면 다음과 같다. 일반적으로 변화는 변화를 겪는 주체로서의 동일자를 필요로 한다. 이때 동일자 자체는 불변하는 것으로 간주된다. 예를 들어 보자. 우리 집 앞에 단풍나무가 한 그루 있는데 얼마 전까지만 해도 파랬다. 그런데 오늘 보니 붉게 물이 들었다. 파랗던 나무가 붉게 변한 것이다. 여기서 변한 것은 나뭇잎의 색깔이지 단풍나무 자체가 아니다. 얼마 전의 나무나 오늘 본 나무는 같은 것으로 간주된다는 것이다. 만일 이런 전제가 없다면 우리는 단풍나무가 변했다고 말할 수 없다. 얼마 전에 파란 단풍나무가 있었고 오늘은 붉은 단풍나무가 생겨났다고 말해야 할 것이다. 이 후자의 어법은 전자의 경우와 달리 생성을 말하는 방식이다. 이 어법에는 언젠가부터 지금까지 동일자로 머물고 있는 단풍나무라는 것이 전제되지 않는다. 베르그송도 *La pensée et le mouvant*에서 다음과 같이 비슷한 취지의 주장을 한 적이 있다. '변화는 존재한다. 그러나 변화의 밑에 변화하는 사물이 있는 것은 아니다. 변화는 담지자를 필요로 하지 않는다.' 그런데 여기서 베르그송이 말하는 변화는 통상적 의미의 변화가 아니라 생성을 의미한다.

되는 데서 근원적인 의미의 '질서(동일성)'가 출현하게 됩니다. 또 이 질서에 힘입어 사회는 시간적 존속성endurance 곧 변화(변화와 생성은 구별됩니다. 변화는 변화를 겪는 주체로서의 동일자를 필요로 합니다. 이때 동일자 자체는 불변하는 것으로 간주됩니다. 그러나 생성하는 주체의 경우 주체 자체가 생성 중에 있는 것이기에 어떤 동일자를 전제하지 않습니다)를 동반하는 동일성, 요컨대 역사성을 가지게 되고요. 사실상 우리가 변화와 존속을 함께 보여주는 것으로 경험하는 실재적인 현실적 사물들은 모두 사회입니다. 화이트헤드는 그리스시대로부터 유럽의 형이상학을 왜곡시켜 왔던 데는 이 파생적인 의미의 존재인 사회(변화)를 궁극적인 의미의 존재인 현실적 존재(생성)로 간주하는 잘못이 있었기 때문이라고 말합니다. 변화는 사회를 구성하는 현실적 존재들간의 차이에서 비롯되는 파생적 사태입니다. 물론 이 차이란 후속하는 존재가 선행하는 존재를 답습하기를 거부하고 일탈할 때 빚어집니다. 따라서 변화는 한정 특성에 힘입어 동일성을 지니는 사회가 그 구성원들의 부분적인 일탈 때문에 불가피하게 겪게 되는 사태인 것이지요. 그래서 화이트헤드는 사회만이 자신의 변화하는 환경에 대한 자신의 변화하는 반응들을 표현하는 역사성을 지닌다고 말합니다.(AI, 260~262)

우리가 변화하는 것으로 경험하는 현실세계는 하나의 사회입니다. 물론 이 세계는 무수히 많은 다양한 층위의 사회를 포함하고 있지요. 그런데 앞서 유기체철학의 이념으로 언급했듯이 우주에는 '단순 정위된simple located' 자족적인 존재라는 것은 없습니다.(PR, 90) 고립된 존재라는 것도 없습니다. '모든 존재는 본질적으로 사회적인 것이어서, 존재하기 위해서는 사회를 필요로 합니다.(RM,

93~94)' 모든 사회는 보다 큰 사회 속에 존재합니다. '사회'는, 그것의 특수화된 특성들의 유지에 필요한 보다 일반적인 특성들을 제공함으로써 그것의 존속을 뒷받침해주는 사회적 질서의 배경을 필요로 한다는 것입니다. 안에 포함되어 있는 사회의 성원들은 또한 보다 큰 사회의 성원들이며, 그들의 개체적 특성은 보다 큰 사회의 일반적인 특성에 의존하고 있습니다. 이 점은 보다 큰 사회에도 그대로 적용됩니다.(PR, 90) 지금의 우주시대our cosmic epoch는 이런 사회 가운데 가장 일반적 특성을 지닌, 그래서 가장 외연이 넓은 사회라고 할 수 있습니다.

하지만 역사성이란 표현이 충분히 시사하고 있듯이 그 어떤 사회도 항구적 동일성을 향유하지 못합니다. 사회의 동일성은 한시적일 수밖에 없지요. 이는 기본적으로 사회의 안팎에서 생성하는 현실적 계기들이 그 사회의 한정 특성의 지배에서 벗어나 일탈할 수 있기 때문입니다. 그래서 임의의 한 사회가 어느 정도의 성장을 거쳤을 때, 그 내부 성원들의 일탈이 심화되어 더 이상 한정 특성이 유지되지 못할 수도 있고, 또 한때 유리하게 작용하던 환경이 소멸하거나 그 사회의 존속에 더 이상 유리한 것으로 작용하지 않을 수도 있습니다. 이렇게 될 때 그 사회는 성원들의 재생이나 반복을 부분적으로 멈추게 하며, 궁극적으로는 일정한 쇠퇴의 단계를 거친 후 소멸합니다. 이런 의미에서 한 사회의 존속 및 동일성은 시간적 제약을 갖는 것, 따라서 역사적으로 유한한 것입니다. 우리의 우주시대 또한 마찬가지입니다. 그렇기에 또한 우리 우주시대의 질서에 뿌리를 내리고 있는 자연과학의 법칙들이라는 것도 그 존립 근거에서 보자면 우연적인 것이고, 그 지배력에서 보자면 개연적인 것입니다. 그것은 지금의 우주라는 사회의 우연적인 특성에 기초하고 있기 때문입니다. '자연의 법칙들은 우리가 어렴풋이 식별하고 있는 자연 활동의 광대한 역사 시대 속에서 어쩌다 주도적인 역할을 하게 된 자연활동의 형식들'(MT, 87)에 불과한 것입니다. 물론 장구한 세월에 걸쳐 주도권을 행사하고 있는 질서의 형식들이 있긴 합니다. 그러나 이들의 본성에는 어떠한 필연성도 없습니다. 이렇게 화이트헤드의 우주는 자기 파괴의 기제를 내장하고 있습니다.

화이트헤드와 현대

앞에서 화이트헤드가 구체적인 실재 기술이라는 과제에 나서게 된 것이 전통 형이상학(존재론)이 존재(구체적 실재)와 화해하는 데 실패했다고 판단했기 때문이라고 했습니다. 특히 그가 보기에 근대 이후 전통 형이상학은 다양한 실험을 했으나 현대의 물리학적, 생물학적 세계 이해를 끌어안기에는 역부족이었습니다. 화이트헤드는 이런 형이상학의 잇따른 좌절이 현대의 반反형이상학적 성향을 낳았다고 보았습니다. 그리고 이런 결과의 근본 원인은 당시까지의 모든 형이상학이 하나같이 내적 결함에서 자유롭지 못했기 때문이라고 진단했지요. 이미 언급했지만 지금까지 형이상학은 우리 인간이 존재를 지배하기 위해 고안한 자연언어의 범주들을 무비판적으로 활용하여 존재 자체를 재단하는 데 몰두한 결과, 직관적으로 파악되는 이질적이고 창발적인 생성의 세계를 적절히 평가하고 설명할 수단을 확보하지 못했다는 것입니다. 직관되는 세계는 변화하는 세계, 즉 헤라클레이토스의 세계입니다. 하지만 자연언어의 범주를 매개로 하는 존재 이해는 실용적 문맥에서 이루어지는 정태적, 추상적 존재 이해이며, 따라서 그것이 포착하여 기술하고 설명하는 변화 또한 추상적인 변화일 수밖에 없었습니다. 자연언어가 구사하는 변화의 도식은 존재의 뿌리를 변화하는 사태로 기술하지 못합니다. 이 경우 변화에 의미를 주기 위해서는 언제나 변화 배후에 불변하는 동일자를 암암리에 작동시켜야 하기 때문입니다. 그러나 근본적으로 세계가 유전하고 있다면 이 불변의 기점까지도 해체되어야 할 것이며, 그러자면 무엇보다도 자연언어의 문법과 범주에서 자유로워져야 할 것입니다. 화이트헤드가 비자연적 사변 언어로 범주적 개념들을 새로이 주조하여 형이상학 체계를 구성한 까닭도 바로 여기에 있습니다. 그리고 우리가 보았듯이 그가 말하는 '현실적 존재의 생성'이라는 개념은 그 불변의 기점을 해체하여 대체한다는 의미를 담고 있습니다. 그리고 변화의 도식에서 요구되는 동일자의 역할은 사회의 한정 특성이 떠맡고 있고요.

　같은 이유에서 《과정과 실재》의 우주론 체계에 등장하는 다수의 범주들은 아리스토텔레스에게서 보듯이 인간의 일상언어와 존재의 세계가 공유하는 것으로 간주되는 단순한 개념이 아닙니다. 그것은 기본적으로 존재와 존재 간의 관계 방식을 규정하는 원리적 언명들의 집합입니다. 인식이니 사유니 하는 것들도 이런 관계 방식의 특수한 유형에 지나지 않습니다. 그래서 화이트헤드가 말하는 범주들은 일상적 의미에서의 존재자들은 물론이요, 인간의 감각적 경험, 개념적 인식, 추론, 상상, 정념, 일상언어의 범주들까지도 설명하는 토대가 될 수 있는 것입니다. 화이트헤드의 범주들은 전통철학의 근간이 되었던 모든 존재론적, 인식론적 범주들 밑으로 파고들어 이들의 추상성을 폭로하여 그 존재론적 궁극성을 해체하고 이들을 파생적이고 우연적인 것으로 밀어내어 설명하고 있습니다. 이런 의미에서 그의 범주들은 자연언어의 논리와 범주들을 그 원천까지 설명하면서 이를 넘어서고 있는 일종의 메타범주Meta-category라고 할 수 있을 것입니다.

현대철학은 대체적으로 회의와 해체를 특성으로 삼고 있습니다. 이는 앞서 지적했듯이 전통 사변철학이 존재와의 화해에서 최종적으로 실패했을 뿐 아니라 장차 성공할 가능성도 희박하다는 인식에서 비롯됐다고 할 수 있을 것입니다. 오늘날 세계를 이해하는 데 있어 사람들은 신학보다는 물리학이나 생물학을 훨씬 더 신뢰합니다. 그러나 신학이나 물리학과 생물학은 동일한 목소리를 내지 못하고 있고 앞으로도 그럴 것입니다. 그들은 제각기 존재의 상이한 측면을 보고 있고 또 보아야 하기 때문입니다.

하지만 우리는 하나의 세계 속에 살고 있는 세계의 조각이며, 우리 자신과 우리를 둘러싼 세계는 물리학적, 생물학적 세계이자 종교적 세계이며 심지어 미적인 세계라고까지 할 수 있을 것입니다. 화이트헤드는 우리 자신과 우리를 둘러싼 이 다양한 세계를 하나의 범주 체계로 묶어 정합적으로 이해할 수 있을 때 우리의 통찰들도 획기적으로 폭과 깊이를 더해갈 수 있을 것이라고 보았습니다. 요즘 통섭을 말하는 사람들이 더러 있습니다. 저는 개인적으로 이 가능성을 그다지 유망한 것으로 보지 않는데요. 상이

한 범주 체계를 방치한 채 이루어지는 담론들 간에는 온전한 의미의 소통이 불가능하다고 보기 때문입니다. 진정한 의미의 대화가 가능하려면, 그래서 모종의 창조적 협업이 가능하려면 근본 전제를 공유하고 이를 토대로 여러 범주들이 소통될 수 있어야 합니다. 전통적으로 체계 구성적 형이상학이 제공하고자 했던 것도 바로 이것입니다. 그리고 화이트헤드는 명백히 이 구성적 형이상학의 과제를 계승하고 있습니다. 그가 구성한 메타적 범주 체계에서 보자면 철학에서 문제되는 인식과 존재의 경계나 존재와 가치 간의 경계는 물론이요, 여러 개별 과학 간의 경계는 말할 것도 없고, 종교나 예술과 같은 다양한 가치 영역 간의 경계조차 대단히 자의적이고 피상적인 것이 되고 맙니다.

하지만 화이트헤드가 구성한 우주론 체계는 전통 형이상학과 달리 독단적 교설로 나타나 있지 않습니다. 그것은 유보적 판단들 suspended judgments로 구성된 단일한 범주 체계를 통해 존재를 합리화하는 동시에, 이렇게 합리화된 존재의 내면에 비합리성의 요인을 심어놓음으로써 그것 자신이 시도한 합리화의 한계까지도 담아내고 있지요. 그래서 그의 체계는 한편으로 인간과 세계 간의 '잠정적인' 화해를 모색하고, 다른 한편으로 다양한 문화 영역 간의 소통을 모색하는 '사변의 실험'으로, 그리고 다시 이로부터 문명 전체의 진로를 거시적으로 모색하는 '관념의 모험'으로 나타나 있습니다. 사실 따지고 보면 인류의 문명사가 인간 정신의 끊임없는 사변적 실험으로 추동되어왔다는 점을 부인하기 어려울 것입니다. 그리고 화이트헤드의 시각에서 보자면 20세기 이후의 사유를 짙게 물들이고 있는 회의와 해체는 독단의 독소를 제거하는 해독제로 그쳐야 합니다. 그것이 사변적 실험을 가로막는 또 하나의 독단이 되어서는 안 된다는 말입니다. 화이트헤드의 표현을 빌린다면, 자유로운 사변을 제약하는 것은 '미래에 대한 반역'입니다.

*** *

더 읽어보면
좋은 책

토마스 호진스키, 장왕식·이경호 옮김,《화이트헤드 철학 풀어 읽기》, 이문출판사, 2003.

비교적 최근에 출간된 입문서이다. 난해한 사변적 주장들을 일상의 언어로 바꾸거나 구체적인 사례를 들어 풀어주는 친절함이 배어 있어서 철학 일반에 관한 선이해가 부족한 독자들에게 권할 만하다. 지금까지 출간된 입문서 중 가장 쉽게 읽을 수 있는 책이라 할 수 있다. 다만 위의 우리말 번역본 자체에 대한 평가는 필자가 직접 읽어보지 못한 까닭에 유보한다.

아이버 레클럭, 안형관 옮김,《화이트헤드 형이상학 이해의 길잡이》, 이문출판사, 2003.

윌리엄 크리스천William A. Christian(1944~)이 쓴 *Interpretation of Whitehead's Metaphysics*(유감스럽게도 우리말 번역본이 없다)과 더불어 화이트헤드 입문서의 고전으로 통하는 책이다. 화이트헤드 철학의 기본 구도를 아주 명료하게 보여준다. 특히 저자 레클럭은 아리스텔리언이었다. 따라서 아리스토텔레스의 철학을 조금 아는 독자라면 한층 쉽게 읽을 수 있을 것이다. 역시 위의 우리말 번역본은 직접 읽어보지 못했다.

***

문창옥, 《화이트헤드 과정철학의 이해》, 통나무, 1999.

호진스키나 레클럭의 책을 읽은 독자에게 권한다. 그리고 서양의 철학사에 대한 기본적인 이해가 있는 독자가 아니라면 욕심내지 않는 것이 좋겠다. 이 책은 그리 친절하지 않다. 함축이 많은 사변적 표현들을 별다른 설명 없이 논증에 사용하기 때문이다. 그런 의미에서 이 책은 입문서에 속하지 않는다. 하지만 이 책을 읽고 소화한 독자라면 다음에 소개할 셔번의 책도 충분히 읽어낼 수 있을 것이다.

도널드 W. 셔번, 오영환·박상태 옮김, 《화이트헤드의 과정과 실재 입문》, 서광사, 2010.

이 책의 원제는 *A Key to whitehead's Process and Reality*으로 《과정과 실재》의 난독성을 완화할 목적으로 쓰였다. 《과정과 실재》의 기본 주장들을 그대로 발췌, 편집하여 논세들을 최대한 일직선적으로 재배치하고 중간에 짧은 해제의 글을 첨가했다. 편저자의 정성이 많이 들어간 책이다. 하지만 이 책은 결코 평범한 의미의 입문서가 아니다. 제목에 현혹되지 않기를 바란다. 그러나 위에 소개한 다른 책들을 읽고 얼마간 선이해를 갖춘 독자, 그러나 《과정과 실재》의 방대한 원문이 여전히 부담스런 독자에게 적극 권하고 싶다.

과학을
새롭게 사유하다,
토마스 쿤과
과학혁명

—

이봉재

토마스 쿤
Thomas Samuel Kuhn(1922~1996)

토마스 쿤은 1922년 미국 오하이오 주 신시내티에서 태어났다. 하버드대학교에서 물리학을 전공했으며, 1949년 박사학위를 취득한 후 본격적으로 과학사와 과학철학의 작업에 몰두했다. 과학사를 단절의 계기를 포함해서 읽어야 한다고 보았고, 과학사가 그런 것일 때 과학에 대한 (철학적) 이해는 실증주의 내지 경험주의와 다를 수밖에 없다고 주장했다. 과학사와 과학철학이 복합된 독특한 철학 양식을 만든 점도 주목할 만한 업적이다.

그는 살아 있는 동안 네 권을 출간하였으며, 사후에 논문집이 한 권 더 출간되었다. 출간된 책은 과학철학과 과학사의 주제로 구분될 수 있다. 과학사 연구서들은 과학혁명의 시기를 재해석하는 것들로 1957년 출간된 《코페르니쿠스 혁명The Copernican Revolution》과 1978년 출간된 《흑체 이론과 양자 불연속성Black-Body Theory and the Quantum Discontinuity》이 해당된다. 가장 중요한 저술은 1962년 출간된 《과학혁명의 구조The Structure of Scientific Revolution》라는 과학철학 분야의 저술이며, 1977년 출간된 《본질적 긴장The Essential Tension》은 《과학혁명의 구조》를 작업하던 시기의 연구논문들을 모아놓은 논문집이다. 쿤 사후 2000년에 발간된 《구조 이후의 도정The Road Since Structure》에는 《과학혁명의 구조》가 촉발한 논쟁들과 관련된 쿤의 연구 논문들이 실려 있다.

토마스 쿤은 20세기 후반 미국 철학이 배출한 최고의 철학자라고 할 수 있습니다. 과학사와 과학철학(간단히 말해서 합법적인 과학은 오직 경험 증거와 연역 또는 귀납 논리라는 두 가지로만 구성된다고 보는 과학철학적 입장)이라는 전문적인 분야에서 작업했지만, '합리성', '진보', '진리' 등의 개념들을 통해 구축되었던 계몽주의 이래의 과학상을 뿌리 채 흔들어버리는 대안의 관점을 제출함으로써 철학뿐 아니라 지성계 전반에 걸쳐 실로 광범위한 영향력을 끼쳤습니다. 쿤은 과학이 안정적인 성장의 과정과 혁명적 급변의 과정을 반복한다고 주장했고, 다른 이론 전통에 속한 이론들은 엄밀히 말해서 비교 불가능하다는 다소 과격해보이는 테제도 제안했습니다.

쿤의 주장들은 커다란 철학적 논쟁을 불러일으켰으며 과학철학, 언어철학 등 미국 철학의 모든 분야가 집중하는 주제가 되었습니다. 쿤을 통해 당시 풍미하던 실증주의 과학철학은 심각한 타격을 입었습니다. 더불어 과학철학은 논리학과 철학적 인식론에만 의존할 수 없으며 과학사를 참조해야 한다는 새로운 각성도 얻게 됩니다. 나아가 과학과 진리에 대한 포스트모던한 해석을 고무시키기도 합니다. 쿤 이후 과학적 합리성에 대한 과신은 절제되기 시작했고, 과학 이론(의 참)에 대한 사회학적 연구가 개화하게 됩니다. 지식의 객관성을 의심하던 페미니즘은 쿤 이후 그 주장을 과학 지식에까지 확장할 수 있게 되었고, 진리에 대한 상대주의 내지 해석학적 관점도 다시 주목받게 됩니다.

쿤의 주저인《과학혁명의 구조The Structure of Scientific Revolutions》 (이하《구조》)는 27개 이상의 언어로 번역되었으며, 누적 판매량이 100만 부를 넘어선다고 합니다. 가히 전 세계적인 영향력을 가졌다고 할 수 있습니다. 《구조》가 출간될 당시에는 일상의 용례를 찾아보기 어려웠다는 '패러다임'이란 단어는《구조》의 중심 개념으로 등장함으로써, 그 이후 학문적 토론은 물론 일상에서도 자주 사용하는 친숙한 단어가 되었습니다. 《구조》는 과학에 대해 생각하는 새로운 방식을 제안했으며, 쿤 이후의 많은 사람들은 그 제안에 영향 받았습니다. 과학의 이해라는 관점에서 볼 때, 20세기는 쿤 이전과 이후로 나뉜다고 감히 말할 수도 있습니다. 우리는 쿤 이후의 세상에 있습니다.

《과학혁명의 구조》이전

1922년, 미국 오하이오 주의 신시내티에서 태어난 쿤은 처음부터 전문적으로 철학을 연구하지는 않았습니다. 물리학을 통해 학문세계에 들어서며, 1949년 하버드대학교에서 고체물리학 분야의 박사학위를 받습니다. 그 후 하버드대학교가 새로 개발하던 과학 교양 교육 프로젝트에 참여하면서 과학사에 대해 세밀히 연구하게 됩니다. 이 시기 쿤은 과학사의 성취를 올바르게 이해하기 위해서는 그 시대의 사유 조건을 배경으로 해야 하며, 현재의 지식으로 그 시기를 재단해서는 안 된다는 지적 각성의 체험을 했다고 합니다. 그 연장선상에서 1957년 그는 자신의 첫 번째 책《코페르니쿠스 혁명The Copernican Revolution》이라는 과학사 연구서를 출간합니다.

여기서 주목할 것은 과학사의 성취를 당대의 사유 조건과 연관해서 이해한다는 점입니다. 그것은 단순한 주장이 아닙니다. 우리의 상식적인 과학관에 따르면 과거 과학의 성취들은 과거 시점이 아니라 우리 시대의 눈으로 평가되어야 합니다. 과학 교과서들이 잘 보여주듯 과거의 과학적 성취들은 우리의 관점(즉 현재 과학 이론의 관점)에서 평가되고, 그중 참인 부분들만 간추려서 진보의 역사를 구성합니다. 그렇다면 과거의 어떤 과학적 성취를 그 시기의 사유 조건 아래서 이해한다는 것은 무슨 의미일까요? 그 말은 곧 과학적 성취들을 평가하는 기준들이 시대에 따라 달라진다는 뜻일 수도 있습니다. 만약 그렇다면 과학이 축적적으로 진보한다고 말하기도 어렵고, 나아가 과학 이론이 참이라는 말도 그 의미가 불투명해집니다.

간단히 말해서 쿤의 과학사 독해 방식은 과학이 무엇이냐, 어떻게 발전 또는 전개되느냐, 진보한다고 말할 수 있느냐 등의 물음들을 새롭게 제기합니다. 이런 물음들은 두 가지 측면을 갖습니다. 그것들은 실제 과학의 역사가 어떻게 진행되느냐 또는 어떻게 해석되어야 하느냐를 따져보는 과학사의 문제인 동시에 과학, 과학적 진보를 어떻게 정의 내지 개념화해야 하는지를 묻는 철학적 문제이기도 합니다. 쿤이 철학의 문제를 본격적으로 다루게 되는 것은 이런 맥락에서 입니다. 과학사의 해석 작업에서 비롯된 철학적 문제들에 대한 대답이 쿤의 주저 《구조》입니다. (쿤은 철학에 대한 평생의 관심에 대해 이렇게 말합니다. "내 경력의 대부분은 과학사와 관련되어 있지만, 나는 역사에는 거의 관심이 없었고 철학에 많은 관심을 가진 이론물리학자로서 내 경력을 시작했다. 내가 역사에 관심을 갖게 만든 것은 어떤 철학적 목적들이다."(Kuhn, T. S. 1992 "The Trouble with the Historical Philosophy of Science" p. 106/ rp. in. *The Road Since Structure*, ed. by J. Conant, J. Haugleland

Chicago U.P. 2000))

쿤은 언제나 철학적 문제에 관심이 많았지만, 출간된 철학적 저작은 《구조》가 유일합니다. 그는 일생 동안 세 권을 더 출간했는데, 그중 두 권은 과학사의 작업들이며, 다른 한 권은 과학사와 과학철학의 주제들을 연구한 논문집입니다. 《구조》는 논리실증주의 계열의 과학철학자 오토 노이라트Otto Neurath(1882~1945)가 기획했던 '통일과학의 국제 백과사전International Encycolpedia of Unified Science' 시리즈의 한 권으로서 1962년에 출간됩니다. 거기서 쿤은 과학이 어떻게 발전해가는가, 서로 다른 시기의 과학적 성취들은 과연 비교될 수 있는가, 과학과 진리의 관계는 무엇인가 등에 대한 독창적인 대답들을 제시합니다.

《구조》는 과학사와 과학철학이 뒤섞인 듯한 독특한 스타일을 드러내는데, 그것은 쿤이 다루는 물음의 성격과 관련이 있습니다. 앞서 말했듯 쿤의 문제는 역사학적이면서도 철학적이었으니까요. 쿤 이후의 철학자들은 쿤의 독특한 스타일로부터 철학의 특별한 스타일, 즉 철학적 주장의 옳고 그름을 역사적 자료에 의해서 평가한다는 새로운 가능성에 주목하기도 합니다. 이와 관련하여 라카토스Imre Lakatos(1922~1974)라는 과학철학자는 "과학사 없는 과학철학은 맹목적이며, 과학철학 없는 과학사는 공허하다"라는 개치 있는 말을 남겼습니다.

《과학혁명의 구조》의 주요 내용

《구조》에 따르면 과학사는 안정의 시기, 위기의 시기, 혁명의 시기라는 세 단계의 반복입니다. 또한 《구조》에 따르면 과학은 주기적으로 '혁명'이라는 불연속의 지점을 통과하게 되며, 그것을 계기로 해서 '분화'하거나 '진보'합니다. 여기서 두 가지를 주목해야 합니다. 하나는 쿤에게서 과학혁명이 일회적인 고유 사건이 아니라 주기적으로 반복되는 것이며, 그 발생 과정은 언제나 동일한 유형의 '구조'를 포함한다는 겁니다. 이것이 바로 '과학혁명의 구조'라는 책 제목의 의미입니다. 다른 하나는 쿤이 혁명이라는 불연속점을 강조하면서도 과학이 진보한다는 사실 자체에 대해서는 부정하지 않는다는 점입니다. 그렇다면 과학은 혁명을 통해서도 진보한다는 것인데, 사실 이것은 그리 간단한 말이 아닙니다. '혁명'이란 말 그대로 모든 가치와 원칙이 재편성되는 혼란 및 단절의 의미를 갖는데, 그 경우 이전 시기에 비해 그 이후가 더 발전했다고 말하기는 쉽지 않기 때문입니다. 두 시기를 관통하는 일관적인 가치척도가 없을 수도 있기 때문입니다. 그럼에도 과학이 진보한다고 이름 컨대 '혁명적 진보'가 이뤄진다고 말한다는 것인데, 그것은 쿤 철학 최대의 제안인 동시에 가장 논란이 많은 문젯거리입니다.

과학의 진보에 대한 쿤의 새로운 해석은 과학의 독특한 특징을 주목함으로써 착상됩니다. 《구조》의 '서문'에서 쿤은 《구조》의 답변을 가능케 했던 출발점이 되는 직관을 말해줍니다. 그것은 과학의 성취들이 과학자들 간의 자유분방한 과학적 창의성의 경합이 아니라 뜻밖에도 광범위한 합의 및 합의의 고수라는 태도에 기반을 두고 이뤄진다는 점입니다. 사회과학자나 철학자들의 세계가 기본적인 세계관, 연구 방식, 지향해야 할 가치 등에 관한 격심한 불화가 특징이라면, 과학자들의 세계는 세계관이나 연구 방식, 가치관 등을 보는 시각이 대단히 동질적인 집단이라는 겁니다. 법칙에 대한 테스트는 어떤 방식으로 이뤄져야 하는지, 세계를 구성하는 궁극적 물질은 어떤 것인지, 과학은 어떤 형태의 지식을 목표로 해야 하는지, 연구 과정에서 중요한 윤리나 가치는 무엇인지 등에 관하여 과학자들의 동의는 상당히 견고하다는 것이죠. 과학자 세계에서 작업했던 경험이나 과학 전문지의 운영 방식 등이 그렇게 알려준다는 것입니다.

여기서 쿤은 어떤 과학자들이 우연히 견고한 합의를 형성하고 있었다고 말하는 것이 아닙니다. 철학자답게 쿤은 견고한 합의라는 특징이 과학다움의 핵심이며, 바로 그것에 의해 과학이 혁명도 겪게 되며, 진보하게 된다고 주장하려 합니다. 어떻게 그럴 수 있을까요? 그에 답하기 위해 쿤은 과학자들의 합의란 어떤 것이며, 얼마나 견고할까? 그 합의는 어떤 기능을 할까? 그것으로부터 과학적 창의성의 위업들이 설명될 수 있을까? 과학의 진보도 설명될 수 있을까? 등의 물음을 다뤄야 한다고 봅니다. 그리고 그것을 《구조》의 핵심 내용으로 담았습니다. 그 답변은 '정상과학', '패러다임', '혁명'이라는 세 가지 핵심 개념들을 통해 이뤄집니다. (쿤의 학문적 작업은 《구조》의 시기와 《구조》 이후의 시기로 나눌 수 있습니다. 쿤 스스로 말하듯 《구조》는 연구 개요의 성격을 가진 에세이였고, 따라서 본격적인 논의가 보충되어야 할 많은 주제들을 갖고 있었습니다. 반론에 답하고 논의가 미진한 부분을 메워가는 것이 《구조》 이후 시기의 작업들입니다. 여기서는 《구조》를 중심으로 쿤을 해설하되, 《구조》 이후의 시기에 개발된 아이디어들을 필요에 따라 사용하려고 합니다.)

1. 정상과학

어떤 합의 아래서의 탐구, 그것을 쿤은 과학탐구의 일반적인 모습이라고 말합니다. 그리고 그것을 '정상과학normal science'이라고 이름합니다. 쿤은 '정상과학'이라는 개념으로 과학사의 대부분의 시기에 과학자들이 일상적으로 수행하는 탐구의 거의 모든 것을 지칭합니다. 그리고 그러한 작업의 성격은 '퍼즐풀이puzzle-solving'와 유사하다고 말합니다. 정상과학의 탐구에서는 근본적인 이론적 새로움이 생산되지 않는다는 겁니다. 이것은 상당히 놀라운 주장입니다. 왜냐면 과학탐구를 퍼즐풀이에 비유하는 것은 새로운 진리를 찾는 과학적 탐구의 이미지와 너무 다르기 때문입니다. 그러나 쿤은 언제나 과학을 너무나 존중하는 사람입니다. 퍼즐풀이라는 말에는 과학에 대한 어떤 경멸도 들어 있지 않습니다.

퍼즐이란 이미 답이 결정되어 있는 것으로서 다만 퍼즐을 푸는 사람이 답을 모르고 있는 문제 유형을 말합니다. 퍼즐을 푼다는 것은 풀이 과정을 밟아가는 즐거움을 위한 것이지, 새로운 답을 찾아가는 것이 아닙니다. 그런 의미에서 근본적인 새로움의 발견은 존재하지 않습니다. 퍼즐의 답이 분명히 있다는 사실에 의해서 우리의 풀이 과정은 편안해지고, 오락의 성격조차 갖습니다. 그렇다면 이런 풀이가 어떻게 과학이라는 간단치 않은 탐구와 유사하다는 걸까요? 과학자들은 세계를 지배하는 새로운 법칙을 발견하기 위해서 분투하는 그런 탐구자들 아닌가요? 퍼즐풀이의 안락함, 진부함은 과학자에게 전혀 어울려 보이지 않습니다. 그러나 쿤은 정상과학의 퍼즐풀이식 탐구야말로 대단히 가치 있고 가장 과학다운 탐구라고 말합니다. 어떻게 그럴까요?

첫째로 새로 생성된 이론들은 그 시작의 시점에서 모든 것을 충분히 정밀하게 설명하지 못한다는 사실이 중요합니다. 이론의 반례counterexample처럼 보이는 것들도 많이 남겨져 있으며, 이론의 수학적 형식화 및 해석 등에 있어서도 미진한 부분이 많을 수밖에 없습니다. 정상과학은 그것들을 보충하는 필수적인 작업입니다. 실제로 코페르니쿠스가 지동설을 제안했을 당시 지동설은 천동설에 비해 증거가 대단히 취약했습니다. 지동설을 정설로 확립하려면 그 미진한 부분들을 메워가는 긴 역사를 필요로 했습니다.

실제의 과학 활동에서 정상과학의 작업에 해당하는 것으로 쿤은 다음 세 가지를 말합니다. 바로 중요한 사실의 세밀한 확정, 사실과 이론의 일치 강화, 이론의 명료화입니다. 지배적인 이론이 아직 정량적으로 기술하지 못한 채 남겨둔 측정치들을 정확하게 확정짓는 일, 알려진 관측 결과와 이론의 예측이 정확히 맞지 않을 경우 데이터나 이론의 어떤 부분들을 재정비하는 일, 이론은 탄탄한 수학적 정식화의 형태로 제시되었지만 그 결과를 아식 세내도 이해하지 못했을 때 그것을 분명히 하는 일 등을 말합니다.

둘째로 정상과학의 탐구는 과학을 다음 단계로 진보/변모시키는 결정적인 기능 또한 갖습니다. 과학 이론은 정상과학의 시기를 통해 정밀한 지식으로 변모합니다. 이론적 주장의 정확도를 높이고 그 적용 범위를 넓혀가는 동시에 외견상의 반례들을 해소해가는 작업들은 결과적으로 이론과 세계를 대단히 정밀한 수준에서 만나게 해줍니다. 그럴 경우 피상적인 수준에서는 보이지 않던 중요한 반례들이 정상과학의 정밀화 작업들을 통해서 드러나게 됩니다. 예를 들면 육안으로 얻은 데이터와 고율의 현미경으로 얻은 데이터가 이론에 대해 알려주는 정보의 수준이 다르고, 그 차이에 의해 우리는 전혀 다른 수준의 반례를 얻을 수 있다는 말이죠. 하나의 이론은 그것이 고도로 정밀해짐으로써 그것이 가질 수 있는 최대의 취약점을 발견할 수 있으며, 그 결과 이론의 재평가, 즉 쿤이 '혁명'이라고 말하는 단계가 펼쳐질 수 있게 되는데, 이것들은 모두 정상과학의 탐구로써 준비되는 것입니다.

여기서 유념해야 할 것은 쿤의 정상과학 개념이 과학사의 어떤 단계를 서술하는 장치만은 아니라는 점입니다. 쿤에게 정상과학은 과학의 '정상적' 모습인 동시에 가장 '과학적인' 모습입니다. 말하자면 어떤 것이 과학이라고 주장하려면 그것은 정상과학의 과정을 반드시 포함해야 한다는 겁니다. 왜 정상과학은 과학다움의 기준 내지 정의가 될 수 있을까요? 정상과학의 과정을 통해서만 어떤 탐구는 세밀한 전문성의 단계에 이르게 되며, 그를 통해 정밀한 예측력 내지 이론적 발전(내지 혁신)의 계기도 마련할 수 있으니, 정상과학의 과정을 갖추지 않고서는 우리가 아는 과학의 모습, 즉 세밀한 전문성 그리고 혁신적 진보 등이 가능하지 않기 때문입니다. 쿤에게 과학다움의 판별 기준은 정상과학의 단계를 포함하느냐의 여부입니다.

2. 패러다임

정상과학의 탐구를 퍼즐풀이 유형의 탐구라고 한다면, 그래서 답의 방향, 유형 등이 대략 확정되어 있다면, 그것은 대체 어떤 것이며, 어디에 있는 걸까요? 《구조》를 대표하는 개념 '패러다임'이 바로 그에 대한 답입니다. 쿤에 따르면 정상과학의 탐구를 수행하는 탐구 공동체는 자연에 대해 어떤 것을 물어야 할지, 어떤 작업을 해야 할지, 어떻게 하면 성공적으로 결과를 얻을 수 있을지 등에 대한 공통의 지침 내지 모델을 갖고 있어야 합니다. 마치 등대처럼 후속 연구들의 진행을 인도해주는 탁월한 이론적 성취—모범적 사례—가 패러다임의 일차적 의미입니다. 쿤은 이를 '예제 exemplar'로서의 패러다임이라고 요약합니다. 탁월한 이론적 성취를 모범으로 삼아 그것을 세밀하게 보완하고, 그에 따라 자연에 대한 해석을 확장해가는 작업들을 수행해가는 것이 정상과학의 탐구입니다.

이제 우리는 패러다임을 통해 정상과학을 규정할 수 있습니다. 하나의 정상과학은 그것이 내장하고 있는 패러다임에 의해 성립하며, 패러다임이 있음으로 해서 정상과학의 퍼즐풀이식 탐구가 정당화됩니다. 하나의 패러다임 아래서 계속 탐구할 가치가 있는 열린 문제(아직 답이 확정되지 않은 문제)들이 풍부하게 존재하는 한도 내에서 정상과학은 활기 있게 그리고 생산적으로 존속하게 됩니다.

정상과학의 과학자들에게 패러다임은 연구 방향을 안내하는 지침이자 성공에의 '약속' 같은 것입니다. 따라서 패러다임은 후속 연구자들이 실제적 모범으로 삼을 만큼 구체적이면서 동시에 암시적이어야 합니다. 탁월한 성취로서의 '예제'는 그런 역할을 할 수 있습니다. 쿤에 따르면 예제로부터의 확장적 탐구는 '유비적 analogical 추론'을 사용합니다. 예제는 참조 대상인 모범 사례지, 명료하게 만들어진 작업 명령서가 아니니까요. 사태를 해석하는 여러 가지 가능한 방식 중에서 예제와 유사한 방식을 선택하는 과학자들이 있어야 정상과학이 유지됩니다. 쿤에 따르면 현실의 과학 교육이 그런 훈련을 이미 제공하고 있습니다. 과학 교과서는 이론 설명에 이어서 항상 연습 문제들을 수록합니다. 과학도들은 연습 문제를 풀면서 패러다임이 권하는 유사성이 어떤 것인지를 배울 수 있지요. 과학 교과서의 연습 문제를 풀어본 사람들은 이 말의 의미를 이해할 수 있을 겁니다. 이론을 제대로 이해했다고 해도 연습 문제가 모두 풀리지는 않습니다. 연습 문제에서만 배우는 이론을 넘어서는 내용이 있기 때문입니다.

지금까지 패러다임이 무엇인지, 그것이 어떻게 정상과학을 가능하게 해주는지 설명했습니다. 그런데 그런 역할을 하는 패러다임이 과연 실재하는 걸까요? 지금까지의 설명 방식에 따르면 과학자들의 많은 작업들은 정상과학의 탐구들이며, 정상과학의 탐구는 패러다임의 존재를 요청한다고까지 말할 수 있습니다. 그러나 그것은 논리적 요청이며, 존재 증명은 아닙니다. 그렇다면 패러다임의 존재는 어떻게 확인할 수 있을까요?

일차적으로 패러다임은 하나의 탐구 공동체가 공유하는 것입니다. 쿤에 따르면 법칙, 이론, 응용, 실험, 기구 등을 포함하는 인준된 실질적 사례들이 하나의 전통을 형성하며, 그것은 하나의 과학자 공동체를 특징짓는 '공약commitment'이 됩니다. 따라서 패러다임을 확인하는 첫 번째 방법은 과학자 공동체를 조사하는 겁니다. 일종의 사회학적 조사가 될 것입니다(쿤은《구조》에서 과학자 공동체에 대해 상세히 논의하지 않았지만, 다시《구조》를 쓴다면 과학자 공동체에 대해 이야기하는 것으로 시작할 것 같다고 말했습니다). 그러나 그 방식으로 말고도 패러다임의 실재성을 확인할 수 있습니다. 과학사의 해석을 통해섭니다. 그것이 쿤이《구조》에서 택한 방식입니다.

쿤에게 패러다임은 과학사 해석의 기본 단위입니다. (실증주의 철학자나 포퍼주의 철학자들처럼) 과학사의 전개를 개별 법칙이나 이론의 발견 내지는 폐기를 통해서 그리고 경험 증거와 이론의 논리적 관계(입증confirmation이나 반증falsification)를 통해서 해석하는 것은, 쿤에 따르면 과학사에 대한 곡해입니다. 과학사의 실제에 있어서 많은 이론들은 반증 사례들의 출현에 의해서 즉각 폐기되지 않으며, 오히려 기존 이론의 골간을 유지하고 반증 사례를 제거 내지 해소시켜 버리는 방향으로 변형되면서 이론 전통theoretical tradition이라고 부를 만한 이론들의 계열을 만들어간다는 겁니다. 이렇게 보완, 확충된 이론 집합들의 공분모에 해당하는 것이 패러다임입니다. 실제의 과학사에서 과학철학자들이 말하는 입증이나 반증은 발견하기가 쉽지 않으며, 오히려 문제의 사례에 대해 이론을 수선하거나 보완해가는 작업들이 일반적이라는 사실은 과학사 전개의 인식 단위가 개개 이론이 아니라 패러다임임을 확인시켜 줍니다.

3. 변칙 사례와 혁명

정상과학이 영원히 지속될 수는 없습니다. 인간이 만든 이론과 자연은 어디선가 어긋날 수밖에 없기 때문입니다. 기존의 패러다임으로는 설명하기 어려운 현상들이 다수 발견되면서 패러다임은 '위기'의 상태에 돌입합니다. 이때 문제의 현상들을 쿤은, '반증 사례'가 아니라 '변칙 사례anomaly'라고 부릅니다. 이 점이 중요합니다. 영향력 있었던 과학철학자 포퍼Karl Raimund Popper(1902~1994)는 과학 발전의 핵심 동력이 기존 이론을 반박하는 반증 사례를 발견하는 것이라고 주장했습니다. 쿤은 포퍼의 입장에 반대합니다. 개개 이론을 포괄하는 패러다임이라는 인식 단위를 설정한 후에야 일개 이론과 상충하는 사례가, 곧바로 패러다임을 흔들 수는 없습니다.

쿤의 해석은 대략 이렇습니다. 문제의 사례들은 패러다임의 일부를 수선하거나 사례 자체를 재검토하는 방식으로 처리하게 됩니다. 그러한 모든 조치에 의해서도 순치되지 않는 사례들은 대략 무시되지요. 측정 방식상의 알 수 없는 잘못이라고 해석하거나 아니면 아예 중요성이 없는 데이터라고 판단하는 식으로요. '변칙적 anomalous'이라는 말의 영어적 의미는 '정상에서 벗어났다a-normal'는 뜻입니다. 패러다임이 시사하는 정상성의 범위를 벗어난 것이 변칙 사례입니다. 그것이 반증 사례가 되는 것은 또 다른 조건에 의해서입니다.

당연하겠지만 변칙 사례의 '축적'이 상황을 달리 만듭니다. 기존 이론과 패러다임의 설명력에 대해 의심할 근거가 되니까요. 그때부터 패러다임의 위기 국면이 시작됩니다. 이 단계의 과학자들은 더 이상 정상과학의 탐구에 만족하지 못하며, 패러다임 자체에 대해 따지는 '비판적' 토론을 시작합니다. "경쟁적인 명료화의 남발, 무엇이든 해보려는 과욕, 명백한 불만의 표현, 철학에의 의존과 기본적 요소들에 대한 논쟁" 등이 빈발하게 됩니다. 쿤에 따르면 이러한 혼란기는 설명력 있는 대안 패러다임이 등장해야지만 진정될 수 있습니다. 기존 패러다임을 의심하면서 대안 패러다임을 갖지 못한 상황에서는 어떤 체계적인 연구, 즉 정상과학적 탐구가 이뤄질 수 없으니까요. 성공의 가능성도 알 수 없는 시도를 진지하게 체계적으로 진행할 과학자는 없습니다. 결과적으로 보면 이론에 대한 반증은 이뤄집니다. 그러나 그것은 이론과 증거 간의 2항 관계가 아니라 이론, 증거, 대안 패러다임이라는 3항 관계에서만 가능한 '역사적 과정'이라고 해야 합니다.

기존 패러다임이 물러나고 대안 패러다임이 과학 연구를 지배하게 되는 변화, 이것을 쿤은 일종의 '혁명'이라고 말합니다. 패러다임의 교체를 굳이 '혁명'이라 말하는 것은, 첫째 그 과정이 합리적 토론과 증명의 그것이라기보다는, 철학과 가치관, 심미적 취향 등이 대립하는 정치적 혁명과 유사하기 때문입니다. 둘째, 혁명 전후의 이론들은 일관된 기준에 의해 비교되기 어렵기 때문입니다. 혁명기 논쟁의 철학적 성격이 암시하듯, 혁명 전후의 패러다임들은 중요한 문제의 선정, 타당한 증거의 범위, 연구 방식 및 연구 방향 등의 모든 면에서 다른 기준을 가질 수 있고, 그 결과 두 개의 패러다임을 평가할 객관적 척도를 공유하지 못합니다. 전환의 논리초월적 성격에 주목하여, 쿤은 하나의 패러다임에서 다른 패러다임으로 옮겨가는 것을 심리학에서 말하는 '게쉬탈트 전환'이나 종교의 '개종'과 유사하다고 비유합니다.

혁명의 두 번째 측면, 즉 두 개의 패러다임이 객관적으로 비교되기 어렵다는 주장이 《구조》에서 가장 많은 논란을 일으켰던 '공

약 불가능성 테제incommensurability thesis'입니다. 예를 들자면 아리
스토텔레스 패러다임과 뉴턴 패러다임, 또는 뉴턴역학과 아인슈
타인의 상대성이론은 공통의 척도에 의해 비교될 수 없다는 것인
데, 만약 그렇다면 그중 어느 이론이 더 나은지 말할 수 없게 되고,
결국 과학사의 진보 역시 모호해집니다. 여기에 쿤은 더욱 해석하
기 어려운 주장을 덧붙입니다. 서로 비교 불가능한 패러다임 아래
서 작업하는 과학자들은 "서로 다른 세계에 거주한다"라고 말할
만하다는 겁니다. 중요한 부분이니 쿤의 구절을 소개하겠습니다.

> 패러다임의 변화들은 과학자들로 하여금 그들 연구 활동의 세계를 다
> 르게 보도록 만든다. 과학자들이 세계를 다루는 일이란 오직 그들이
> 보고 행하는 것을 통해서인 만큼, 우리는 혁명이 있은 후의 과학자들
> 은 새로운 세계에 대해 작업하고 있다고 말하게 된다.(쿤, 김명자·홍성욱
> 옮김, 《과학혁명의 구조》, 까치, 2013, 209쪽)

이론적 관점이 달라진다고 해서 그것이 서술하는 세계 자체가
달라진다고 생각할 사람은 드뭅니다. 쿤도 그렇게 말하려는 것은
아닐 텐데, 그렇다면 이 말은 무슨 의미일까요? 일리 있는 답은
이론이 달라짐에 따라 세상의 구성 요소들을 설정하고 분류하는
체계가 달라진다는 겁니다. 예를 들어 돌턴의 원자론에 따르면 모
든 화학적 과정은 일정 성분비의 법칙(하나의 화합물을 구성하는 성분
원소들의 질량비는 항상 일정하다는 법칙)을 만족시켜야 합니다. 그렇다
면 그때부터 일정 성분비를 위반하는 것은 화학적 과정이 아니기
에 재규정되어야 하고, 그렇게 재규정된 세상은 원자론 이전의 '다

른' 세상이라고 은유할 수 있을 겁니다.

공약 불가능성 테제에서 비롯된 '다른 세상'에 대한 주장이 이런 정도의 은유에 멈추는 것인지는 여전히 논란의 여지가 있습니다만, 이런 정도로만 해석해도 전통적인 과학관과는 크게 충돌하게 됩니다. 서로 다른 이론은 서로 다른 분류 카테고리를 가진 세상을 대상으로 삼는다고 말한다면, 과학이 하나의 공통된 진리를 향해서 진보해간다는 말은 의미를 잃습니다. 서로 다른 구성 요소들로 만들어진 세계를 서술하는 이론들을 어떤 기준에 의해 동일하게 평가할 수 있겠습니까?

패러다임이 달라짐에 따라 이론이 서술하려하는 세상의 모습이 달라진다고 말할 수 있는 측면도 일정 정도 있습니다. 뉴턴역학에서는 시간과 공간이 완전히 독립적인 영역이지만, 아인슈타인의 상대성이론에서는 상호작용하는 연관된 영역입니다. 뉴턴역학이 대상으로 하는 세계와 아인슈타인 이론이 대상으로 하는 세계는 같지 않습니다. 그렇다면 각각의 이론은 그것이 속한 패러다임 내의 기준에 의해서만 진리라고 말해야 할 것 같습니다. 이 부분에서 철학적 논쟁이 폭발하게 됩니다. 쿤의 과학관을 따른다면 과학이론에 대해 (어떤 이론 전통으로부터도 독립적인) 세계 자체와의 상응이라는 의미로서의 진리는 말할 수 없게 되니까요. 이론과 다른 차원의 세계 자체가 존재하고, 과학은 부침을 통해 그 세계에 대한 진리를 목표로 한다는 과학에 대한 가장 기본적인 신념이 갑자기 논란거리로 등장합니다. 과학철학계는 이 철학적 논란을 '실재론 논쟁'이라고 부릅니다.

《과학혁명의 구조》로부터의 혁명

《구조》는 과학의 혁명에 대해 말합니다. 그러나 우리는《구조》로부터 철학적 혁명을 넘겨받습니다. 우선《구조》는 전통적 과학관을 충격적으로 변모시킵니다. 과학은 진리를 목표로 삼는, 진보하는 지적 영역이라는 상식적이며, 실증주의와 포퍼주의의 철학자들 모두가 공유했던 과학상은 이제 의심의 대상이 됩니다.

더구나《구조》에 따르면 과학은 더 이상 철학의 인식논리에 의해서만 해석될 수 없습니다. 쿤에 따르면 패러다임 내에서의 (정상과학적) 탐구뿐 아니라 패러다임의 교체도 전적으로 논리적인 과정이 아닙니다. 정상과학의 탐구는 패러다임의 고수라는 여분의 원칙 아래 이뤄지며, 패러다임의 교체는 형이상학적, 인식론적, 미학적 신념들이 개재되는 '개종'과 같은 것이었습니다. 그렇다면 쿤 이후 과학을 올바르게 이해하기 위해서는 패러다임을 보유하는 과학 공동체에 대해 연구해야 하며, 변칙 사례들의 축적 앞에서 발생하는 신념 변화의 심리학을 동원해야 합니다.

과학의 창의성에 대한 해석도 새로워집니다. 과학 교과서가 대변하고 있는 전통의 과학관에서 과학의 창의성은 위대한 천재들의 것입니다. 흔히 천재들이 탁월한 비판적 지성으로 시대의 선입견을 돌파해서 새로운 이론을 만들어내는 과정을 창의성의 장면으로 생각해왔습니다. 그러나 쿤에 따르면 과학의 창의성은 집단이 만들어내는 것이며, 비판적이라기보다는 (패러다임을) 고수하려는 태도에 의해 생성되는 것입니다. 패러다임을 고수하는 정상과학 과학자들의 퍼즐풀이식 탐구에 의해 정밀한 수준의 사실들이 발굴되고 새로운 패러다임으로 전환하게 되는 단서가 발견됩니다. 혁명적 전환은 패러다임을 고수하려는 고된 노력의 자연스러운 귀결처럼 보입니다. 쿤에 따르면 과학은 다수의 과학자들이 각기 맡겨진 일을 충실히 하는 그 과정으로부터 독창적인 위업을 산출합니다(쿤에 따르면 정상과학의 퍼즐풀이식 탐구를 통해 과학은 정밀해질 뿐 아니라 새로운 과학의 단계로 혁신할 동력도 얻게 되는데, 이 과정을 위해서 과학자들의 특별한 능력이 요구되지는 않습니다. 과학자들은 왜 퍼즐풀이식의 탐구를 할까요? 쿤의 관점을 따르면, 정상과학 시기의 과학자들은 자신의 경력 관리나 지적 호기심, 재능의 과시 등의 일상적인 동기에 의해 퍼즐풀이에 참여하게 됩니다. 진리 탐구라는 탈세속적인 동기를 요구하지도 않으며, 기존 이론들을 모두 혁파해내는 천재적 창의성을 요구하지도 않습니다. 각각의 과학자들은 흥미 있는 문제, 자기 경력에 도움이 될 문제들을 퍼즐풀이 하듯이 풀어갑니다. 그렇지만 그들을 포함하는 과학자 집단 전체는 하나의 이론을 정교화하는 것이고, 그를 통해 혁명적 전환을 준비하게 되는 것입니다). 이것을 집단적이며 보수적인 창의성이라고 말할 수 있을까요? 과학탐구의 메커니즘에 대한 해석에 관한 한, 이 부분이 《구조》 최고의 통찰력으로 보입니다.

연과해서 과학을 관통하는 지성의 유형은 흔히 생각하는 비판적 지성이 아니라는 주장도 주목할 만합니다. 쿤의 과학사 선개의 구조에 따르면 비판적 지성은 위기의 단계에서 잠시 작동할 뿐, 대부분의 과학 활동은 '비판적'이라기보다는 '보수적인 명민성'에 의해 유지됩니다. 이와 관련된 대단히 인상적인 쿤의 서술을 소개합니다.

소크라테스 이전의 논의에 대한 포퍼 경의 서술은 매우 적절한 것이지만, 거기에 기술되어 있는 것은 결코 과학을 닮은 것이 아니다. 오히려 그것은, 아마도 중세기간 동안은 제외하고, 철학과 사회과학의 대부분을 특징지었던 근본 원리에 대한 주장과 반박 그리고 논쟁의 전통이다. 이미 헬레니즘 시대의 수학, 천문학, 통계학, 그리고 광학의 기하학적 부분에 의해서 이러한 방식의 논의는 수수께끼 풀이에 밀려나서 포기되어 버렸다. 그 이후에 더 많은 다른 과학들도 동일한 변모를 이루었다. 어떤 의미로는 칼 포퍼 경의 견해에 정면으로 항변하듯, 과학에로의 전환을 특징짓는 것은 비판적 논의에 대한 포기임이 분명하다. 한 분야에서 그러한 전환이 일단 이루어지면 비판적인 논의는 오직 그 분야의 기초가 위태롭게 되는 위기의 순간에서만 다시 발생한다.(쿤, "발견의 논리인가 탐구의 심리학인가", 1965, p. 19; 국역본은 《현대과학철학 논쟁 Criticism and the Growth of Knowledge》, 조승옥·김동식 옮김, 민음사, 1987)

과학적 합리성에 대한 쿤의 독창적인 대안도 중요합니다. 공약 불가능성 테제는 두 개의 이론을 객관적으로 비교하는 것이 불가능하다고 말합니다. 그렇다면 우리의 이론 선택은 아무런 합리성도 없는, 단지 선호의 표시일까요? 그렇지 않습니다. 이와 관련하여 (《구조》 이후의) 쿤은 '인식적 가치epistemic value' 개념을 제안합니다. 두 개의 이론을 명시적인 '판정규칙'에 의해 기계적으로 평가하는 것은 불가능하지만, 그렇다고 해서 그중 하나를 선호할 '합당한reasonable' 이유가 전혀 없는 것은 아니라는 겁니다. 쿤에 따르면 과학자들의 판단을 구성하는 '좋은 이유들good reasons'이 있으며, 예컨대 (예측적) 정확성·일관성·넓은 적용 범위·단순성simplicity·다

산성fertility 등이 그러한 것들입니다. 과학자들의 이론 선택이 공통된 증거에 비추어서 계산해내는 알고리즘적인 것은 아니지만, 여전히 인식론적 평가를 한다는 겁니다. 쿤에 따르면 과학자들의 판단은 전통적 의미에서 합리적rational이라고 할 수는 없지만 충분히 인식적으로 합당하다고reasonable 말할 수 있습니다. 인식적 가치에 기반을 두는 판단의 합리성이 어떤 것인가에 대해서는 아직도 철학적 분석이 충분치 않지만, 여하튼 과학의 합리성에 대한 대단히 계몽적인 아이디어라고 할 만합니다.

《구조》가 제기하는 진리의 문제도 있습니다. 《구조》를 따른다면 과학에서 진리는 무엇이며, 진보는 가능한 걸까요? 공약 불가능성 테제가 과학에서의 진보라는 말을 공허하게 만드는 것 같지만, 쿤 역시 과학의 진보 자체를 의심하지는 않습니다. 그렇다면 패러다임 교체의 혁명 또한 진보의 계기여야만 하는데, 그런 점에서 《구조》의 쿤에게는 두 가지의 진보가 있다고 말해야 합니다. 하나는 정상과학 시기 패러다임의 일관된 척도 아래 축적되는 진보가 있으며, 다른 하나는 혁명이라는 이론적 비전의 변혁에 의한 진보가 있습니다. 혁명을 통한 진보란 무엇일까요? 쿤을 따르면 정상과학은 새로움을 창출하지 못하니, 혁명에서는 진정한 새로움이 창출된다는 중요한 의미의 진보가 있다고 말할 수 있습니다. 혁명이 창출하는 새로움이 세계를 새롭게 보게 해주고, 세계의 새로운 면을 발굴해줍니다. 이 새로움의 진보를 엄밀한 인식론적 개념에 의해 이론화하는 것이 남겨진 과제입니다(진정한 새로움은 오직 혁명의 과정에서만 창출된다는 쿤의 주장이 과연 타당한가에 대해서 많은 반론들이 있습니다. 이론적 새로움에 대한 쿤의 해석은 쿤의 과도한 이론주의에 기인한다는 것이 요즈음의 해석입니다. 쿤은 철저히 이론 중심의 과학사를 상정하고 있지만, 실제 탐구의 역사는 이론, 실험, 기술들이 상대적으로 독립적인 역사를 구성한다는 것입니다. 이론, 실험, 기술들이 서로 조우할 때 기존 이론에는 없었던 새로움이 창출될 수 있다는 봅니다. 만약 반대의 주장들이 옳다면 정상과학 시기에도 이론적 새로움을 창출할 기회가 생깁니다).

《구조》의 끝부분에서 쿤은 과학의 진보를 새롭게 해석하기 위해서는 진화의 개념이 필요하리라고 시사합니다. 아직 충분한 상세하지는 못하지만 그 발상이야 이해하기 어렵지 않습니다. 쿤의 과학 해석에 따르면 과학 이론에 대해 세계와의 상응이라는 의미의 진리를 말하기 어렵습니다. 그렇다면 결국 '진리 없는 진보'의 개념을 구성해야 하는데, 그것은 아무래도 진화에서 힌트를 얻을 수밖에 없을 것입니다. 하나의 패러다임은 혁명적 전환을 거쳐 다른 패러다임으로 대체되기도 하지만, 다른 경우에는 좀 더 전문화되고 세분화된 영역들로 분화되기도 합니다. 그것은 종의 진화/분화 과정과 흡사합니다. 말년의 쿤은 진화 개념에 대해 깊은 관심을 가졌다고 하는데, 그것은 아마도 혁명을 통한 진보를 이론화하기 위한 작업이었으리라고 짐작됩니다.

《과학혁명의 구조》 이후

쿤은 대학의 철학과에 소속된 적도 없고, 철학의 전문적인 작업을 한 것도 아니지만, 그래도 아주 중요한 철학자라고 할 수 있습니다. 아마도 20세기 최고의 철학자라고도 할 수 있습니다. 이때 철학이란 미국 철학자 로티가 말하는 의미와 같은 것입니다. 로티에 따르면 최고의 철학이란 우리 사유를 위한 '새로운 어휘'를 발명하는 것입니다. 그렇다면 쿤의 《구조》야말로 일급의 철학적 저작임에 분명합니다. 《구조》를 통해 우리는, 진리·증거·귀납·진보 등 과학을 서술하는 18세기 이래의 어휘들 없이 과학에 대해 생각하는 방식을 배울 수 있으니까요. 《구조》 이후 과학에 대한 사유는 그 이전의 것과 절대 같을 수가 없습니다.

《구조》의 철학적 발상들은 이후 과학지식에 대한 사회학적 연구자들에게 가장 잘 계승된다고 평가됩니다. 우리가 이미 보았듯이 《구조》의 발상법 속에는 패러다임, 과학 공동체 등 사회학이 계승해갈 부분들이 중심에 있지요. 《구조》 이후 과학(지식)을 세계와의 관계, 그 추론의 논리성 등으로 이해하는 것은 무언가 불충분합니다. 《구조》 이후의 세상이란 지식이 드디어 사회학적 품목이 되는 세상입니다. 과학이 플라톤의 이데아 세계에 더 이상 거주하지 못하는 그런 세계입니다. 우리는 《구조》 이후의 세계에 살고 있습니다.

***

더 읽어보면

좋은 책

쿤의 과학철학은 20세기 과학철학의 역사를 배경으로 한다. 그 역사와 철학적 쟁점에 대해 기본적인 이해를 얻으려면 앨런 차머스의 《과학이란 무엇인가》(신중섭·이상원 옮김, 서광사, 2003)과 제임스 래디먼의 《과학철학의 이해》(박영태 옮김, 이학사, 2003)이 유용할 것이다. 더불어 이언 해킹의 《표상하기와 개입하기》(이상원 옮김, 한울, 2005)는 입문적인 내용과 중요한 과학철학의 주장을 담고 있는 좋은 책이다.

국내에 번역되어 있는 쿤의 저술은 《과학혁명의 구조》(4판, 김명자·홍성욱 옮김, 까치, 2013), 《쿤의 주제들》(조인래 편역, 이화여자대학교출판부, 1997) 두 권이다. 《현대과학철학 논쟁》(칼 포퍼·토머스 새뮤얼 쿤·임레 라카토슈, 조승옥·김동식 옮김, 민음사, 1987/ 아르케, 2002)는 쿤과 포퍼의 대결이라는 20세기 과학철학 최고의 논쟁을 수록하고 있는 아주 중요한 논문집이다.

쿤에 대한 연구서로서는 다음 네 권이 평판이 높다.
• B. Barnes ⟨T. S. Kuhn and Social Science⟩ McMillan. 1982; ⟨패러다임⟩ 정음사, 1986.
• P. Hoyningen-Huene ⟨Reconsidering Scientific Revolutions⟩, Chicago Univ Press, 1993.
• A. Bird ⟨Thomas Kuhn⟩ Princeton Univ Press, 2000.
• 웨슬리 샤록·루퍼드 리드, 김해진 옮김, 《토머스 쿤》, 사이언스북스, 2005.

존 롤스의
평화를 위한
정의의 철학

—

정원섭

존 롤스는 1921년 미국 볼티모어에서 태어났다. 1950년 6월, 프린스턴대학교에서 철학 박사학위를 받았고, 2년 동안 프린스턴대학교에서 강사 생활을 했다. 그 후 1년간 영국 옥스퍼드대학교에서 유학했으며, 1953년에 코넬대학교 철학과에 조교수로 임용됐다. 그리고 1960년에 MIT로 자리를 옮겼다가, 2년 후 다시 하버드대학교로 옮겨 1995년 은퇴할 때까지 최고 영예인 대학 석좌교수의 지위에 오르며 줄곧 도덕철학과 정치철학 강의들을 담당했다.

박사학위를 받은 이후 롤스의 삶은 베트남전쟁과 히피 문화 등 20세기 후반 격동의 시기를 보낸 미국 사회와 대조적으로 평온했다. 그러나 제2차 세계대전 중이던 1943년 프린스턴대학교에서 학부를 마치자마자 보병으로 입대하여 뉴기니의 라이예트 전투(36일)와 필리핀의 루존 전투(120일)에 투입되었다. 그리고 1945년 일본이 패망한 후에는 약 4개월간 점령군으로 일본에 주둔하였다. 이와 같은 참전 경험은 신앙심이 깊었던 청년 롤스가 신학을 포기하고 정의와 평화를 모색하고자 정치철학으로 돌아서도록 하는 데 결정적 계기를 제공했다고 본다.

그의 대표작《정의론》은 20세기에 사람들에게 가장 많은 영향을 준 책으로 평가받고 있다. 이 책에서 롤스는 '공정으로서 정의'라는 자신의 정의관을 명시적으로 제시한다. 또한 본격적으로 정치철학을 다룬《정치적 자유주의》, 자신의 정의관을 국제관계에 적용한《만민법》등도 주요한 저서다.

평화를 위한 정의

존 롤스는 자신의 철학을 스스로 "공정으로서의 정의"라고 불렀
는데요. 이러한 롤스의 일관된 관심은 자신의 책 《정의론》(황경식
옮김, 이학사, 2003)의 서문에서 밝힌 것처럼 "민주 사회를 위한 가장
적합한 도덕적 기초"를 제공하는 것이었습니다. 특히 롤스는 자신
의 학문적 이력의 대미를 장식하는 마지막 저술인 《만민법》에서
민주적 평화론을 강력하게 개진합니다. 민주적 평화론이란 칸트
Immanuel Kant(1724~1804)의 《영구평화론》(장동진·김기호·김만권 옮김,
아카넷, 2009)에서 기원하는 것으로 '민주화된 국가들끼리는 전쟁을
하지 않는다'는 입장입니다. 그래서 저는 롤스의 철학을 '평화를
위한 정의의 철학'이라고 말하고 싶습니다.

이 글에서는 우선 현대 정치철학에서의 롤스의 위상을 보여 주
기 위하여 최근 영미 정치철학계의 주요 논쟁들이 롤스의 정의관
과 어떻게 연관되어 있는지 소개하려고 합니다. 그 다음 롤스의
정의관의 핵심을 간략히 소개한 후 '정치적 자유주의'로 명명되는
롤스의 정치철학의 전반적인 내용을 소개할 것입니다. 이 주제들
을 다루는 과정에서 입헌 민주주의에 대해 가장 체계적인 정당화
를 하고 있는 롤스의 민주주의관을 살피고자 합니다. 특별히 그의
입헌 민주주의관을 살펴보려는 것은 다음과 같은 이유 때문입니다.

우리 사회에서는 자유주의와 민주주의라는 용어가 보통 유사
개념 내지 보완적 개념처럼 이해되고 있습니다. 그러나 우리 사회
일각에서 자유주의를 참칭하는 집단들의 비합리적 행태와 신자유
주의 경제 정책에 대한 기층 민중들의 격렬한 반대운동에서 보듯

자유주의가 반민주적 보수주의로 곡해될 위험은 언제나 상존하고 있습니다. 마찬가지로 민주주의에 기반을 둔 다양한 요구들 역시 공적 이성을 통해 적절히 제한되지 않을 경우, 대중의 지지를 확보하기 위해 주관 없이 여론을 쫓아다니는 대중추수주의로 전락하여 민주주의 자체를 타락시킬 위험에 언제나 노출되어 있는 것 또한 부정할 수 없는 사실이기 때문입니다.

《정의론》과 현대 정치철학의 주요 쟁점들

1970년대까지 분석철학 일색이던 영미 정치철학계에서는《정의론》의 출간과 더불어 규범적 전환normative turn이라고 일컬어질 정도로 규범적 논쟁들이 봇물을 이루게 됩니다. 제가 볼 때 이 논쟁들은 다음과 같이 크게 네 가지로 구별할 수 있습니다. '규범윤리학 방법론 논쟁', '자유주의 내부의 복지국가 논쟁', '국가의 중립성 논쟁' 그리고 '민주적 정당성 논쟁'이 바로 그것입니다. 물론 이 논쟁들 모두 롤스의 정의론과 직간접적으로 연결되어 있습니다. (정원섭,《롤스의 공적 이성과 입헌 민주주의》, 철학과현실사, 2008 참조) 이걸 하나씩 살펴보죠.

1. 규범윤리학 방법론의 논쟁: 공리주의자들과의 논쟁

우선 규범윤리학 방법론 논쟁이란 윤리학의 가장 기본적인 개념인 '옳음the right'과 '좋음the good'에 대한 규정 및 그 상관관계와 관련된 논쟁을 말합니다. 대체로 아리스토텔레스Aristoteles (BC

384~BC 322)와 같은 목적론자들이나 벤담Jeremy Bentham(1748~1832)과 같은 결과론자들의 경우, 궁극적인 목적을 설정한 후 이 목적에 비추어 '좋음'을 규정합니다. 그리고 '좋은 것을 하는 행동'이 '옳은 행동'이 됩니다. 반면 칸트와 같은 의무론자들은 사람으로서 마땅히 해야 할 일 혹은 인권과 같은 불가침의 권리에 주목하면서 '좋음'과 상관없이 '옳음'을 규정하고자 합니다. 그리고 이 '옳음'의 범위 안에서 좋은 것을 추구해야 한다고 말합니다. 현대의 대표적인 의무론자인 롤스는 '좋음에 대한 옳음의 우선성'을 강조합니다. 이 논쟁은 롤스를 거치면서 결과론을 대표하는 공리주의와 의무론적 전통에 충실한 권리 중심 자유주의 간의 대립 형태로 등장하지요.

롤스는 "모든 사람은 사회 전체의 복지라는 명분으로도 유린될 수 없는 정의에 바탕을 둔 불가침성을 갖는다"라고 함으로써 의무론의 전통에서 권리 중심 자유주의를 옹호합니다. 이를 위해 로크, 루소, 칸트 등 전통적인 사회계약론을 일반화시켜 공리주의에 대한 대안적 정의관을 제시하고자 합니다. 그 결과 롤스와 결과론자들, 즉 공리주의자들과의 논쟁은 불가피한 것이었습니다. 이 과정에서 센Amartya Kumar Sen(1933~), 하사니John Charles Harsanyi(1920~2000), 애로우Kenneth Joseph Arrow(1921~) 등 공리주의 경제학자들뿐만 아니라 그 외 인접 유관 분야의 다양한 학자들까지 참여하여 롤스의 정의관의 핵심이 되는 정의의 두 원칙에 대한 정당화 및 그 내적인 정합성 문제를 논했을 뿐만 아니라 롤스의 두 원칙이 합리적 선택 이론과 비교 연구되는 등 다양한 논의들이 전개되었습니다.

2. 권리 중심 자유주의 내부 논쟁: 자유지상주의와의 논쟁

두 번째 논쟁은 크게 보아 의무론으로 분류될 수 있는 권리 중심 자유주의 내부의 논쟁이라고 할 수 있습니다. 간단히 말하면 이 논쟁은 자유주의국가의 복지 정책에 대한 것입니다. 논쟁의 한 축은 당연히 롤스의 정의론, 즉 롤스의 평등주의적 자유주의입니다. 그리고 다른 한 축은 소유권을 강조하는 노직Robert Nozick(1938~2002)의 자유지상주의libertarianism입니다. 이 논쟁은 1980년대 이후 미국의 신보수주의적 흐름을 대변하는 신자유주의 논쟁으로 발전합니다.

노직에 따르면 정의에서 본질적인 것은 '경제적 평등'이 아니라 '소유할 수 있는 자유'입니다. 왜냐하면 합리적 개인에게 자유로운 거래가 허용될 경우, 설령 최초에 평등한 분배 상황에서 시작하더라도 일정 기간 거래가 진행되면 불균등한 상태에 이르게 되기 때문입니다. 만일 거래 과정에서 폭력이나 기만 등 부정의가 개입되지 않았다면 이것은 정상적인 결과이지만, 비난의 대상이 될 수는 없습니다. 그런데 만일 이러한 불균등한 상황을 최초의 평등한 상태로 되돌리고자 할 경우, 개인의 자유는 부정될 수밖에 없죠. 자유는 평등을 원칙적으로 거부하기 때문입니다.(R. Nozick, *Anarchy, State and Utopia*, Basic Books, 1974, 국역본은 남경희 옮김,《아나키에서 유토피아로: 자유주의국가의 철학적 기초》, 문학과지성사, 1989 참조)

그러나 롤스의 정의론과 연관하여 권리 중심적 자유주의의 내부 논쟁에서 더욱 주목할 점은 하트Herbert Lionel Adolphus Hart(1907~1992)의 비판과 그에 대한 답변을 중심으로 진행된 자유의 제도화 문제입니다.(《정의론》개정판 서문, 17~18쪽) 롤스가 공리주의를 입헌 민주주의 제도의 기초로서 적절하지 않다고 생각했던 가장 큰 이유는 다음과 같습니다. 공리주의는 자유롭고 평등한 인격체로서 시민들의 기본적 권리와 자유에 대하여 만족스러운 해명을 제시하지 못하며, 오히려 전체 사회복지를 극대화한다는 미명 아래 노예제조차 허용할 수 있다고 생각했기 때문입니다. 그래서 롤스는 기본적 권리와 자유 그리고 이들 간의 우선성에 대한 설득력 있는 해명을 제시한 후, 이를 평등에 대한 민주주의적 이해와 결부하고자 하였습니다.

그러나 공리주의가 자유의 가치를 제대로 설명하지 못한다는 롤스의 비판은 하트에 의해 바로 롤스 자신에게 되돌아 왔습니다. 1975년에 나온 《정의론》 수정판에서 롤스는 자유 및 자유의 공정한 가치에 대하여 부분적으로 수정하여 자유의 가치를 공고히 하면서도 차등 원칙에 근거하여 강력한 평등주의를 정당화함으로써 하트에 답하고자 하였지만, 1982년 다시 한 번 대폭 수정을 가합니다.

나아가 기본적 자유, 평등한 자유의 공정한 가치, 입헌 민주주의 체제에서 자유의 제도화에 대한 일련의 논쟁에 하트뿐만 아니라 드워킨Ronald Myles Dworkin(1931~2013), 파인버그Joel Feinberg (1926~2004), 버얼린Isaiah Berlin(1909~1997)을 위시한 다수의 법학자들이 참여하면서 평등한 자유의 공정한 가치에 대한 다양한 논의를 토대로 이를 구체화할 수 있는 사회제도의 모습에 대한 논의로 확대됐고, 그 결과 롤스의 정의론에 대한 논의는 그 폭과 깊이 모두 비약적으로 확장됩니다.

3. 국가의 중립성 논쟁: 공동체주의와의 논쟁

세 번째 논쟁은 소위 자유주의국가의 중립성 문제neutrality problem에 대한 것입니다. 이것은 멀리는 '정의란 강자의 이익에 불과하다'는 고대 그리스의 철학자 트라시마코스Thrasymachos Ho Kalkhedo(?~?)의 주장에서부터 가까이는 맑스Karl Heinrich Marx(1818~1883) 이후 '국가 란 부르주아지의 이익을 대변하는 도구'일 뿐이라는 급진 좌파 사회주의자들의 계급 이론에 이르기까지 자유주의 정치철학에서 피할 수 없는 문제입니다. 그런데 롤스는 이 문제를 시종일관 '좋음에 대한 옳음의 우선성priority of the right to the good'이라는 관점에서 접근하고 있습니다. 이것은 두 가지 의미로 해석될 수 있습니다. 첫째, 개인의 권리가 공동체의 이익에 우선한다는 의미입니다. 둘째, 정의의 원칙이 특정 가치관에 의존하지 않는다는 의미입니다.

《정의론》에서 롤스는 '옳음의 우선성'을 칸트주의적 인간관과 결부하여 설명합니다.(《정의론》, pp, 560, 574~575) 또한 롤스는 인간 을 단순히 욕망의 총체로 간주하지 않는다는 점에서 공리주의와 의 차이를 다시 한 번 부각시키면서도, 실현해야 할 특정한 목적 을 지닌 존재로도 간주하지 않는다는 점에서 아리스토텔레스식의 완전설perfectionism과도 결별합니다. '합리적 도덕적 인격체로서 자 유롭고 평등한 인간'이란 우리의 목적을 우리 스스로 선택하는 자 유롭고 독립적인 자아이며, 자신의 목적을 스스로 선택하는 인간 이라는 점에서 어떤 선행하는 도덕적 의무나 유대에 의해 구속되 지 않는 자율적 존재입니다.

롤스에 대한 공동체주의적 비판은 처음에 샌델Michael Sandel (1953~)을 중심으로 칸트적 인간관에 집중되었습니다. 그러나 매킨타이어Alasdair Chalmers MacIntyre(1929~), 테일러Mark C. Taylor(1945~), 왈쩌Michael Walzer(1935~), 웅거Roberto Mangabeira Unger(1947~) 등 무수한 공동체주의자들이 합류하고 자유주의 전반으로 확대되면서, 그 쟁점 역시 매우 다양한 모습으로 등장하였습니다. 이들의 비판을 다음과 같이 정리해볼 수 있을 것입니다. 즉 자유주의자들은 인간의 규범 내지 윤리적 삶에서 공동체의 가치를 적절히 평가하지 않으면서 공동체적 관계를 계약적 관계로 이해하여 수단적 가치만을 부여함으로써 부모자식 간의 의무처럼 계약에 선행하는 자연적 의무를 제대로 설명하지 못합니다. 또한 잠정적이고 이차적인 교정 덕목a remedical virtue이라 할 수 있는 정의를 최고의 덕목으로 상정함으로써 인생의 궁극적 목적에 대한 관심을 약화시켜 결국 인간을 도덕적 빈곤 상태로 몰고 간다는 것입니다.

4. 민주적 정당성 논쟁: 정치적 자유주의의 등장

롤스의 '정치적 자유주의'는 공동체주의자들의 다양하고 격렬한 비판의 와중에서 등장한 것이 사실입니다. 그런데 롤스는 자신의 정의관에 대한 공동체주의자들의 비판들에 답하는 대신 자신의 과제가 "민주 사회를 위한 가장 적합한 도덕적 기초"를 마련하기 위한 것이었다는 점을 다시 한 번 확인하면서,《정의론》에서는 도덕철학과 정치철학의 구분이 이루어지지 않았음을 가장 먼저 지적합니다.(롤스, *Political Liberalism*, p. xv)

이런 구분이 필요한 이유는 현대 민주주의 사회의 불가피한 현실, 즉 다원주의 문제를 롤스가 진지하게 수용했기 때문이라고 할

수 있습니다. 롤스는 이를 두고 '합당한 다원주의reasonable pluralsim'
라고 말합니다. 합당한 다원주의란 한 사회 내에 다양한 '포괄적
교설comprehensive doctrine'들이 공존하면서 서로 경쟁하고 갈등하는
상황을 의미합니다. 그런데 그 각각의 교설들이 나름대로 일리가
있다는 것입니다. 이것은 인간의 이성이 자유롭게 발휘된 불가피
한 귀결입니다. 이런 상황에서 한 사회 전체를 운영하는 기본 원
칙들, 즉 정의관에 대한 합의를 모색하고자 할 때 그 정의관은 포
괄적 교설들처럼 궁극적이거나 보편적인 진리를 모색하는 것이
어서는 안 되고 공동체 생활의 핵심이 되는 매우 제한된 내용, 즉
정치적 것들이어야만 합니다. 그런데 《정의론》에서 '질서정연한
사회' 개념은 이러한 다원주의라는 상황을 제대로 반영하지 못하
고 있었기 때문에 비현실적이며, 따라서 그에 기반을 두는 합의는
안정성을 얻을 수 없다는 것이 바로 롤스의 불만이었습니다.(*Political
Liberalism*, p. xvi)

'공정으로서 정의'와 정의의 두 원칙

'공정으로서 정의'라는 롤스의 정의관 전체를 아우르는 핵심 발
상은 사회를 자유롭고 평등한 시민들 간의 협력의 틀society as a
cooperative venture로 이해한다는 점입니다. 이러한 사회가 운영되기
위해서는 우선 협력의 공정한 조건에 대한 합의가 이루어져야 합
니다. 따라서 정의의 1차적 주제는 사회의 기본구조, 즉 사회의
주요 제도가 권리와 의무를 배분하고 사회 협동체로부터 발생하

는 이익을 분배하는 방식입니다.(TJ. p. 40)

여기서 사회의 주요 제도란 정치의 기본법이나 기본적인 사회 경제적 체제를 말합니다. 그에 대한 주요한 예를 들어 보자면 사상의 자유, 양심의 자유, 경쟁 시장, 생산수단의 사유에 대한 법적 보호와 일부일처제 등과 같은 것이 해당됩니다. 따라서 최초의 합의, 즉 원초적 합의original contract의 대상은 특정 형태의 사회구조나 정부 형태가 아니라 사회의 기본구조에 대한 정의의 원칙들입니다. 물론 공동체주의자인 왈쩌는 분배적 정의를 논의하는 과정에서 분배 원칙에 대한 합의보다 누구와 분배할 것인가의 문제, 즉 성원권membershi에 대한 논의가 선행되어야 한다고 주장합니다. (M. Walzer, *Spheres of justice*, Basic Books, Inc., 1983, 국역본은《정의와 다원적 평등》, 정원섭 외 옮김, 철학과현실사, 1999, 1장 참고) 이 점에 대해서는 뒤에서 구체적으로 살펴보겠습니다.

최초의 계약을 할 때 가장 중요하게 다루어야 하는 것은 무엇일까요? 롤스는 계약 상황 자체가 공정한지 먼저 살펴봐야 한다고 말합니다. 최초의 상황을 공정하도록 구현하기 위해 롤스는 근대사회 계약론에서 흔히 볼 수 있는 '자연 상태the state of nature' 개념을 원용합니다. 우리 모두가 최초의 계약 상황에 있다고 상상해보자는 것이죠. 롤스는 '무지의 베일veil of ignorance'이라는 일종의 사고 실험을 제안합니다. 계약을 할 때 각자가 처한 특수한 사정에 따라 유리할 수도 있고 불리할 수도 있습니다. 아주 절박한 상황이라면 불리한 조건을 어쩔 수 없이 받아들이게 되고 여유 있는 상황이라면 유리한 조건을 고집하게 되겠지요. 그래서 계약에 영향을 줄 수 있는 특수한 사정을 아예 모른다고 가정하자

는 것입니다. 이것이 바로 무지의 베일이라는 가정을 도입하는 이
유입니다. 즉 계약 당사자들에게 일반적인 지식은 허용하지만 특
수한 여건에 대한 정보를 차단하는 제약 조건을 둠으로써 그들이
처음부터 개별적인 특수한 이익을 증진할 수 없는 공정한 상황에
서 정의의 원칙들에 합의하도록 유도하는 것입니다.(TJ, pp. 12, 19,
136~142)

그러나 홉스처럼 최초의 계약 상황에서 모든 사람이 사소한 차
이는 있지만 근본적으로는 평등하다고 가정하고 출발하는 것이
아닙니다. 롤스는 자신이 근대 계약론을 원용한다고 할 때 로크,
루소, 칸트를 언급하지만 홉스에 대해서는 일체 언급하지 않습니
다. 홉스와 달리 롤스는 최초의 계약 상황에서 계약 당사자들이
가능한 한 평등한 입장에 있을 수 있도록 배경적 상황을 조정하
고자 한다는 점에서 칸트주의적 계약론 전통에 충실하다고 할 수
있습니다.(W. Kymlicka, "Social Contract", *Companion to Ethics*, p. 192)

이러한 가설적 상황인 원초적 입장original position에서 당사자들
은 차등의 원칙이나 평균 공리의 원칙 등 다양한 여러 대안적 정
의관에 대한 비교 및 심의 과정을 거쳐 다음과 같은 정의의 두 원
칙에 합의하게 됩니다.

• 제1 원칙: 평등한 자유의 원칙
각자는 평등한 기본권과 자유의 충분히 적절한 체계에 대해 동등한 권
리주장을 갖는 바, 이 체계는 모두를 위한 동일한 체계와 양립 가능하
며, 또한 이 체계에서는 평등한 정치적 자유들, 그리고 오로지 바로 그
자유들만이 가치를 보장받는다.

• 제2 원칙: 차등의 원칙

사회 경제적 불평등들은 다음 두 가지 조건을 만족시켜야 한다.

첫째, 기회 균등의 원칙. 이러한 제반 불평등은 기회의 공정한 평등의 조건하에서 모두에게 개방되어 있는 직위와 직책에 결부되어 있어야 한다.

둘째, 최소 수혜자 우선성의 원칙. 이러한 불평등들은 사회의 최소 수혜 성원들의 최대 이익이 되어야만 한다.(*Political Liberalism*, pp. 5~6)

당연히 여기서는 제1 원칙이 제2 원칙에 우선합니다. 즉 평등한 자유의 원칙이 차등의 원칙에 우선합니다. 이를 두고 자유 우선성의 원칙이라고 합니다. 제2 원칙 내부에서도 첫 번째 기회균등의 원칙이 두 번째 최소 수혜자 우선성 원칙에 우선합니다.

재산소유 민주주의와 복지국가 자본주의

롤스가 제시하고 있는 정의의 두 원칙은 어떤 경제체제와 잘 부합할 수 있을까요? 이 문제는 철학자들뿐만 아니라 정치학자들, 사회학자들, 나아가 경제학자들까지 이 논쟁에 가세하면서 지금도 격렬한 논쟁의 대상이 되고 있습니다. 많은 학자들은 롤스의 정의론을 "평등주의라는 상표를 단 복지국가 자본주의에 대한 철학적 옹호론a philosophical apologia for an egalitarian brand of welfare state capitalism" 으로 이해했습니다. 그러나 다른 일군의 학자들은 롤스의 정의론과 부합할 수 있는 정치경제적 체제는 고전적인 맑스주의에서 말하는 자본주의와 전혀 다른 체제라는 주장을 펴고 있습니다. 그러나 롤스는 자신의 정의론과 부합할 수 있는 체제들의 목록에서 복지국가 자본주의를 분명히 배척한 후, 양립 가능한 체제로 재산소유 민주주의와 자유주의적 (민주주의적) 사회주의를 제시하고, 전자를 구체적으로 예시하였습니다.(미드, "Efficiency, Equality and the Ownership of Property", *Liberty, Equality and Efficiency*, The Macmillan Press Ltd, 1993, pp. 135~178)

그렇다면 롤스가 자본주의에 대한 대안으로 제시하고 있는 재산소유 민주주의는 어떤 체제일까요? 이 문제를 다루면서 왜 복지국가 자본주의가 롤스의 정의론과 양립할 수 없는지에 대하여서도 자연스럽게 논의하려고 합니다.

1. 재산소유 민주주의

재산소유 민주주의라는 개념은 경제학자 미드James Edward Meade (1907~1995) 로부터 롤스가 빌려 온 것입니다. 미드는 자본주의에 대한 대안이 될 수 있는 체제를 다음 네 가지로 제시합니다.(*Liberty, Equality and Efficiency*, pp. 21~81)

① 노동조합국가A Trade Union State
② 복지국가A Welfare State
③ 재산소유 국가A Property-Owning Democracy
④ 사회주의 국가A Socialist State

그런데 미드는 ③과 ④만이 자본주의에 대한 대안이 될 수 있다고 주장하였습니다. 롤스의 '재산소유 민주주의'는 미드의 것과 대동소이합니다. 다만 한 가지 주목할 만한 차이점이 있다면, 미드가 사회적 평등을 이루기 위해 유전공학적인 사회 정책까지 옹호하는 데 반해 롤스는 이런 정책이 개인의 기본적 자유를 침해할 수 있다는 점을 들어 명백히 거부한다는 점입니다.

롤스는 자본주의의 대안으로 재산소유 민주주의를 제시하면서 그 기본적인 사회제도들에 대해 다음과 같이 윤곽을 제시합니다.(롤스, *Justice as Fairness Restatement*, ed. by Erin Kelly, The Belknap Press of Harvard University Press, 2001, pp. 135~138)

① 정치적 자유의 공정한 가치를 보장하는 장치들
② 교육 및 훈련에서 기회의 공정한 평등을 실현하기 위한 장치들
③ 모든 이들을 위한 기본적 수준의 보건의료

나아가 롤스는 다음 두 가지 조건을 더 추가하지요. 즉 ①경쟁적 시장 체제, ②시장의 불완전성을 시정하고 나아가 분배적 정의의 관건이 되는 배경적 제도들을 보존하기 위한 적정 수준의 국가 개입.(TJ, pp. 270~274) 요컨대 재산소유 민주주의의 기본적 제도들은 위에서 지적한 세 가지 그리고 경쟁적인 시장 체제 및 적정 수준의 국가 개입으로 이루어져 있다고 할 수 있을 것입니다.

롤스는 재산소유를 평등하게 하는 핵심적인 제도로 ①증여 및 상속에 대한 누진과세, ②다양한 종류의 교육 및 훈련 기회의 평등을 진작시키는 공공 정책을 제시합니다.(*Liberty, Equality and*

Efficiency, p. 132) 일반적으로 교육 기회의 평등을 실현하고자 만들어지는 공공 정책은 시민들이 소득 획득 능력을 갖추도록 하는 적극적인 정책이라 할 수 있습니다. 그러나 가정의 자율성이 존중되는 한, 그리고 개인의 소득 획득 능력에 결정적인 영향을 미치는 고등교육의 경우 그 비용이 엄청나다는 점을 고려한다면, 교육 기회의 실질적 평등을 실현하는 것은 항상 불완전할 수밖에 없습니다. 이에 비해 증여 및 상속의 경우, 누가 어느 정도를 받게 되는가는 대부분 우연에 의해 결정되며 도덕적 관점에서 볼 때 임의적인 것arbitrary입니다. 그렇기 때문에 배경적 정의를 훼손할 정도의 불평등을 야기할 수 있는 증여 및 상속에 대해서는 누진과세를 할 필요가 있습니다. 바로 이 누진과세와 관련하여 롤스의 정의론은 복지국가 자본주의와 완전히 결별합니다.

사실 현대의 산업국가들은 자연적 우연들이나 사회적 우연들이 그 사회 성원들의 인생 전망들을 전적으로 결정하도록 허용하지는 않는다는 점에서 모두 복지국가라고 할 수 있습니다. 복지국가를 이처럼 넓게 해석한다면, 롤스의 재산소유 민주주의 역시 복지국가라고 할 수 있을 것입니다. 그러나 복지국가는 복지국가 자본주의와 매우 다릅니다. 복지국가 자본주의는 공리주의를 근거로 한 경제체제를 말합니다. 물론 롤스의 재산소유 민주주의 체제 역시 복지국가 자본주의와 마찬가지로 생산수단에 대한 사적인 소유를 허용하고 있다는 점에서 상당히 비슷한 점도 있습니다.

그러나 복지국가 자본주의는 소수가 생산수단을 거의 독점하는 것을 처음부터 배제하지 않습니다. 복지국가 자본주의는 최종상태에 이르러 각자의 총소득(불로소득과 근로소득 모두)을 산정하고,

이 소득에 대한 누진과세를 통해 빈자들을 지원하는 복지 기금을 마련하고자 하는 재분배 정책을 사후에ex post 선택합니다. 그러나 재산소유 민주주의에서 취하는 누진세제는 빈자들을 위한 보조금을 마련하기 위한 것이 아닙니다. 이것은 제반 정치적 자유의 공정한 가치와 기회의 공정한 평등에 역행할 수도 있는 부의 과도한 축적을 막기 위함입니다. 따라서 재산소유 민주주의국가에서 누진세는, 그 성원들 간의 협동 초기 조건을 공정하게 하려는 것이기 때문에, 증여 및 상속 등 협동의 공정한 조건을 위협할 수 있는 불로소득으로 엄격히 한정됩니다.

결국 재산소유 민주주의에서는 협동의 최초 상황을 공정히 하고자 상속, 증여 등의 불로소득에 대한 사전ex ante 누진과세가 있을 뿐, 근로소득에 대해 사후에ex post 과세를 하는 일은 전혀 없습니다. 즉 재산소유 민주주의는 그 배경적 제도들을 통해 처음부터 재산과 자본의 소유를 분산시키는 방향으로, 다시 말해 사회의 소수 집단이 경제 및 정치를 장악하는 것을 처음부터 막는 방식으로 작동하는 것입니다. 나아가 이렇게 함으로써 재산소유 민주주의 체제에서는 복지국가 자본주의에서와는 달리 누진세제가 노동유인incentive에 미치는 부정적 영향을 최소화하고자 합니다. 그 결과 롤스가 생각하고 있는 재산소유 민주주의 사회에서 최소 수혜자들은 복지국가 자본주의에서처럼 시혜나 연민의 대상이 아니라, 호혜성reciprocity의 원칙에 따라 다른 시민들과 상호 이익을 공유하는 자유롭고 평등한 시민으로 간주되면서 사회적 자존을 훼손당하지 않을 수 있게 되는 것입니다.

2. 민주적 사회주의

롤스의 재산소유 민주주의와 민주적 사회주의 간의 가장 큰 공통점은 양자 모두 경쟁 시장 체제를 수용한다는 점입니다. 즉 두 체제에서 기업들은 시장가격을 두고 서로 경쟁합니다. 그러나 민주적 사회주의에서는 자본주의적 기업이 금지되며, 오직 노동자가 통제하는 '협동조합들cooperatives'만이 서로 경쟁하게 됩니다. 이러한 협동조합들에 속해 있는 노동자들은 생산수단과 관련해, 이용권과 수익권을 갖지만, 생산수단에 대한 완전한 소유권full ownership을 갖지는 못합니다. 즉 노동자들은 생산수단에 대해 이용권이나 수익권을 가질 수는 있지만 이러한 권리들을 외부인들에게 팔 수는 없습니다. 만일 노동자들이 이러한 권리들을 외부인들에게 팔 수 있게 된다면, 자본주의적 기업들이 출현할 것이며, 이러한 기업들이 출현할 경우, 정치적 자유의 공정한 가치를 보장하기 위해 그 배경적 제도들에서 불평등을 제거하려고 하였던 사회주의적 노력들이 수포로 돌아갈 수밖에 없기 때문입니다.

롤스의 정의론이 재산소유 민주주의보다 오히려 민주적 사회주의를 더욱 지지한다는 논변 역시 적지 않았습니다. 이러한 주장들은 주로 다음과 같은 두 가지 사실에 근거하고 있습니다. 첫째, 롤스가 기회 있을 때마다 '자존self-respect'이라는 가치를 매우 강조하였다는 점입니다.(*Political Liberalism*, pp. 82, 106, 108, 318; TJ, pp. 178~183, 543~546) 둘째, 롤스가 강조하는 자존이라는 가치는 자본주의사회에서 제대로 실현되기 어렵다는 점입니다. 왜냐하면 대부분의 자본주의 체제에서 허용되고 있는 심각한 수준의 경제적 불평등은 자존의 사회적 기초를 훼손할 수밖에 없다고 보기 때문입니다.

　그렇습니다. 롤스는 자유롭고 평등한 인격으로서 시민들이 그들의 도덕적 능력들을 계발하고 발휘하는 데 있어서 자존이 무엇보다도 가장 중요한 사회적 기본 가치라는 점을 기회 있을 때마다 강조하였습니다. 롤스가 중요하게 생각한 사회적 기본 가치들은, 자유롭고 평등한 시민들이 도덕적 능력들을 계발하고 발휘하기 위해 필요한 제도적 조건들로서 다음과 같은 다섯 가지입니다. ①기본권, ②거주 이전의 자유와 직업 선택의 자유, ③공직 선출권 및 피선거권, ④소득과 부, ⑤자존의 사회적 기초.

　누구나 목격하고 있듯이 자본주의적 경제체제에서 노동자와 자본가 간의 현저한 불평등은 결국 자존의 사회적 기초를 붕괴시키는 결과를 초래할 수밖에 없다는 것입니다. 따라서 자존의 사회적 기초들이 평등하도록 하는 해결책은, 자본가와 노동자 간의 본질적인 불평등을 없애는 것입니다. 즉 생산수단에 대한 사유재산권을 권리의 목록에서 배제하는 민주적 사회주의를 지지할 수밖에 없습니다.

　그러나 롤스의 정의론이 생산수단에 대한 사적인 소유권을 부정할 수밖에 없다는 주장은 무엇보다도 롤스 자신의 입장을 과도하게 해석한 것이라 할 수 있습니다. 롤스는 다음과 같이 조심스럽게 말합니다.

　(재산권에 대해) 더 이상으로 진전된 어떤 입장도 두 가지 도덕적 능력들의 계발과 실현에 필요한 기본적 가치로 간주될 수 없다. (*Political Liberalism*, p. 298)

이 점은 맑스주의적 정의론과 비교했을 때 롤스 정의론이 갖는 한 가지 주요한 특징입니다. 롤스는 개인적 재산에 대한 권리the right to personal property와 생산수단에 대한 사유재산권private ownership over means of production을 구분한 후, 전자를 인격의 자유와 통합성integrity에 속하는 기본권으로 상정하지만 후자의 권리를 정의의 원칙에 의해 요구되는 기본권으로 간주하지는 않습니다.

롤스는 정의의 두 원칙들의 내용을 예시하기 위해 재산소유 민주주의와 민주적 사회주의 사이에서 결정해야 할 필요는 없다, 어느 체제에서든 정의의 두 원칙들이 실현될 수 있다고 주장하고 있는 것이죠. 즉 롤스는 두 체제 간의 선택 문제를 정의론 자체의 귀결에 의해서가 아니라 해당 사회의 역사적·정치적 전통, 곧 정치사회학에 의해 결정될 문제로 간주합니다. 이 점은 경제체제의 선택 문제가 기본권들에 의해 결정되지 않는다는 주장으로, 체제 중립성을 표방하는 현대 철학적 자유주의의 핵심 주장이라고 할 수 있습니다.

둘째, 자존의 사회적 기초를 평등하게 하는 일과 생산수단에 대한 사적인 소유를 금지하는 것은 상호 필요조건도 충분조건도 아니라는 점입니다. 물론 생산수단에 대한 사유재산권은 이를 소유하지 못한 자들을 생산수단으로부터 배제하며, 결국 경제적인 불평등으로 나타납니다. 그러나 생산수단에 대한 사유재산권을 부정한다고 해서 곧장 자존의 사회적 기초들에서 평등이 보장되는 것은 아닙니다. 또한 그것이 생산수단이건 아니건 과도한 재산의 집중은 자존의 사회적 평등을 훼손하고 말 것입니다. 따라서 롤스의 정의론이 재산소유 민주주의보다 민주적 사회주의를 더욱 지지해야만 한다는 논변은 생산수단에 대한 모든 시민들의 평등한 접근권access rights이 자존의 사회적 기초를 실질적으로 평등하게 하는 결과를 낳을 수 있다는 점을 보여 주어야만 하는 입증의 부담을 안고 있습니다. 이것은 체제를 선택하는 과정이 정치철학적인 논의뿐만 아니라 해당 사회의 역사적 전통이나 경험과학적 자료들에도 상당히 의존할 수밖에 없다는 점을 보여 주는 것이라 할 수 있습니다.

왜 정치적 자유주의인가?: 민주적 정당성과 공적 이성

《정의론》에서 정의의 두 원칙에 대한 합의를 모색하면서 롤스는 두 가지 중요한 가정 위에서 출발하였습니다. 하나는 정의의 여건이라는 발상이며, 다른 하나는 '질서정연한 사회'라는 관념입니다. 정의의 여건circumstances of justice은 흄으로부터 원용한 것인데 어떤 사회에서 정의를 논하기 위해서는 다음과 같은 두 가지 조건이 충족되어야 한다는 것을 의미합니다.

첫째, 그 사회의 경제적 상황이 적절히 부족해야 한다는 객관적인 물질적 조건입니다. 즉, 그 사회가 지나치게 빈곤하지도 과도하게 부유하지도 않아야 한다는 것입니다. 만일 사람들이 당장 끼니조차 구하기 힘들 정도로 지나치게 빈곤한 사회일 경우, 그 사회에서 정의를 논하는 일은 사치가 되고 말 것입니다. 이와는 달리 모든 사람들이 온갖 요구를 모두 충족할 수 있을 정도로 풍요로운 사회라면 굳이 정의를 말할 필요도 없을 것입니다. 이 가정 때문에 롤스의 정의론은 미국이나 서유럽처럼 유복한 사회에서나 통용될 수 있는 이론이라는 비난을 받았습니다.

둘째, 제한된 이기심이라는 주관적 조건입니다. 만일 그 사회의 구성원들이 욕심이 끝이 없을 정도로 과도하게 이기적이라면, 정의를 논하는 일 자체가 불가능할 것입니다. 이와 달리 그 사회 사람들이 어떤 어려운 상황에서도 자신보다 남을 먼저 고려하고자 한다면, 정의를 말할 필요조차 없을 것입니다.(TJ, 22절 참고) 사실 이러한 두 가지 여건을 롤스가 가정하고 있다고 해서 이상론을 펴고 있는 롤스에게 결정적 타격이 될 수는 없습니다.

롤스 스스로 심각한 문제라고 여긴 것은 따로 있습니다. 그것은 정의의 원칙에 대한 합의의 가능성 그리고 그 합의를 준수할 가능성을 매우 낙관적으로 생각했다는 점입니다. 이것을 롤스의 어법을 빌려 말한다면, 《정의론》에서 제시한 '질서정연한 사회 well-ordered society'라는 발상이 비현실적이며 따라서 안정성 stability에 문제가 있다는 것입니다.(*Political Liberalism*, 서론 참고)

질서정연한 사회란 어떤 원칙이나 이론에 따라 일관성 있게 운용되는 사회를 말합니다. 만일 한 사회가 공리주의에 따라 다스려지고 있다면, 그 역시 질서정연한 사회라고 할 수 있습니다. 그런데 바로 이런 발상이 지극히 비현실적이었다는 것을 롤스 스스로 인정한 것입니다. 왜냐하면 인간의 이성이 자유롭게 발휘된 사회는 다원주의를 피해갈 수 없기 때문이죠. 그런데 문제는 이렇습니다. 한 사회 내에는 서로 다를 뿐만 아니라 경쟁하기도 하고 갈등하기도 하는 다양한 입장들이 있다는 것입니다. 우리 사회 안에 있는 여러 종교들을 생각해보면 쉽게 이해할 수 있을 것입니다.
우리 사회 안에는 유교, 불교, 기독교와 같은 기성 종교뿐만 아니
라 여러 신생 종교들이 공존하고 있습니다. 대부분의 종교들은 인
생의 궁극적 목적이나 진리에 대해 주장합니다. 그리고 그 나름대
로 일리도 있지만 종교마다 다른 가르침을 주려고 하지요. 롤스는
이와 같이 개인의 일상적인 행동에서부터 인생의 궁극적 목적까
지 어느 정도 일관적인 체계를 가지고 있는 입장을 '포괄적 교설'
이라고 하였습니다.

그런데 문제는 이런 포괄적 교설들이 한 사회 내에 너무나
도 다양하게 존재하고 있다는 점입니다. 그리고 우리는 자발적으
로 정치 공동체에 온 것도 아니고 그곳을 임의로 떠날 수도 없습
니다. 때문에 국가의 권력은 모든 시민에게 동의를 받아야 합니
다. 이 점 때문에 그는 《정치적 자유주의Political Liberalism》(Columbia
University Press, 2005; 국역본은 장동진 옮김, 동명사, 1999. 이후 인용은 원서)
에서 민주주의 사회 내 정치적 정의의 가장 기본적인 문제를 다
음과 같이 재정식화합니다.

> 합당한 종교적, 철학적, 도덕적 교설들로 심각하게 분열되어 있는 자유
> 롭고 평등한 시민들로 구성된 정의롭고 안정적인 사회가 상당 기간 존
> 재하는 것이 어떻게 가능한가?(*Political Liberalism*, p. 4)

다원주의를 진지하게 수용하면 수용할수록 자유롭고 평등한 시
민들 사이에서 정의의 원칙들, 곧 공동선a common good을 모색하는
일은 훨씬 더 어려울 수밖에 없습니다. 서로 상반되는 다양한 철

학적, 종교적, 윤리적 교설들을 가진 시민들은 정의관에 대해서뿐
만 아니라 입헌적 원칙 그 자체에 대해서도 당연히 매우 상이한
입장을 취할 것이고, 그 결과 그에 대한 정치적 합의는 복잡해질
수밖에 없을 것입니다.

뿐만 아니라 설령 입헌 원칙에 대한 합의가 이루어졌다 해도
그에 대한 해석 및 적용 과정에서 다양한 견해 차이가 발생할 수
있습니다. 현대 다원주의 사회의 내재적인 규범적 불일치는, 철
학적으로 혹은 종교적으로 다른 견해를 가지고 있는 이들이 하
나의 정치체제에 쉽게 동의하지는 않을 것이라는 점에서(*Political*
Liberalism, p. 36), 사회 성원들 간의 정치적 합의로 나가는 데 방해
물임에 분명합니다. 그렇기 때문에 롤스는《정치적 자유주의》에
서 내재적인 규범적 불일치를 '합당한 다원주의의 사실the fact of
reasonable pluralism'로 간주하여 현대 자유민주주의 사회의 영구적인
특징으로 가정하는 것입니다.(*Political Liberalism*, pp. 54~57)

《정치적 자유주의》에서 현대 자유민주주의를 위한 정치적 합의
를 모색하는 롤스의 작업은 이처럼 다원주의 사회에서의 정치적
합의와 관련된 난점들에 대처하는 과정이라고 할 수 있습니다. 이
를 위해 롤스는《정치적 자유주의》에서 중첩적 합의와 공적 이성
이라는 두 가지 핵심 관념을 도입합니다. 간단히 말해 중첩적 합
의란 사회를 정초하는 정치적 합의의 원칙들이 그 사회 내에 존
재하는 모든 '합당한 포괄적 교설들로부터 중첩되는 동의를 받도
록 해야 한다'는 생각입니다.(*Political Liberalism*, p. 144)

이에 비해 공적 이성이란 정치적 정의관에 대한 중첩적 합의는
그 사회의 자유롭고 평등한 시민들이 공유하고 있는 이성에 기초

하여 정당화되어야 한다는 점, 그리하여 이성적인 시민이라면 누구나 합의할 수 있으며, 따라서 중첩적 합의가 그 사회에서 서로 경쟁하는 포괄적 교설들과는 독립적으로 존립한다는 생각입니다. (*Political Liberalism*, p. 223) 롤스는 공정으로서 정의가 중첩적 합의의 초점이 되고 공적 이성에 의해 정당화될 때, 다원주의 사회의 시민들이 공정으로서 정의라는 자신의 정의관을 받아들일 것이라고 생각합니다.

그렇다면 어떤 종류의 민주주의관이 롤스의 이런 정의관의 특성을 잘 반영할까요? 《정의론》에서 롤스는 민주주의를 평등, 즉 정치적 자유들의 공정한 가치를 평등하게 받는 것과 거의 동일하다고 생각합니다. 그러나 《정치적 자유주의》에서 롤스는 정의가 심의 민주주 개념the deliberative conception of democracy까지 포함한다고 주장합니다. 대체로 말하자면, 공적 이성을 매개로 하는 롤스의 정의관은 사회 구성원들이 정치적 합의에 적극 참여할 때 국민 주권popular sovereignty이 내실화될 수 있다는 것을 함축한다는 점에서 정치 과정에서 적극 참여하고자 하는 국민의 공적 의지가 필수적으로 요청된다고 할 수 있습니다.

그렇다면 다음과 같은 질문이 당연히 제기됩니다. 공적 이성을 매개로 하는 롤스의 정치적 자유주의는 정치 공동체를 건설하고 지속적으로 참여하고자 하는 국민의 민주적 의지를 형성하기에 충분할까요? 롤스가 제시하고 있는 이와 같은 유형의 정치적 자유주의 사회를, 왜 그리고 어떤 의미에서 민주주의 사회라 할 수 있을까요? 롤스는 민주주의에 대해 다음과 같이 말하고 있습니다.

민주주의 사회를 특징짓는 것은 사람들이 자유롭고 평등한 시민으로 서 협력한다는 점, 그리고 (이런 이상적인 경우) 시민들의 협력을 통해 성취하는 바는 정의의 원칙들을 실현하고 또한 시민들에게 시민으로 서 그들의 필요를 충족시켜주는 전목적적 수단을 제공하는 배경적 제 도들을 구비한 정의로운 기본구조이다.(*Political Liberalism*, p. 42)

우선 민주주의에 대한 롤스의 입장의 뿌리에는 자유롭고 평등 한 시민들 간의 협력이라는 생각이 자리 잡고 있습니다. 이런 의 미에서 민주주의란 일차적으로는 자치를 의미한다고 할 수 있습 니다. 롤스는 자치란 관념을 사회의 정치 조직 내에 있는 자유롭 고 평등한 인격체들 간의 협력으로 해석합니다. 다시 말해 롤스에 있어서 '정치권력이란 집합적 단위로서 자유롭고 평등한 시민들의 권력'(*Political Liberalism*, p. 137)인 것입니다. 이렇게 볼 때 시민 집단 의 민주적 권력은 결국 정치권력의 행사와 연관됩니다.

언제 이 권력은 적절히 행사되는가? 다시 말해, 만일 이 권력의 행사 가 다른 시민들에게 정당화되어야 하며 또한 그 과정에서 시민들의 합 당성과 합리성을 존중해야만 한다면, 자유롭고 평등한 시민들인 우리 가 어떤 원칙과 어떤 이념에 비추어 우리의 권력 행사를 바라보아야만 하는가?(*Political Liberalism*, p. 137)

롤스의 답은 이렇습니다. 즉 정치권력의 민주주의적 행사는 첫 째 사람들의 자유와 평등을 존중하며, 둘째 시민들의 합의를 얻을 수 있는 원칙들에 의하여 제한되어야 한다는 것입니다. 롤스의 설명에 따르자면, "정치권력의 행사는 정치권력이 자유롭고 평등한 모든 시민들이 그들의 공통된 인간 이성에 대해 수락 가능한 제반 원칙 및 이념에 비추어 승인할 것으로 합당하게 기대될 수 있는 헌법의 핵심 사항과 일치하여 행사될 때 정당하다는 것입니다."

롤스가 생각하는 이상적으로 질서 정연한 사회는 첫째 다원적이며, 둘째 정의롭고, 셋째 민주주의적인 사회라고 할 수 있을 것입니다. 첫째, 질서정연한 사회가 다원적인 이유는 이 사회가 다양한 철학적, 종교적, 윤리적 교설들을 아우르고 있기 때문입니다. 둘째, 이런 사회가 정의로운 이유는 이 사회가 시민들을 그 사회의 자유롭고 평등하며 협력하는 구성원으로서 대우하는 공정으로서 정의 혹은 기타 정의관을 제도화하고 있기 때문입니다. 셋째, 이 사회가 민주주의적인 이유는 이 사회의 정치적 헌장이 공적 이성에 의해 정당화되기 때문인 것이죠.

더 읽어보면
좋은 책

로버트 노직, 남경희 역, 《아나키에서 유토피아로》, 문학과지성사, 1997.

이 책은 노직이 롤스의 정의론에 대해 자유지상주의의 입장에서 반론을 제기한 것이다. 노직은 롤스의 분배적 정의론의 핵심을 이루는 '차등 원칙'이 개인의 소유권을 침해함으로써 결국 자유의 존엄성을 훼손하고 말 것이라는 주장을 다양한 사례들을 통해 현란하게 펼친다. 또한 노직은 단순히 롤스의 정의론을 비판하는 것을 넘어서 소유권을 절대시하는 자신의 고유한 정의관을 제시함으로써 자유지상주의를 이론적으로 화려하게 부활시킨다. 그 덕분에 노직은 정치철학적 논란의 중심에 서게 되지만 정치철학적 논쟁은 자신의 관심사가 아니라면서 자유지상주의에 대한 글을 더 이상 발표하지는 않았다.

마이클 왈쩌, 정원섭 외 옮김, 《정의와 다원적 평등》, 철학과현실사, 1999.

이 책은 공동체주의를 대표하는 저서 중 한 권이다. 왈쩌는 이 책에서 분배적 정의론의 선결 과제는 롤스의 정의론처럼 분배 원칙을 고안하는 것이 아니라, 누구와 더불어 분배를 논의할 것인지 생각해보는 것이라고 주장한다. 즉 누가 공동체의 구성원인지가 먼저 정해져야만 한다는 것이다. 또한 그는 공동체의 역사적 현실과

***

유리된 어떤 추상적 분배원칙을 탐구할 게 아니라 먼저 한 사회에서 소중하게 간주되는 가치들이 무엇인지 살펴보아야 한다고 주장한다. 즉 공동체마다 소중하게 생각하는 다양한 가치들이 존재하며, 이러한 가치들을 분배하는 방식 역시 공동체 구성원들이 공유하는 이해 방식을 통해 찾을 수 있다고 본 것이다. 모든 사람이 모두 추구하는 획일적인 가치가 존재하는 것이 아니라, 가치들 사이에 독자적인 영역이 존재한다는 것이다. 왈쩌는 이것을 '다원적 평등complex equality'이라고 했다.

자유주의적
개인주의 사회의 비판자,
알래스데어 매킨타이어

—

김수정

알래스데어 매킨타이어
Alasdair Chalmers MacIntyre(1929~)

알래스데어 매킨타이어는 1929년 스코트랜드 글래스고에서 출생했으며, 자유주의적 개인주의 사회를 비판하며 덕윤리를 부활시킨 도덕철학자이다. 그는 특히 도덕적 영역에서 사회역사적 맥락의 중요성과 함께 도덕적 주체로서의 개인의 역할과 위상을 강조하였다. 그는 24살에 《Marxism: An Interpretation 1953》이라는 책을 쓸 정도로 사회주의에 관심이 많았으나, 막시스트를 지향하는 정부들이 관료화, 이데올로기화되는 것을 목격하고 도덕에 대한 이성적 논의에 관심을 갖게 됐다. 1970년에 미국으로 이주하였고, 1980년에 가톨릭으로 개종하면서 아리스토텔레스의 목적론적 윤리와 토미즘 철학에 관련된 글을 쓰게 되었다. 또한 종교와 사회 및 정치를 주제로 한 다양한 글들을 써 왔다. 《덕의 상실》, 《철학의 과업》, 《윤리의 역사, 도덕의 이론》 등의 저서가 있으며, 현재 노틀담대학교의 명예 교수와 런던 매트로폴리탄대학교의 현대 아리스토텔레스 윤리와 정치 연구센터의 연구원으로 재직 중이다.

알래스데어 매킨타이어는 현대사회를 자유주의적 개인주의 사회로 규정하고, 현대사회가 개인의 도덕적 위상과 역할을 위협한다고 비판합니다. 자유주의 사회에서는 개인이 사회적 관습이나 전통에서 가치의 기준을 구하는 것을 거부하고 스스로 가치의 기준이 됩니다. 또한 개인주의는 어떤 집단이나 공동체의 일원으로 인간을 규정하기보다는 개인의 독립적인 위상을 강조합니다. 객관적 가치판단의 기준을 거부하는 것은 도덕적 성찰을 어렵게 하고 책임 있는 행위 주체로서의 도덕적 삶을 위협합니다. 매킨타이어는 자유주의적 개인주의 사회에서 인간 위상을 회복할 방법을 모색하고 도덕적 성찰을 가능하게 할 방법을 제시합니다.

매킨타이어는 규범철학을 강조하는 현대 도덕철학에서 '덕윤리Virtue Ethics'를 부활시킨 철학자로 자리매김하는데요. '덕Virtue'은 원래 그리스어 아레테arete에서 유래한 것으로, '탁월함, 혹은 훌륭함excellence'을 뜻합니다. 덕윤리에서 윤리적 기준은 도덕적으로 훌륭한 사람인 군자, 곧 '유덕한 사람virtuous person'입니다. 의무주의가 의무나 법을, 공리주의가 공리를 윤리의 기준으로 보는 것과 비교되지요. 덕윤리의 특징은 어떤 것을 규정할 때 그것의 최고 상태로부터 판단한다는 것입니다. 예를 들어 어떤 씨앗이 있을 때 그것을 씨앗의 상태로만 보지 않는다는 거예요. 씨앗이 자기의 내부적이거나 외부적인 어려움들을 다 극복한 다음, 씨앗이 가진 가능성을 다 실현하고 성취했을 때 완성된 모습을 통해서 그 씨앗을 봅니다. 우람한 나무로 성장하여 열매를 많이 맺고 그늘을 만드는 생명력의 왕성한 발현 상태를 통해서 씨앗을 보는 거죠. 덕윤리는 인간이 내적이거나 외적인 어려움과 역경을 다 극복했을 때 그리고 모든 가능성을 다 실현한 그 상태로부터 인간의 바람직한 상태를 규정하는 것입니다. 인간의 최고 상태가 어떤 것인가를 상정하고 그로부터 어떻게 살아야 되는가, 어떻게 행동해야 하는가, 어떻게 사는 것이 행복한 삶인지 등을 이야기하지요.

매킨타이어 이전에 영미 도덕철학의 주요한 논의를 이끈 사람은 앞에서 살펴본 존 롤스입니다. 롤스는 정치철학자로서 윤리나 도덕보다는 정의로운 법과 절차 등에 대해서 주로 논의했지요. 윤리, 도덕, 법과 정치는 논의의 내용이나 차원에서 다릅니다. 예컨대 공정함이나 정의에 대해 윤리적 차원에서 말하기도 하지만, 법적이거나 정치적인 차원에서 말하기도 하지요. 롤스는 바로 공정함이란 무엇인가, 혹은 정의란 무엇인가와 같은 실질적인 의미와 내용을 묻기보다는 어떻게 공정하게 분배할 것인가, 어떻게 정의로운 사회를 이룰 것인가와 같은 절차적이고 형식적인 분배의 문제를 다루었지요. 정의의 실질적 내용과 절차적·형식적 문제는 둘다 중요합니다. 전자가 세계와 인간 삶의 바람직한 모습에 대한 가치판단과 주장을 담고 있다면, 후자는 우리가 지금 어떻게 행동해야 하는지에 대해 말하지요. 바로 법과 규범의 문제를 말이에요.

현대 영미철학은 도덕에 관한 문제에서 칸트나 밀John Stuart Mil (1806~1873)을 인용하면서 법과 행위 규범을 강조합니다. 바람직한 행동과 올바른 규범에 대한 논의가 주를 이루지요. 매킨타이어는 '바람직한 행동이나 올바른 규범'을 정당화할 수 있는 근거, 더나아가 인간에 대한 좀 더 근본적인 질문을 던집니다. 왜냐하면 칸트와 밀의 이론이 행위의 규범과 도덕적 행위의 기준에 초점이 맞추어져 있고 그 행위를 하는 행위자를 간과하고 있다고 보기 때문이지요. 물론 어떤 윤리 이론이든 전제하고 있는 인간에 대한 이해가 있습니다. 칸트가 인간 행동의 윤리적 기준으로 보편타당한 도덕법칙을 제시하는 이유는 바로 인간이 그런 보편타당한 법칙을 파악하고 자신의 행위 법칙으로 정립할 수 있는 이성을 가졌다고 보기 때문입니다. 또한 밀이 인간 행동의 윤리적 기준으로 공리를 제시하는 이유는 인간 누구나 보편적 정서를 갖고 어떤 행동에 대해서 칭찬을 하고 또 다른 행동에 대해서는 비난이나 질책을 하는, 공통적인 정서적 반응을 하는 감성적인 존재라고 보았기 때문이고요. 그런데 매킨타이어는 의무주의나 공리주의에서 전제하는 인간에 대한 이해가 편파적이라고 비난합니다. 인간은 이성적이기만 한 것도 아니고 정서적이기만 한 것도 아닌 통합적인 존재로 이성과 감성이 조화롭게 발전해야지 성숙한 존재가 될 수 있다고 생각하기 때문입니다.

현대 도덕철학은 행위와 규범에 초점이 맞추어져 있어요. 대표적인 현대 도덕철학이 밀의 공리주의와 칸트의 의무주의인데, 전자는 옳은 행동의 기준을 유용함으로, 후자는 도덕법칙을 지키려는 선의지로 봅니다. 유용성, 선의지 같은 행위 기준이 있는데 그렇다면 그 기준의 정당성은 어디서 구해야 할까요? 이런 행위 중심의 도덕과 구분지어서 매킨타이어의 덕윤리를 행위자 중심의 도덕이라고 합니다. 행위자 중심의 윤리에서는 어떤 것이 올바르거나 바람직한 행동인가를 묻기 이전에, 인간에게 어떤 삶이 바람직한가를 묻지요. 인간 행동에서 행위자의 도덕적인 동기와 믿음 및 의도 같은 것들을 중시 여기고요. 그 사람이 어떻게 살아왔는가, 그 사람이 어떤 성품을 갖게 됐는가, 인간이란 무엇인가, 인간은 어떤 존재인가, 도대체 인간 종은 어떤 식으로 사는 게 바람직한 것인가, 좋은 삶과 행복한 삶이란 무엇인가, 이런 문제를 다시 도덕적인 영역으로 끌어왔다는 데 매킨타이어철학의 의의가 있어요.

흄은 인간의 감정을 중시하면서 인간이 좋은 것과 나쁜 것에 대해서 공통의 감정sympathy을 가진다고 생각했지요. 이런 인간 이해가 공리주의의 기초가 됐고요. 우물에 빠진 아이를 보고 측은지심을 느끼고 아이를 구해야겠다고 느낀다는 맹자의 얘기처럼, 인간에게는 공통적인 정서적 반응이 있다는 거예요. 그런 의미에서 어떤 것이 올바르고 바람직한 행동이며, 어떤 것이 피해야 할 행동인지를 알 수 있다고 봤지요.

칸트의 경우에는 인간의 야만적인 충동이나 욕망을 제어하고, 자신의 선의지로 보편타당한 도덕법칙을 지키려는 모습을 도덕적으로 훌륭하다고 보지요. 이성적인 데서 인간의 참모습을 보는 것인데요. 덕윤리에서 보면 둘 다 잘못된 거예요. 왜냐하면 감정, 정서적인 것과 이성적인 면이 왜 충돌한다고 보기 때문이죠. 기본적으로 식욕과 성욕이 가장 직접적이고 자연적인 욕구잖아요. 이것은 인간이 생존과 생식을 위해서 필요하지만, 우리는 그런 욕구들을 이성적으로 행사하는 것을 배워요. 그것은 감성과 이성이 함께 통합적으로 성숙해가는 과정이기도 하고요. 매킨타이어는 인간을 감정적인 동물, 혹은 이성적인 행위자로 분리해서 봤다는 점이 현대 도덕철학의 오류였다고 본 것입니다.

현대 도덕철학이 규범만을 이야기했다면, 매킨타이어는 인간이 어떻게 사는 것이 바람직한가의 논의를 다시 도덕 영역에 끌어왔다는 데 의의가 있어요. 도덕적인 품성이라는 것은 그 사람이 어떻게 살아왔는지, 즉 그가 자신의 욕구를 어떤 식으로 해결했는지, 좋은 습성을 키웠는지 나쁜 습성을 키웠는지 책임을 지라는 거예요. 그 사람이 살아온 모습, 성품, 사회적 정체성들이 도덕적인 선택에 영향을 주지요. 밀이나 흄은 주관적인 자아를 중요시하는데, 행동할 때 자발성이 나타난다고 봤어요. 아이들과 동물들에게도 행위의 자발성이 있어요. 자발적인 것은 행위의 시작이 자신으로부터 유래한다는 것을 의미합니다. 내적 성향이나 충동으로부터 자발적 행위가 가능합니다. 그런데 인간의 행위는 자발적일 뿐 아니라 이성적 사고를 거쳐 선택한 행위라는 것입니다. 선택은 어떤 가치를 지향할 것인가에 대해서 생각을 하고 그 가치를 잘 수행하기 위해서 결정한 것이지요. 인간은 심사숙고해서 선택을 하고 행동을 하게 되는데, 덕윤리는 성찰 과정과 선택을 중요하게 여겨요. 인간의 행동은 실천이성의 결과라고 할 수 있어요.

매킨타이어는 현대 도덕철학이 구체적인 역사적 사회적 맥락을 떠난 자유로운 개인을 상정함으로서 도덕 문제를 해결 불가능하게 만들었다고 주장합니다. 각자 사용하는 낱말의 의미가 다르고 다양한 가치를 전제하기 때문에 공통의 가치 기반을 발견할 수 없어서 도덕적 딜레마와 무질서 상태에 빠집니다. 가령 낙태에 관한 논의에서도, 낙태 옹호론자와 반대자들이 상이한 이익집단과 이해관계를 반영하기 때문에 함께 논의를 할 수가 없게 되지요. 왜냐하면 각자가 바라보는 인간 생명의 시작과 입장 및 인간에 대한 이해가 다르기 때문이죠. 또한 미국은 이라크를 침공하면서 '정의로운 전쟁'이라는 표현을 썼어요. 그렇다면 정의로운 전쟁이란 무엇을 의미할까요? 어떤 사람은 다른 나라가 자기 나라를 침공했을 때 자기 나라를 보호하는 정도에서만 전쟁을 하는 것을 정의로운 전쟁이라고 봅니다. 또 어떤 사람은 자기 나라에 직접적인 위협이 되지는 않지만 자신이 정의롭지 못한 나라라고 판단하면 침공해도 된다고 생각할 수 있죠. 이들은 '정의', '도덕', '옳고 그름', '선' 같은 개념을 서로 다르게 이해하고 사용하지요. 그러니 각자의 주장에 대한 공통의 도덕적인 근거를 찾지 못하고 여러 가지 도덕적 갈등 상황도 해결이 되지 않아요. 어떤 것이 좋거나 나쁘다, 혹은 어떤 것이 바람직하거나 바람직하지 못하다고 판단을 할 때, 기준이 없다는 거예요. 매킨타이어에 따르면, 현대 도덕철학의 위기는 정의나 평화 같은 도덕적인 낱말들이 사회적이고 역사적인 맥락을 떠나 추상적인 개념이 된 것에서 유래해요. 이성이나 정의라고 하면, 마치 어떤 편파성과는 거리가 먼, 객관적이고 엄밀하고 공정한 것으로 생각하잖아요. 도덕은 인간이 살아온 역사로부터 분리되기 어렵고 도덕적 상황은 어떤 구체적인 사회 속에서 펼쳐지지요. 도덕에 대한 인간의 보편적이고 공통적인 정서가 있긴 하지만, 우리가 한국에서 어떤 것이 바람직하다고 여기는 게 다른 문화와 사회적인 내용에서는 다르게 받아들여지잖아요. 그런데 현대 도덕철학은 도덕적 판단이 사회적이고 역사적인 맥락으로부터 유리되어 보편적이고 중립적인 의미를 갖는 것처럼 가정하지요. 예전에는 도덕이라고 하면 사회학적·인류학적·심리학적인 관심들이 다 살을 붙여줬는데, 현대에서는 '공정함이 보편타당한 원칙이다'라는 말처럼 이성적 판단자의 형식을 취하게 되었어요. 이제 가치, 목적, 법, 내재적 선, 공동선 등이 도덕의 영역에서 제대로 자리를 잃게 된 거예요.

현대사회에서는 노동이 전문화되고 분화되어 노동에 참여하는 인간의 역할과 삶도 파편화되어 있습니다. 여기서는 이런 역할, 저기서는 저런 역할 등 서로 상충될 수도 있는 다양한 역할을 수행하면서 각각의 영역에서 가장 효율적으로 행동하도록 기대되지요. 다양한 역할을 하는 것 자체에 문제가 있는 것이 아니라, 도덕적으로 책임질 수 있는 주체로서 '나', 즉 인간에 대한 전인적이며 통합적인 시각이 없다는 것이지요. 누군가의 자녀로서 어떤 문화 속에서 교육을 받고 어떤 관점과 가치로 자신의 삶을 바라보는지 이야기하지 않고 단순히 역할 수행자로서 일반적이며 보편적 '개인'을 말하기 때문이에요. 또한 현대사회에서 인간은 누구의 딸이나 어떤 공동체의 일원이 아닌, 즉 관습이나 전통이나 종교적 가치로부터 자유로운 개인으로 상정되기 때문입니다.

종교적인 권위나 전통, 관습처럼 오랫동안 어떤 공동체의 역사 속에서 전해지는 가치들이 있었던 과거와 달리 현대에서는 그것들이 일종의 억압이라고 생각하며 거부하죠. 현대의 개인은 자기가 원하는 것을 자유롭게 선택합니다. 사람들이 언제부터인가 많은 가치판단을 개인의 취향이나 선호로 표현하기 시작했어요. 선거에서 어떤 후보를 찍지 않는 이유를 그냥 마음에 안 들어서라고 답하는 경우가 있잖아요. 저 사람은 키가 크니까 마음에 든다는 말을 하기도 하고요. 도덕적 판단의 대상들이 개인의 취향이나 선호 및 감정 표현의 대상이 되는 것이지요. 도덕적인 판단과 선택에는 다른 사람들도 이성적으로 납득할 수 있는 설명과 이유가 있어야 하는데, 이제는 그런 설명을 해야 할 필요를 느끼지 않아요. 여기서 전제되는 자유는 사회적이고 문화적인 맥락과 유리되어 자신이 원하는 것은 무엇이든 선택할 수 있다는 것이에요. 개인의 자유를 지나치게 강조하면서 그 자유를 통해 지키고자 했던 내재적 가치는 사라져 버리는 것이지요.

정감주의와 현대 국가의 등장

매킨타이어는 현대의 개인이 자유로운 개인이 되면서 사회적이고 역사적인 맥락을 잃어버리게 되는 상황을 두 가지로 설명합니다. 하나는 '정감주의Emotivism'라고 할 수 있는데요. 도덕적인 가치판단이 개인의 자의적이거나 주관적인 기호나 선호 및 감정표현을 하는 것으로 바뀐다는 거예요. 내가 판단의 주체니까 내가 좋아하거나 싫어하는 것을 표현하게 되는 거죠. 개인은 자신의 입장을 자유롭게 선택하는 절대적인 판단 주체가 되는 것입니다. 공동체의 일원임을 거부하고 사회역사적 맥락으로부터 분리된 개인이 추구하는 가치는 물질적이고 외재적인 가치들에 머물겠지요. 현대사회에서 개인들은 국가가 생명과 재산을 안전하게 보호해주는 한, 한정된 재화를 두고 서로 경쟁하는 관계에 놓일 수밖에 없습니다. 국가는 관료적 권위체로서 자리 잡게 되었고, 개인은 국가 안에서 각자 자신의 경제적 활동에만 몰입하게 되지요. 사회의 가치나 공동선의 문제를 논의할 장이 없어졌어요. 사회역사적 맥락을 떠나 '우리'를 말할 수 없거든요.

요즈음 국민행복시대, 국민성공시대라고 하면서 행복에 대해서 많이 얘기하잖아요. 모든 것이 다 상품화되고 자본주의의 시장이

된 신자유주의 시대에서 결국 개인의 자유라는 건 소비자로서의 자유에 머물게 되지요. 예전에는 국가가 안보에 대해서 책임을 져주고, 실업자를 구제하고, 교육에 대해서도 의무와 책임이 있었지만, 이제는 모든 것이 개인의 책임이잖아요. 전 세계가 시장화되는 것에 국가가 무력하지만, 구체적 행동과 실천으로부터 유리된 채 '국민행복시대'라는 대중적인 언어로 포장하지요. 근사한 스파에 가서 장미꽃잎을 뿌려놓고 목욕을 하는 것을 행복이라고 하는 것처럼, 행복이 주관적인 느낌이 되어버린 거예요.

시장경제하에서는 외재적인 가치들만 강조됩니다. 제가 사과를 하나 가지고 있으면 그 사과를 다른 사람들과 함께 나눌 수 있는 정도가 한정되어 있잖아요. 제가 사과를 온전히 먹고 다른 사람들은 하나도 먹지 못하거나, 혹은 서로 나눌 수도 있지요. 그런데 물질적이고 외재적인 것만 얘기하면, 개인과 개인은 그것을 얻기 위해 항상 경쟁 상태에 있을 수밖에 없어요. 경쟁 상태에서는 내가 가지면 다른 사람이 못 갖는 거고, 다른 사람이 가지면 내가 못 갖는 거잖아요. 예를 들어 학교에서 상대평가로 성적을 낼 때, 누군가 A를 받으면 누구는 B를 받을 수밖에 없는 거잖아요. 그러니까 서로 간의 유대관계라는 게 형성될 수 없지요. 제가 성적을 낼 때 절대평가를 한다면 학생들이 좋은 성적을 받기 위해서 서로 협조하는 관계가 될 수 있어요. 제가 친구들과 영화나 연극을 보거나 콘서트에 가서 서로 이해한 것을 함께 나누면 서로의 이해가 깊어지고 풍부해질 수 있지요. 인간과 인간의 관계가 시장경제에서는 경쟁적 관계이지만, 경쟁을 벗어날 수 있다면 서로한테 도움이 된다는 거예요. 가족관계가 가장 대표적인 예이지요. 가족

중에 누군가 잘 되면 가족 구성원들이 기뻐하잖아요. 인간과 인간의 관계에서도 나와 나의 자녀의 관계처럼, 함께 추구할 선, 즉 공동의 선이 있는 거예요. 그런데 시장경제가 지배하는 사회에서는 사회적인 유대관계를 맺는 게 어렵게 되면서 인간의 삶도 위협당한다는 것이 매킨타이어의 출발점입니다.

시장경제에서는 우리가 어떤 가치를 추구하는가보다는 노동과 비용 대비 얼마나 효율적인 선택을 하는지를 중요시 여기지요. 제가 얼마 전에 전철을 탔는데 전철 벽에 옥션(인터넷 쇼핑몰) 광고가 있었어요. 어떤 건물에서 서로 다른 층의 계단에 있는 사람들이 무엇인가를 향해 막 달려가고 있더군요. 아마 옥션 시간에 맞춰서 달려가는 것을 그렸겠지요. 시장경제에서는 자본의 축적 자체가 삶의 목표가 되잖아요. 시장경제에서는 상품화될 수 있는 외적이고 물질적인 것들만을 가지고 경쟁하며, 효율성 자체를 중요한 가치로 삼게 돼요. 측정 가능하기 어려운 내재적 가치나 바람직함 등은 중요하게 다루지 않아요. 효율성이라는 것은 제가 추구하는 목적이나 가치에 얼마나 빨리 도달하는지, 즉 수단에 대한 것이잖아요. 제가 기차를 타고 가면 그 목적지가 중요한데, 자본주의사회에서는 그 목적지가 정말 갈만한 곳인지를 묻지 않고 그 기차가 빨리 가는 것만을 중시한다는 거죠.

자본주의에서 최고로 치는 것은 탁월함은 '효율성efficiency'입니다. 효율성 자체가 중요시되면서 사람들은 자신의 삶에서 어떤 가치가 중요한지 성찰해보지 않아요. 이미 목적이 주어진 것과 다름없지요. 마치 그 회사의 사명을 회사원들이 결정하지 않고 주어지는 것처럼 말이에요. 경영자Manager는 그 목적에 효율적으로 도달할 수 있도록 회사를 운영하는 사람이지요. 그 목적에 어떻게 빨리 도달할 것인가. 그것만이 중요한 거예요. 매킨타이어는 우리가 삶에서 지향하는 목적이나 가치를 묻지 않고 수단의 선택만을 중요시하는 것이 문제라고 지적합니다. 기업의 이념이나 가치에 대해서는 생각하지 않고 최고의 이윤만을 남기기 위해서 효율적 운영이란 명목으로 많은 사람을 해고해요. 사유하고 숙고하는 이성은 인간 삶의 가치나 목적의 타당성에 대해서가 아니라 수단의 합리성만을 대상으로 삼지요. 이런 합리성rationality의 개념을 제시한 사람이 막스 베버Max Weber(1864~1920)라고 할 수 있어요. 베버는 《프로테스탄트 윤리와 자본주의 정신》에서 지향하는 가치에 대해서 성찰하지 않고 오로지 수단의 효율성만 생각하는 도구적·계산적 합리성의 개념을 제시합니다.

매킨타이어는 인간이 지향하는 가치나 목적을 성찰하지 않게 된 정치사회적 배경으로서 현대 국가의 성립을 듭니다. 도시국가인 폴리스에서 자유 시민들이 정치에 직접적으로 참여했던 것과는 달리, 현대 국가에서는 자신의 생명과 재산을 지켜준다는 조건 하에서 개인이 자발적으로 일정 권리를 국가에 이양하고 국가의 지배하에 있지요. 예전의 폴리스에서는 자유로운 시민이 재판이나 정치에 참여했었어요. 어떤 사회 속에서 살아갈 것인가를 고민하고 그것을 실현하는 데 일정 부분 참여했다는 거예요. 예를 들어 동호회 활동을 하면 그 동호회를 운영하는 데 각 구성원들의 의견이 반영되잖아요. 실제로 동호회의 취지에 맞게 정관을 만들고 그 정관에 따라 적절하게 활동할 수 있도록 지속적으로 고민하지요. 동호회 회원들은 자신의 의견이 동호회 운영에 반영되는 것을 알고 적극적으로 참여하게 되지요. 동호회의 설립 취지에 맞게 활동하기 위해서 고민하고 이성적인 판단과 선택을 하는데, 이런 전반적인 과정이 바로 실천이성의 역할입니다.

그런데 홉스의 《리바이어던》에서 그리는 현대 국가에서는 더 이상 개인이 정치에 참여할 수가 없어요. 국가가 자신의 생명과 안전을 보장해주고 재산을 보호해준다는 전제하에서 개인은 자발적으로 자신의 자유를 국가에 이양하거든요. 그러니까 국가는 초개인적인 관료집단이 되는 거죠. 매킨타이어에 따르면, 관료적 권위체인 현대 국가의 등장으로 개인은 자신의 삶과 환경을 바꾸는 일에 참여하는 정치적인 힘을 더 이상 행사할 수가 없게 되었어요. 개인은 더 이상 이성적인 판단과 선택을 통해 정치사회적 환경을 변화시킬 수 없다는 겁니다. 관료주의적인 권위체로서 국가가 등장하게 되면서 개인은 사적인 영역에서는 선택과 결정을 할 수 있지만 공적인 영역에서는 이성적 능력을 발휘할 기회를 잃은 셈이지요.

정치적 영역에서 이성을 발휘할 기회를 잃고 경제적 영역에서만 이성적인 능력을 발휘하게 되지요. 자본주의 시장경제는 모든 걸 상품화시키잖아요. 가격을 매길 수 있는 외재적 가치가 중요해지고요. 자본주의 시장경제는 인간도 상품으로 만들지요. 우리나라에서 그걸 가장 대표적으로 드러내는 말이 '엄친아'잖아요. 다른 사람이 무엇을 얼마나 갖고 있고, 스펙이 얼마나 화려한지가 중요해지다보니 무엇을 얼마나 성취했다는 것을 증명해야만 하죠. 기차역에 가면 각각의 도시를 선전하는 광고 문구를 볼 수 있잖아요. 왜 도시가 사람들이 살아가는 곳으로 자연스럽게 받아들여지지 못하고 매력적인 도시라는 걸 증명해야 하며 상품성을 보여줘야 하는 걸까요? 인간과 인간의 관계는 상품교환의 관계, 경쟁과 권력의 관계로 전락하게 되지요. 제가 다른 사람을 이용하지 않으면 다른 사람이 저를 이용하게 될 것 같아 두려워지잖아요. 이제 인간과 인간의 사회적인 관계, 유대감이라는 것이 상실된 거예요.

현대사회에서 인간은 자신의 사회성, 정치성을 실현하게 되면서 우리가 어떻게 사는 게 더 바람직할까, 우리 사회를 어떻게 변화시키는 게 좋을까와 같은 부분을 더 이상 고민하지 않습니다. 개인은 그저 소비자로서만 있다는 거죠. 외적이고 물질적인 가치만 추구하게 되고 내재적인 것은 생각하지 않는다는 거죠. 자율성만이 강조되는 자유주의적 개인주의 사회에서는 어떤 사람이 지금까지 어떻게 살아왔는지가 중요하지 않아요. 그 사람이 얼마나 많은 것을 성취했는지와 스펙이 중요하지 어떤 삶을 살았는가는 더 이상 관심을 받지 못하죠. 그런데 그가 어떤 삶을 살아왔는가에 바로 도덕적인 내용들이 담겨 있는 거잖아요. 그 사람이 어떤 사회 속에서 어떤 도덕적인 행동을 하면서 살아왔는가. 개인의 인격성과 사회적 정체성이 인생의 도덕적 역사 속에 있는데도, 이제 그것은 간과된 채 소비자로서의 개인만 존재한다는 겁니다.

관료적인 권위체인 국가가 등장하기 전에, 정감주의에서 말하는 그 주관적 자아가 있기 바로 그 전에, 즉 현대 국가 이전의 사회에서는 개인이 살아온 모습이 중요했고 자신의 삶에 책임 있게 행동하도록 기대되었지요. 그러니까 사회적·역사적·문화적 특수성이 그대로 녹아 있는 개인의 삶의 내용이 중요했다는 것이지요. '저 사람이 왜 저렇게 행동을 하지', '저 사람이 어떤 의도를 가졌을까', '저 사람의 행위의 동기는 무엇일까.' 이런 것들은 그 사람이 어떤 사회 속에서 어떻게 살았는지를 이해하는 데 중요해요. 어떤 행동을 설명하기 위해서 그 행동을 행한 도덕적으로 책임 있는 주체인 행위자를 상정하는 것은 너무나 당연한 일이고요. 행위자는 바로 구체적인 사회역사적 맥락 속에서 그 사회역사적 가치를 담고 있는 주체입니다. 인간이 동물과 다른 점은, 동물은 본능과 충동에 따라 행동하며 순간순간을 살지만 인간은 과거를 기억하고 미래를 예측하면서 현재를 살아간다는 것이지요. 현재의 행동 속에 그가 지향하는 가치가 담겨 있다는 거예요. 순간이 아니라 삶 전체를 통해서 자신을 형성해나가는데, 인간이나 인생을 말하지 않고 행위만을 다루면 이런 부분들이 다 없어지죠.

도덕적인 자아라는 것은 개인이 어떻게 살아왔는가에 따라 달리 형성되는 거예요. 이것을 다른 말로 '성품'이라고 하지요. 그런데 정감주의는 도덕적 주체나 도덕적 성품을 다루지 않고, 그저 초콜릿 아이스크림이나 딸기 아이스크림을 원하듯이 도덕적 행동도 그때그때 주관적 느낌이나 선호에 따라서 한다고 봐요. 사회 자체가 워낙 분화되고 그 사회 속에서 기대되는 개인의 역할도 다양하기 때문에, 개인의 어떤 통합적인 자아도 해체되고, 인간과 인간의 관계도 수단적이고 조작적이지요. 정감주의에 따르면 이 사람이 왜 그렇게 행동을 했는지에 대해서 설명할 수도 이해할 수도 없어요. 매킨타이어는 현대 관료적 국가 체제와 도덕적 정감주의가 개인과 개인 간의 유대관계를 해체하고, 도덕적 영역에서 개인이 살아온 역사, 그리고 개인이 살고 있는 사회적이고 문화적인 맥락을 간과하며 정치성과 역사성을 상실하게 만들었다고 설명합니다.

각 사회에는 그 사회를 이끌어가는 원칙이 있습니다. 지금 우리가 살고 있는 자본주의사회는 시장경제가 중심이 되어 있죠. 시장경제에서는 이윤이나 이익의 극대화가 최고의 목적이에요. 그리고 거기에 도달하기 위한 효율성이 덕이자 탁월함으로 간주되고요. 매킨타이어는 현대사회를 특징적으로 상징하는 직업으로 세 가지를 제시합니다. 바로 '관리자Manager', '심리치료사therapist', '미학자Aesthete'입니다. 먼저 예를 들어볼게요. 미국 워싱턴 디시에 조지타운대학교가 있습니다. 가톨릭 수도회인 예수회에서 운영하는 대학교인데요. 이곳 대학병원에서도 소유와 경영이 분리돼서 외부 경영인이 운영과 관리를 해요. 관리자는 병원의 효율성을 높이기 위해서 어찌 보면 설립 이념까지도 위협하거나 해체할 수 있는 일을 할 수 있거든요. 즉, 외부 경영인의 운영 방식이 이 대학병원의 설립 목적과 취지인 가톨릭 정신에 어긋날 수도 있다는 것이지요. 경영을 해주는 외부 관리자와 관리를 받는 사람은 서로 단순한 계약관계에 있습니다. 서로가 하나의 공동선을 추구하면서 함께 성숙과 발전을 도모하는 내적 친밀함의 관계를 형성하지 않아요.

심리치료사도 마찬가지예요. 누군가 고민이 있으면 자기 동료한테 말하지 않고 심리치료사에게 갑니다. 심리치료사의 역할은 관리자가 회사의 효율적인 관리를 위해서 조정해주는 것과 비슷합니다. 서로의 관계를 생각하고 어떤 좋은 것을 함께 모색하는 공동선 추구의 관계에 있는 게 아니라 이 사람의 고민만 관리를 해줄 뿐이에요. 치료를 받는 사람의 인생에 관여하지 않고 그가 자기 인생을 잘 관리할 수 있도록 일정 기간 계약관계 속에서 도와

주는 역할만 하지요. 미학자들의 역할도 비슷해요. 작품과 미학자의 관계는 외부적일 뿐이고, 미학자는 작품을 관찰하고 평가만 하는 거지요. 미학자가 현대미술품을 감상하는 것처럼, 사람들은 자신의 도덕적 문제에 몰입하려 하지 않고 멀찍이 서서 그냥 소비자처럼 관찰을 한다는 거죠. 이 세 가지 직종은 현대사회에서 인간이 자신이 지향하는 가치나 삶의 궁극적 목적을 묻지 않고 수단의 효율성만을 중요시한다는 것을 보여줘요.

그렇다면 이런 외재적 가치를 지향하는 계약관계와 다른 관계는 어디에서 찾을 수 있을까요? 가족관계 안에서는 가족이 함께 행복하게 잘 살려고 노력하지요. 결혼을 통해서 서로의 삶을 풍요롭게 할 수 있는 것처럼, 남편과 아내의 결혼관계는 그냥 단순한 상품교환의 계약관계가 아니에요. 둘이 함께 행복한 가정이라는 공통의 목적을 위해서 서로 노력하고 협조하는 관계인 거죠. 각자 하는 역할이 서로의 삶을 더 풍요롭게 해주도록 기대하고요. 그런데 관리자나 심리치료사 및 미학자가 맺는 관계는 겉도는 관계에요. 서로가 서로의 상황을 풍요롭게 해주지 못하는 이유는, 그 대상과 맺는 관계가 조건부 계약일 뿐 공동으로 추구하는 선이 없기 때문이에요.

우리가 도덕적인 성찰을 할 때 중요한 일은 내가 지향하는 가치와 목적이 객관적이고 보편적인 것인지 판단하는 것입니다. 관리자나 심리치료사 및 미학자의 공통점은 공동 가치에 대한 성찰이 없다는 점, 즉 이 회사가 어떤 가치를 실현하려고 하는가, 우리의 삶에서 어떤 가치가 중요한가, 이 작품은 나의 삶 속에서 어떤 의미가 있는가와 같은 고민을 안 한다는 거예요. 우리가 도덕적인 추론을 한다는 것은 목적이 있다는 거잖아요. 어떤 목적을 지향하는가에 따라서 그에 적합한 수단이 선택되고 결정될 수 있지요.

우리가 인생을 살아갈 때도 내 삶의 목적이 무엇인가를 생각해야 되고 그 목적에 비춰서 어떤 걸 선택하잖아요. 사르트르가 제시했던 예에도 나오죠. 어떤 사람이 시민으로서의 의무를 지키기 위해서 군대에 가야 되는데 노모가 계시니까 선뜻 결정하기 어려웠다고 해요. 군대에 갈 것인가, 노모를 돌볼 것인가. 두 가지를 동시에 할 수 없으니까요. 어떤 수단을 선택할지 고민할 때 중요한 것은 나의 삶에서 무엇이 더 중요한 가치인지 판단하는 거예요. 어머니와 가정이 더 중요한가, 아니면 국가에 충실한 것이 더 중요한가, 시민으로서의 의무가 더 중요한가, 이런 고민을 한다는 거죠. 결국 지향하는 가치의 우선성, 즉 우리 삶의 궁극적 목적이 무엇인지를 고민해보자는 것이지요.

덕윤리에서는 개인이 바람직하다고 생각하는 것과 사회가 좋다고 생각하는 것이 분리되지 않아요. 왜냐하면 개인과 개인은 유대관계를 맺고 공동체 속에서 살아가며 당대의 사회적·역사적 가치를 담지하고 있기 때문이에요. 공동체 속에서 개인은 공동선을 지향하므로, 공동선은 바로 각자의 선이기도 해요. 자유로운 개인처럼 서로 유리되어 있지 않고 관계 안에 존재하기 때문에 서로의 행복과 번영이 연결되어 있어요. 가족 간의 관계에서 가족의 행복과 번영은 나한테도 이익이 되잖아요. 나와 사회의 관계도 이런 식으로 보면, 개인의 자아는 바로 사회적 자아라고 볼 수 있어요. 어떤 사람이 어떻게 살아왔는지에 대한 도덕적인 역사, 그리고 그 사람이 사는 사회가 어떤 사회인지를 고찰함으로써 우리가 그의 행동을 이해할 수 있게 되지요. 어떤 사람의 행동 동기는 그 사회의 믿음을 반영한 것이기에 행동에 대한 설명과 이해가 가능한 거예요.

제2차 세계대전 당시에 요제프 멩겔레Josef Mengele(1911~1979)라는 의사가 있었어요. 유대인 포로수용소에서 많은 사람들을 가스실로 보내 잔인하게 죽였지요. 우리는 그 사람에게 사회적, 도덕적 책임을 물어요. 그 당시 우생학적이고 과학적인 믿음이 주류였고, 멩겔레는 그런 우생학적인 믿음을 갖고 있었지요. 인간에게 좋은 종자와 나쁜 종자가 있고 좋은 종자를 키우기 위해서 나쁜 종자를 완전히 없애야 된다는 잘못된 믿음을 갖고 있었던 거예요. 인간의 행동을 이해하기 위해서는 그 개인이 어떤 사회에 살았는지, 그 당시 과학적인 믿음이나 행동의 동기를 물어야 해요. 인간의 행동이 설명과 이해가 불가한 자의적 작용의 결과이거나 혹은 사회적 상황에서 영향을 받은 결정론의 결과라고 보지도 않습니다. 그런 사회적 이데올로기를 체화하고 그에 따라 적극적으로 행동한 행위자가 있으며, 그가 바로 자신의 행위에 도덕적으로 책임을 져야 할 인격체라는 것이지요. 사회적으로 책임 있는 도덕적 자아를 다시 도덕철학의 영역으로 끌어낸 것이 매킨타이어 철학의 의의라고 볼 수 있어요.

도덕적 주체와 서사적 통일성

매킨타이어가 등장하게 된 배경을 봅시다. 앤스콤Gertrude Elizabeth

Margaret Anscombe(1919~2001)이라는 철학자가 1958년에 〈현대 도덕 철학Modern Moral Philosophy〉(*Philosophy*, 33, 1958, pp. 1~19)이라는 논문을 씁니다. 앤스콤은 이 논문에서 '~해야 한다'는 식의 당위를 표현하는 도덕적 규범들은 그 규범의 권위와 정당성의 기반을 창조주 하느님에 대한 믿음에 두는데, 하느님에 대한 믿음이 소실된 현대사회에서는 그런 규범들이 더 이상 정당성을 갖지 못한다고 주장합니다. 예컨대 살인하지 말라, 거짓말하지 말라, 도둑질하지 말라 등의 십계명의 규범적 권위와 정당성은 십계명을 부여한 창조주 하느님으로부터 유래하고 하느님에 대한 믿음을 전제하고 있지요. 창조주인 하느님을 믿기 때문에 이런 도덕 규범들이 정당성을 확보할 수 있었는데, 현대에서는 신을 믿지 않는 사람들이 생겨나요. 그러나 이제 이런 도덕적인 규범들은 의무사항으로만 남아 있을 뿐 그 의무사항들의 규범적 근거를 잃게 된 것이지요.

창조주 하느님이 부여한 정당성 때문에 그 규범이 옳다고 믿었는데, 더 이상 하느님을 믿지 않는다면 그 규범의 정당성을 어떻게 확보할 수 있을까요? 매킨타이어는 도덕적인 규범의 정당성을 바로 인간에 대한 이해를 통해서 찾을 수 있다고 제시합니다. 인간이 어떻게 사는 것이 바람직한지, 혹은 인간에게 어떤 삶이 최상의 삶인지에 대한 이해로부터 바람직한 인간 삶의 모습과 기대가 규범으로 제시되지요. 인간이 지향해야 하는 가치나 목적이 무엇인지에 따라서 내가 지금 여기서 어떻게 행동할 것인지가 정해진다는 겁니다. 그런 의미에서 개별 인간이 살아온 도덕적인 역사, 그가 속한 사회적이고 문화적인 맥락 속에서 그 사람의 행위 동기와 의도 및 믿음을 추정할 수 있는데, 그런 것을 도덕 심리학이라고 할 수 있어요. 정감주의에서처럼, '난 ~가 그냥 싫어', '난 ~ 가 그냥 좋아', 이렇게 주관적이고 자의적인 표현에서 그치는 것이 아니라 좀 더 들어가서 행위자의 믿음의 내용을 본 거예요. 매킨타이어는 행위자의 동기나 이유, 및 사회적인 가치 등을 다시 도덕 영역으로 끌어내었지요. 행위자가 도덕적으로 책임 있는 주체임을 자각하고 자신이 살아온 도덕적 역사와 자신이 지향하는 가치와 목적에 비추어 자신의 행동의 동기와 이유를 제시하는 양상을 매킨타이어는 서사적 통일성narrative unity이라고 명명했어요. 서사적 통일성을 전제했을 때 행위자의 행동이 설명 가능하고 이해 가능한 구조로 들어오게 되지요.

서사적 통일성은 나의 삶을 하나의 통합적인 이야기로 받아들이고, 그 이야기하는 주체로서의 나는 누구인지 묻는 것, 즉 삶의 주체가 바로 자신임을 자각하고 시공간적인 연속성과 통일성 및 유기적 통합성을 입증하는 것이지요. 지금 이 순간 내가 어떻게 행동하느냐, 내가 태어나서 지금까지 어떻게 살아왔는가, 즉 나의 도덕적인 역사와 사회성을 둘 다 자각하면서 내가 나의 삶의 주체임을 깨닫는 것입니다. 매킨타이어는 서사적 통일성이란 개념을 통해서 도덕 영역에서 사회성과 역사성을 담아내요. 자유주의적 개인주의 사회에서는 외재적 가치만을 추구하면서 개인의 삶을 어떤 목적이나 가치를 지향하는 온전한 유기적 전체로서 자각하지 못하며, 삶이 파편화되고 개인 간 경쟁적인 모습들만 남으며, 사회의 공동선을 추구하는 모습이 보이지 않지요. 서사적 통일성을 통해서 자신의 삶을 유기적인 전체로 보며 사회적 자아를 회복하는 거죠. 개인의 삶을 사건들의 연속이 아니라 통합적인 유기체로 볼 수 있는 것은 그 안에서 목적을 추구하는 모습을 찾을 수 있기 때문이에요. 자신의 삶의 목적과 의미를 구하는 과정 속에서 자신의 소명이 무엇인지 깨닫고 자신의 삶을 하나의 유기전인 전체로 볼 수 있다는 겁니다. 그 사람의 삶을 관통하는 가치가 무엇이었을까, 이순신 장군의 삶은 어떤 가치를 체화하고 보여주는가, 이런 것들이 바로 서사적 통일성이 될 수 있겠죠. 이야기의 구조는 삶이 하나의 유기적 전체로서 의미를 찾을 수 있게 해주지요.

　자신의 삶에서 어떤 가치가 중요한가, 어떤 신념과 태도를 가지고 있는가, 이런 것들을 모색하는 가운데 서사적 통일성은 내용을 채우게 됩니다. 자신이 어떻게 살아왔는지, 다른 사람들과 어떤 관계를 맺어왔는지를 고민하는 가운데, 사회적인 관계 속에서 나의 독특함과 고유함이 드러날 수 있고 동시에 어떤 공동체의 일원으로서의 삶이 드러날 수 있지요. 자신이 책임 있는 주체로서 어떻게 살아왔는지 역사를 보면서 책임을 자각하게 되고 사회적인 관계 속에서 자신의 도덕적 책임을 느끼게 된다는 거예요. 서사는 그 사람이 어떤 삶을 살아왔는가, 그 사람의 행위의 이유와 동기가 무엇인가, 그 사람의 사회적인 믿음은 무엇인가, 이런 것들을 다 이야기 속에 꺼내놔요. 나는 이런 삶을 살았고, 내가 중요하다고 여기는 것은 이런 것이고, 나의 삶의 가치는 무엇이다. 이게 바로 서사적 통일성 안에 드러나기 때문에 도덕적인 행동이 이해 가능하고 설명 가능하지요. 서사적 통일성은 도덕적인 영역에서 이성적인 담론의 가능성을 마련합니다.

　어쩌면 이것은 실천적인 합리성, 실천적 이성을 다시 들여올 수 있다고 보는 건데요. 우리는 이성에 대해 말할 때 사변적 이성과 실천적 이성을 구분하잖아요. 사변적 이성은 학문을 할 때 쓰는 관조적인 거죠. 반면 실천적 이성은 내가 행동을 할 때 어떤 가치에 따라서 어떤 것을 선택할 것인가에 대한 것이고요. 그 실천적 이성을 행사할 수 있는 영역으로 다시 들어왔다는 게 바로 서사적 통일성의 의의라고 할 수 있어요. 그래서 도덕적인 행위자 자신이 그 서사를 얘기하는 화자로서 자신의 삶을 행위와 말로 표현하며 살아내는 것이지요.

매킨타이어의 《덕의 상실》(이진우 옮김, 문예출판사, 1997)에는 각 시대마다 그 시대를 이끌어 가는 원칙과 가치에 대해 나와요. 고대 그리스시대에서는 명예를 가장 훌륭한 덕으로 칭송했는데, 그런 덕목을 삶 속에 잘 체화하고 있는 사람이 전사이지요. 중세시대에는 신에 대한 믿음을 가장 중요시 여겼고 그런 덕목을 잘 체화하고 있는 사람은 종교적 순교자였어요. 현대 자본주의사회에서는 지향하는 가치나 목적보다는 자본의 축적이라는 수단 자체가 우선시되고 있고, 이와 함께 이윤의 극대화를 가능하게 하는 효율성이 바로 덕목이 된 것이지요. 매킨타이어는 《누구의 정의인가? 어떤 합리성인가? whose justice? which rationality?》에서 각 사회마다 그 사회를 특징짓는 그런 합리성이 있다고 주장합니다. 그 후에 《도덕적 탐구에 대한 세 가지 경쟁적 설명 방식 Three Rival Versions of Moral Enquiry》에서는 도덕적인 탐구의 세 가지 유형에 대해서 얘기해요. 그리고 마지막으로 《의존적인 이성적 동물 Dependent Rational Animals》에서 왜 우리에게 도덕이 필요하고 현대사회에서 어떤 덕목들이 요구되는지에 대해서 기술하지요. 이렇게 네 권을 매킨타이어가 도덕에 관해 쓴 책으로 볼 수 있습니다.

매킨타이어는《도덕적 탐구에 대한 세 가지 경쟁적 설명 방식》에서 도덕적인 탐구의 유형으로 '계몽주의', '계보주의', '전통주의'를 소개합니다. 계몽주의는 18세기에 발전한 서구의 과학적 탐구 유형이며 도덕적 탐구에서 백과사전식 지식을 전제하며 학문적 축적이 가능하다고 봅니다. 계보주의는 도덕도 사회성과 역사성을 갖기 마련이며, 따라서 도덕은 한 사회가 갖고 있는 주관적 생각의 표현이라고 보는 것이지요. 도덕에 대한 계보주의는 보편타당한 도덕적인 진리가 있음을 부인해요. 이렇게 계보주의처럼 도덕을 주관적이고 상대적인 역사적 개념으로 보는 입장이 있는 반면, 도덕은 사회성과 역사성과 무관하게 객관적 지식의 탐구 영역이라고 보는 계몽주의가 있어요. 매킨타이어는 자신이 지지하는 도덕적 탐구의 방법으로 전통주의를 제시합니다. 전통주의자들은 내외적 도전을 극복하고 살아남는 도덕적 가르침이 있다고 보지요. 예를 들면 이슬람 문화나 유교 문화 같은 것들이 역사 속에서 계속 변화하잖아요. 어떤 문화가 살아 있는 전통이 되려면 시대에 맞지 않는 것들을 거부하면서도 지켜야 할 것을 계속 지키면서 변화해야 한다는 거죠. 전통적 도덕이 합리성을 담보했을 때 살아남을 수 있으니까요. 종교적인 가치도 새로운 시대가 던지는 어떤 역경이나 도전을 잘 받아치면서도 자신의 고유한 것들을 지킬 수 있다면 살아 있는 전통으로 남을 수 있고, 그걸 할 수 없다면 사라지는 거죠. 매킨타이어는 도덕적인 탐구가 주관적이고 상대적이며 힘 있는 사람들의 표현이라는 계보주의자들의 입장도 거부하고, 도덕이 사회성이나 역사성을 담보하지 않고 완전히 객관적이라는 계몽주의자의 입장도 거부합니다. 유교적인 전통, 불교적인 전통,

기독교적인 전통, 이런 종교들이 도태되지 않고 살아 남았던 이유는 그 나름대로 합리성이 있었기 때문이에요. 그 시대가 요구하는, 어떤 시대가 던져주는 도전을 극복할 때 살아 있는 전통이 되는 것이고, 도덕적인 탐구는 살아 있는 전통의 형태를 가질 수 있다고 주장하지요.

매킨타이어가 젊었을 때는 사회 참여적이었고 인간의 소외를 야기하는 자본주의 시장경제 비판에 큰 관심이 있었어요. 또한 사회적 자아를 강조했고, 서사적 통일성이라는 개념을 소개했지요. 《덕의 상실》,《도덕적 탐구에 대한 세 가지 경쟁적 설명 방식》, 《누구의 정의인가? 어떤 합리성인가?》이 세 권에서는 서사적 통일성을 주요하게 소개하지만, 1999년에 쓴 《의존적인 이성적 동물》에서는 서사적 통일성을 전혀 언급하지 않아요. 오히려 인간에 대한 자연주의적인 목적론이 강하게 드러나죠.

자연주의적 목적론과 상호의존성

개인이 어떻게 행동을 할 것인지에 대한 성찰의 과정에는 그 사람이 갖고 있는 믿음, 의도, 동기가 행동의 이유를 형성할 뿐만 아니라 그가 이전에 어떻게 행동했는가에도 영향을 줍니다. 예컨대 '달콤한 설탕이 들어가 있는 음식은 살이 찐다. 이 음식은 달콤하다'와 같은 식으로 추론을 하는 거예요. 전자는 대전제이고 후자는 소전제이겠지요. 결론은 이 음식을 먹지 않는 행위이겠고요. 실천이성의 결론은 행동이에요. 그렇다고 항상 옳은 추론만 하는 건 아니에요. '달콤한 것은 살이 찐다. 이 케이크는 달콤하다. 나는 먹는다.' 이렇게 잘못된 추론을 할 수도 있다는 거죠. 나의 행동에는 내가 어떻게 느끼고 욕구하고 판단하는가가 담기게 되지요. 행동은 바로 실천적인 사고, 추론의 결론이니까요. 그런데 실천적인 사고의 추론에는 욕구나 믿음이 들어가잖아요. 욕구라는 것은 자기가 그 전에 어떤 선택을 했는가에 따라서 달라져요. 내가 지금 어떤 생각을 하는가는 내가 전에 나의 욕망을 어떻게 표현하고 충족시켰느냐에 따라서 만들어진다는 거예요. 그러니까 자기가 살아온 삶에 대해서 책임을 져야죠. 덕윤리에서는 자신의 현재 상태가 도덕적으로 어떻게 살아왔는가, 지금까지 자기 삶을 살아왔는가에 대한 결과라고 이야기합니다.

매킨타이어는 아리스토텔레스의 덕윤리를 부활시켰다는 평가를 받습니다. 덕은 획득된 탁월함이에요. 식욕은 자연적으로 주어진 것이므로 식욕 자체에 대해서 훌륭하다고 우리가 생각하지 않잖아요. 누군가가 바이올린을 잘 켜거나 피겨 스케이팅을 잘 타는 것이 탁월하다고 간주하는 것은, 그들이 오랫동안의 노력과 훈련을 통해서 자연적인 한계를 극복하고 훌륭한 연주 모습을 보여주기 때문이지요. 이런 사람들은 피겨 스케이팅, 연주, 체스, 축구, 농사 등과 같은 실무practice에서 그 실무가 갖는 고유한 가치를 성취할 수가 있었지요. 예를 들면 어떤 피겨 선수가 처음에는 피겨를 싫어했을 수도 있어요. 그런데 피겨를 한두 시간 타면 초콜릿을 준다고 엄마가 꾀였던 거예요. 초코렛은 피겨 자체가 주는 어떤 좋은 것이 아니라 피겨를 했을 때 그것으로부터 얻게 되는 결과, 즉 외재적 가치였던 것이지요. 처음에는 그 외재적인 것에 혹해서 하다가, 어느 순간 그가 피겨 자체를 즐기게 된다면, 그것은 피겨의 고유한 가치, 피겨의 내재적인 가치를 추구하는 것이에요.

매킨타이어는 덕을 세 가지 차원에서 말합니다. 탁월함은 처음에 축구나 피겨 스케이팅, 농사, 학문 등 실무적 차원에서 말할 수 있지요. 개인이 어떤 실무에 참여하면서 그것 고유의 가치를 실현할 수 있다고 보는 거죠. 서사적 통일성은 개인이 자신의 삶 속에서 어떤 가치를 구현하려고 계속 노력하는 삶을 통해서 드러나지요. 마지막으로 누군가 자신의 탁월함을 보임으로써 어떤 실무의 전통을 세우게 돼요. 그래서 덕을 실무, 서사적 통일성Narrative unity, 전통Tradition 이렇게 세 가지 차원에서 논할 수 있는 거예요.

실무는 인간이 함께 어떤 내재적 선good을 추구하면서 사회적으로 정립한 활동입니다. 어떤 실무에 종사함으로써 어떤 덕목을 실현할 수 있는 기회를 갖게 되지요. 그런데 도둑질 같은 것은 그것 자체의 고유한 가치가 없기 때문에 실무라고 볼 수 없어요. 어떤 선을 자기 삶 속에서 체화하고 보여주는 것은 서사적 통일성을 통해서 가능하고요. 그리고 실무에 참여하는 개인이 탁월함을 보일 때 전통이 만들어 지지요. 그 전통 안에서 실무에 참여하는 사람들이 어떤 것이 바람직하고 바람직하지 못한지 선의 기준과 이해를 담게 되며, 어떤 것이 탁월하거나 훌륭한 것인지 등의 본보기를 제시하게 되지요. 물론 이 세 가지를 관통하는 인간 대 인간의 관계가 전제되어 있고요.

덕윤리에서는 인간이 어떻게 사는 것이 바람직한지를 알기 위해 인간이 무엇인지를 물어요. 마치 우리가 어떻게 사는 것이 잘못 사는 것인지, 어떤 것이 병든 삶인지를 알기 위해서는 건강한 삶에 대한 이해가 전제되어야 하는 것처럼 말이지요. 인간은 육체를 가지고 있기 때문에 취약하지요. 인간은 처음 태어났을 때 매우 의존적이잖아요. 그 후 어느 정도 독립적으로 살아가지만 나중에 노인이 되면 다시 취약해지지요. 육체적인 조건뿐만 아니라 불확실한 미래 자체가 이미 인간을 취약하게 만들어요. 그러므로 인간은 자기의 동물성과 취약성 및 불확실성을 받아들이면서 서로 간의 유대관계를 형성해야 된다고 봅니다.

　잠깐 의자를 예로 들어 덕윤리를 설명해볼게요. 의자는 누군가 앉기 위해서 존재하는 거죠. 그러면 의자를 어떻게 사용하면 안 되고 어떻게 사용하는 것이 바람직하다고 판단할 수 있잖아요. 인간이 어떻게 사는 것이 정말 행복하고 바람직하다는 설명이 나오면 그것으로부터 인간이 이렇게 살아야 되고 저렇게 살면 안 된다는 판단도 가능하지요. 아리스토텔레스에 따르면, 인간의 모든 행동들은 어떤 좋음을 지향한다고 해요. 탐구 활동은 답을 지향하고, 생산 활동은 어떤 생산물을 지향하고, 사회적 행위는 삶을 변화시키는 것을 지향하지요. 그런데 이런 좋은 것 간에는 어떤 것이 중요하고 어떤 것이 더 중요하지 않다는 우선순위를 따질 수 있어요. 예를 들어 타이어를 만든다면, 어떤 자동차를 만들 것인지 염두에 두어야 해요. 자동차를 만드는 사람은 그 자동차를 운전하는 사람들을 염두에 두어야 하고요. 우리가 인생에서 추구하는 여러 가지 좋음, 선, 가치에서도 우선순위를 말할 수 있어요. 건강, 돈, 명예, 우정 중 어떤 것은 다른 것의 수단으로써 좋고, 또 어떤 것은 그 자체만으로 좋지요.

　인간이 지향하는 가치가 많잖아요. 그런데 인간의 삶에서 정말 중요한 가치, 즉 궁극적인 목적이란 뭘까요. 그걸 고민하면서 살자는 것이 바로 덕윤리의 요지에요. 의자의 본질은 앉기 위한 것이죠. 그런 것처럼 인간한테도 어떤 존재 목적이 있다는 거예요. 나한테 가장 바람직한 삶의 모습은 어떤 것일까, 나의 삶의 의미는 뭘까, 즉 삶의 목적을 모색하고 추구하자는 거죠. 삶의 궁극적인 목적은 내가 대학에 가려는 것, 좋은 배우자를 만나고 싶은 것 등의 단기적 목표와는 다르지요. 대학의 본질이나 존재 목적은 어떤 개인이 대학에 가는 의도나 대학을 다니면서 얻게 되는 결과와도 다릅니다. 그냥 사는 것이 아니라 정말 잘 사는 것, 인간의 기능이 아주 여러 가지가 있다고 했을 때 이것들을 잘 충족하고 행복하게 잘 사는 것, 이런 걸 목적이라고 볼 수가 있을 거예요. 자연물에도 목적이 있어요. 나무는 나무로써 잘 자라는 것, 기린은 기린으로써의 목적이 있고요. 인간의 제도에도 목적이 있어요. 박물관도 박물관의 존재 목적이 있죠. 마찬가지로 인간의 삶 자체도 어떤 것들을 얻기 위한 스펙이 중요한 게 아니라 삶 자체가 목적이라는 겁니다. 인간 삶의 궁극적이고 포괄적인 목적이 바로 행복이 아닐까요?

좋은 삶은 어떤 의미를 갖는가, 어떤 목적을 가질 것인가, 이런 것들을 성찰하는 삶이에요. 삶 자체는 어떤 것도 예측 불가능하기 때문에 굉장히 불안합니다. 그래서 목적을 지향하는 구조를 가지는 거죠. 서사구조는 자신의 삶을 순간순간의 연속이 아니라 통합적인 유기적 전체로서 볼 수 있게 해주고 삶의 목표나 의미를 찾게 해주지요. 덕이 있는 삶은 자신이 추구하는 가치를 모색하고 그것에 부합해서 살아가려는 노력하는 삶이라고 볼 수가 있어요.

매킨타이어는 아퀴나스Thomas Aquinas(1224/25?~1274)로부터 연민 Misericordia이라는 개념을 가져와요. 인간은 피조물로써 취약하므로 창조주인 하느님과 삶에 직면하여 겸허한 태도를 가져야 한다는 것인데요. 취약한 인간들은 서로를 보살피며 함께 살아가야 하지요. 매킨타이어는 자유주의적 개인주의인 현대사회에서 특히 필요한 덕목으로서 '독립성이라는 덕목virtue of independece'과 함께 '의존성 인정의 덕목virtue of acknowledge dependence'을 제시합니다.

현대 도덕철학이 자유주의적 개인주의에서 규범만을 강조했다면, 매킨타이어는 도덕 영역에 인간의 삶의 목적에 대해서 이야기하고 인간의 사회성과 실천이성을 발휘할 수 있는 기회를 논의하게 된 것이지요. 인간의 삶 자체가 활동이 될 수 있다는 겁니다. 활동은 의미와 의도를 갖고자 한다는 점에서 단순한 움직임하고는 달라요. 그러니까 삶을 활동으로 본다는 것은 삶을 성취물을 통해 평가하는 것이 아니라 그 자체가 가치 있는 일로 받아들인다는 것이지요. 나의 이야기를 통해서 내가 살아온 어떤 도덕적인 역사가 제시될 때, 그리고 내가 어떤 가치가 중요하다고 이야기로 제시할 때, 나의 삶은 그 자체 목적 지향적 활동이 될 수 있겠지요.

매킨타이어는 시장경제가 주도하는 사회에서 우리에게 정말 필요한 것이 무엇인지 이야기합니다. 자유주의적 개인주의 사회에서는 외재적이고 물질적인 것만을 추구하면서 상호 경쟁하는 시장에서 살아가는 개인들만 존재하지요. 시장경제가 주도하는 사회, 자유주의적 개인주의가 주도하는 사회에서 우리에게 정말 필요한 것은 바로 독립성과 의존성 인정의 덕목이지요. 우리가 독립적인 도덕 주체로서 행동하는 것도 중요하지만, 상호의존성을 자각하고 인정하는 것이 필요하다는 것인데요. 인간관계에서 내가 이만큼 해주었으니 이만큼 얻어내야지 하는 계산적인 관계가 아니라 아 낌없이 줄 수 있는 마음이 중요하다는 거죠. 도덕적인 헌신, 혹은 상대방이 어떤 점이 취약해서 도덕적인 의사결정을 할 수 없다면 내가 그 사람을 대신해서 행동하는 것이 필요하지요. 자신의 정 치성과 사회성을 실현하기 위해서 지역사회에 참여함으로써 다시 실천이성을 발휘하는 것, 자기 삶의 환경을 변화시키기 위해서 상 호의존적 관계를 인정하고 사회적 자아를 회복하는 것, 이것이 바 로 매킨타이어의 도덕철학의 요지라고 결론내릴 수 있습니다.

더 읽어보면

좋은 책

알래스데어 매킨타이어, 김민철 옮김, 《윤리의 역사, 도덕의 이론》,
철학과현실사, 2004.

이 책은 도덕 문제가 개인이 속한 공동체의 맥락을 떠나서 생각할
수 없다는 점을 쉽게 설명하고 있다. 도덕은 역사와 사회적 배경을
공유하는 사람들이 공동의 선을 모색하고 실현하는 가운데 구현될
수 있다. 보편성을 지닌 도덕 문제가 구체성과 특수성을 지니는 사
회역사적 맥락과 도덕적 행위 주체의 실천 속에서 어떻게 전개되
는지 이해하고 싶다면 읽어볼 만한 책이다. 또한 이 책은 언어에
도덕적 개념과 역사가 담겨 있으며, 언어가 공동체 구성원들의 사
고와 소통의 도구임을 생각해보도록 해준다.

알래스데어 매킨타이어, 이진우 옮김, 《덕의 상실》, 문예출판사,
1997.

매킨타이어의 덕윤리의 기본 틀을 구성하는 덕의 통일성, 실무, 전
통, 서사적 통일성, 목적론적 윤리 등 중요 개념들이 소개되는 책
이다. 여러 철학자들의 이론들을 비판적으로 다루고 있어서 다소
난해하지만, 자유주의 사회와 개인주의 사회에 대한 비판, 덕의 정
의와 개별 덕목에 대한 사회역사적 논의가 흥미롭게 전개된다.

***

이양수, 《롤스 & 매킨타이어》, 김영사, 2007.

현대 영미 도덕철학을 대표하는 두 인물인 롤스와 매킨타이어의 이론을 쉽게 정리한 책이다. 매킨타이어는 롤스의 정의론이 개인의 자율성과 공정성을 강조하면서 역사적 사회적 맥락을 간과했다고 비판한다. 롤스의 정의론에 대한 이해는 공동체와 도덕 주체의 관계를 중시하는 매킨타이어의 도덕 이론을 이해하는 데 중요한 실마리가 된다.

마이클 왈쩌의
정의로운 전쟁

—

정원섭

마이클 왈쩌는 미국의 대표적 현대 정치철학자 중 한 명이다. 브렌다이스대학교에서 학부를 마친 후 영국 캠브리지대학교에서 석사학위를, 하버드대학교에서 박사학위를 받았다. 1962년, 프린스턴대학교에 교수로 임용됐고 1966년부터는 하버드대학교에서 근무하였으며, 1980년 미국 고등학술원the Institute for Advanced Study, IAS으로 옮긴 후 2005년에 은퇴하였다. 왈쩌는 샌델, 매킨타이어 그리고 테일러와 더불어 공동체주의자로 알려져 있지만, 정작 본인은 이러한 평가에 대해 달가워하지 않았다.

미국의 대표적인 진보 정치평론지인《Dissent》와 학부생일 때부터 인연을 맺어 최근까지도 공동 편집인을 맡았을 정도로 주도적인 역할을 하고 있다. 왈쩌의 학문적 입신에 결정적인 기여를 한 그의 첫 번째 저술은 1977년에 쓴《정의로운 전쟁과 정의롭지 못한 전쟁》이다. 이외에도《정의와 다원적 평등》,《관용론》,《해석과 사회비판》,《정의와 전쟁》,《신의 뜻으로》등 20여 권의 저서가 출간됐다.

마이클 왈쩌에 대해 소개하는 이 글은 크게 세 부분으로 구성되어 있습니다. 첫째 '정의로운 전쟁', 둘째 '다원적 평등', 셋째 '해석과 사회비평'입니다.

우선 앞에서 롤스에 대해 소개한 것과의 연속성을 꾀하기 위해 왈쩌와 롤스를 견주며 이야기해보려고 합니다. 그런데 아마 이 글 전체에서 왈쩌와 롤스는 서로 대비될 것입니다.

먼저 저술들에 대해 말씀드리겠습니다. 왈쩌가 학문적으로 입신하는 과정에서 결정적 기여를 한 책은 1977년 출판된《정전론 Just and Unjust Wars》입니다. 이 책은 '정의로운 전쟁'에 대한 아퀴나스의 이론을 현대화한 것이라고 할 수 있습니다. 참고로 롤스는 칸트의 '영구평화론'을 계승하면서《만민법》에서 이보다 더욱 이상주의적 입장이라고 할 수 있는 '민주적 평화론'을 옹호합니다. 1935년생인 왈쩌는 롤스와는 달리 전투에 투입된 적이 없습니다. 그러나 그는 유태인으로서 제2차 세계대전 이후 중동의 여러 국가와 끊임없이 전쟁을 벌이고 있던 이스라엘의 상황을 각별한 마음으로 지켜볼 수밖에 없었을 것입니다. 이런 그에게 전쟁은 학문적 이론이기에 앞서 실존을 규정하는 것이었을 수 있습니다. 이 책이 출판된 지 30년 흐른 2006년 다양한 역사적 사례가 보충된 제4판이 나왔습니다.

제가 왈쩌에 대한 말씀을 드리면서 롤스와 연관짓지 않을 수 없는 더욱 근본적인 이유는, 1984년에 출판된《Spheres of Justice: A Defence of Pluralism and Equality》라는 그의 저술 때문입니다. 저는 이 책을 번역하면서《정의와 다원적 평등》(정원섭 외 옮김, 철학과현실사, 1999)이라고 의역을 했습니다만, 직역하면 '정의의 영역들'입니다. 그리고 부제를 번역하면 '다원주의와 평등의 옹호'이고요. 이 책은 하버드대학교에서 노직과 함께 맡았던 '자본주의와 사회주의'라는 강좌의 내용에 바탕을 두고 있습니다. 이 강좌에서는 그 당시 출간과 더불어 큰 주목을 받았던 롤스의 《정의론》을 다루었습니다. 이 강좌에 대해 왈쩌는 2012년 하버드대학교 로젠블룸 교수와의 인터뷰에서도 자신이 가장 많은 공을 들였다고 회고하더군요. 또한 이 책에서 왈쩌는 롤스의 정의론을 보편주의에 근거한 추상적 이론이라고 비판하면서 정의는 다양한 사회적 가치들을 그 사회의 이해 방식, 즉 개별 사회들의 특수한 문화와 전통에 따라 논의되어야 한다고 주장합니다. 그 덕분에 왈쩌는 롤스의 자유주의와는 구별되는 의미에서 공동체주의자로 알려지게 됩니다.

참고로 이 강좌를 함께 맡았던 노직은 정의에서 중요한 문제는 평등이 아니라 소유권이라고 단언합니다. 왜냐하면 설령 평등한 상태에서 출발하더라도 자신의 소유물을 일정 기간 자유롭게 교환하게 되면 최초의 평등한 상태는 깨지게 마련이기 때문이죠. 따라서 현재 소유 상태에 도달하는 과정이 정당하였는가에 초점을 맞추면서 개인의 자유를 절대적으로 강조하는 소유권적 정의론을 개진합니다. 이러한 노직의 주장은 《무정부, 국가, 유토피아 Anarchy, State, and Utopia》에 아주 잘 나타나 있습니다. 이 책은 현대 신자유주의 이론을 철학적으로 가장 강력하게 정당화하고 있다고 평가받습니다.

왈쩌는 매우 조용한 분이라 경건해 보이기조차한데 그럼에도 사회 현안에 대해 아주 적극적으로 발언하고 있습니다. 가령 이라크전쟁에 대해서 반대 입장을 분명하게 밝힌 것처럼 미국의 정치적 현안이 있을 때마다 항상 발언을 하지요. 이 점은 롤스와 많이 다릅니다. 롤스 같은 경우에는 사회 현안에 대해서 직접적으로 발언하는 것을 굉장히 기피했습니다. 그리고 심지어는 사람들한테 돋보이는 자리, 가령 회장이나 총장, 위원장 같은 자리조차 극구 사양하였습니다. 롤스는 정치철학자는 정치 현안으로부터 한발 떨어져서 비판을 해야 한다고 생각했던 것 같아요. 그래서 현안에 대해 직접 어떤 이야기를 하는 것 역시 매우 조심스러워 했습니다. 그런데 왈쩌는 훨씬 더 적극적으로 정치 현안에 개입했지요. 그것도 단지 일회성으로 하는 것이 아니라 30년 가까이 진보적인 정치평론지 《Dissent》의 공동편집장으로서 조직적이면서도 지속적으로 발언하여 왔다는 점에서 롤스와는 대조를 이루고 있습니다.

사실 왈쩌는 단행본을 제외한 대부분의 글을 전문 학술지가 아니라 대중적인 잡지에 싣습니다. 왈쩌의 실천적·학문적 활동의 무대가 된 《Dissent》는 1950년대 어빙 호위Irving Howe(1920~1993) 등 진보적 지식인들이 주축이 되어 창간되었습니다. 창간 당시 이 잡지는 구소련의 스탈린 독재 체제와 미국의 매카시즘에 동시에 맞서면서 사회민주주의의 가치를 건강하게 발전시키는 것을 목적으로 삼았었습니다. 이러한 전통은 현재까지도 면면히 이어지고 있는데, 이러한 전통을 유지하는 데 왈쩌는 결정적 공헌을 하였습니다. 그래서인지 2013년 창간 60주년 기념 행사 자체가 왈쩌에 대한 헌정으로 이루어질 계획이라고 합니다. '21세기 새로운 사회민주주의적 정초 작업'에 기여한 왈쩌의 공로를 치하하는 자리로 삼겠다고요. 이 잡지의 현 편집진 역시 여전히 진보적이며 건강한 사회민주주의적 가치를 설파하고 있습니다.

현실주의 전쟁론

왈쩌의 정치철학에서 첫 번째 말씀드릴 주제는 '전쟁'입니다. 전쟁을 바라보는 시각은 일반적으로 세 가지, 즉 '현실론'과 '정전론' 그리고 '평화론'으로 구분됩니다.

먼저 현실론부터 간략히 살펴봅시다. 이 입장을 보이는 가장 대표적인 사람은 프로이센의 클라우제비츠Carl Phillip Gottlieb von Clausewitz(1780~1831)입니다. 클라우제비츠의 주장을 한마디로 요약한다면, 아마도 "전쟁이란 정치적 목적을 달성하기 위한 여러 수단 중 하나일 뿐이며, 따라서 단지 다른 수단에 의한 정책의 연속일 뿐"이라고 할 수 있을 것입니다. 다른 나라와 관계에서 자국의 정책을 실현을 하기 위해서라면, 전쟁 역시 하나의 유용한 대안이 된다는 것입니다. 그렇기에 그는 "전쟁이란 외교 문서를 작성하는 대신에 전투로 하는 정치"라고 주장합니다. 결국 전쟁이란 "적에게 우리의 뜻을 관철하고자 물리력, 곧 폭력을 행사하는 것"입니다.

클라우제비츠의 이런 주장들은 얼핏 보면, 자국의 정책을 다른 나라에 관철하기 위해 전쟁이 매우 정교하게 고안되어 계획적으로 수행될 것 같은 느낌을 줍니다. 그러나 그는 "전쟁이란 대부분이 불확실성의 영역에 속한다. 군사 행동의 기초를 형성하는 것 중 4분의3은 구름에 잠겨 있다. 전쟁은 우연의 영역에 속하는 것"이라고 말합니다. 이것이 바로 클라우비제의 유명한 '전쟁의 안개'

라는 수사입니다. 그래서 그는 전쟁에서 심리적 요소, 즉 군대의 사기나 전쟁에 대한 국민 정서 등 요즈음 식으로 표현하자면 '멘탈'을 엄청나게 강조하지요.

뿐만 아니라 클라우제비츠 역시 전쟁의 참상에 대해 익히 잘 알고 있었던 것으로 보입니다. 그 역시 "전쟁은 위대한 영웅과 위대한 서사시를 남기는 것이 아니라, 욕심과 자만에서 잉태되어 오로지 눈물과 고통 그리고 피를 남기고 만다는 것을 깨달아야 한다"라고 주장합니다. 그의 저서 《전쟁론》의 마지막 문장은 이렇습니다. "불가능한 것을 얻으려고 지금 얻을 수 있는 것을 놓치는 사람은 바보이다." 제가 이런 말씀을 드리는 이유는 전쟁에 대한 현실론자들을 전쟁광으로 이해해서는 안 된다는 점 때문입니다. 설령 전쟁을 참으로 신중하게 결정한다 할지라도, 이들은 잔인한 인명살상이 동반될 수밖에 없는 전쟁에서 일체의 도덕적 고려를 배제함으로써 결국 전쟁을 훨씬 용이하게 하고 만들었다는 비난을 피할 수 없습니다.

정의로운 전쟁론

전쟁에 대한 두 번째 입장인 정전론은 중세 대표적인 기독교 신학자인 아우구스티누스Aurelius Augustinus(354~430)를 거쳐 아퀴나스에 이르러 체계적으로 제시됩니다. 사실 아우구스티누스는 전쟁을 옹호하였다는 비판으로부터 자유롭지 못한 것이 사실입니다. 왜냐하면 그가 정의를 위해서는 전쟁을 할 수도 있다며 정전론을 주장한 결과, 그때까지만 해도 평화주의를 신봉하며 전쟁을 일체 거부하던 많은 기독교 청년들이 정의를 구현한다는 믿음으로 전쟁터로 나아갔기 때문입니다.

아퀴나스는 이탈리아 나폴리 근처에서 영주의 아들로 태어나 도미니코 수사가 되어 왕성한 저술 활동을 하면서도 두 차례에 걸쳐 파리대학 교수를 역임할 정도로 사회적 활동에도 적극적이었습니다. 공교롭게도 아퀴나스가 삶을 마무리 할 즈음 십자군전쟁(1096~1270)도 마무리된다는 점에서 전쟁, 즉 이교도 문제가 아퀴나스의 관심에서 벗어날 수는 없었을 것입니다. 이런 일화도 있습니다. 어느 날 그는 프랑스 왕으로부터 식사 초대를 받은 자리에서 깊은 생각에 잠겼다가는 느닷없이 모든 사람들이 놀랄 만큼 세게 식탁을 내려치며 큰소리로 "그래! 마니교도들을 논박할 방법을 찾았다"라고 외쳤답니다.

사실 이교도 문제는 사마리안 이야기부터 시작하여 기독교 안에서는 항상 논쟁거리였었지요. 이교도와 가톨릭교회가 가장 치열하게 맞붙은 것이 바로 십자군전쟁이라고 할 수 있을 것입니다. 사실 십자군은 교황이 호소하여 조직되었다는 점에서 서유럽의 로마 가톨릭 국가들의 입장에서 본다면 의로운 군대로서 이교도에 맞서 성전을 수행하고 있지만, 실제로는 이슬람 세계의 여러 나라들뿐만 아니라 같은 기독교 문화권이었던 동방정교회(그리스 정교회)의 나라들까지 공격해 들어갔었던 것이죠. 결국 십자군전쟁은 처음의 순수한 열정과는 달리 점차 정치적·경제적 이권에 따라 움직이면서 아퀴나스 당대 즈음 되면 교황은 교황권을 강화하려 하고 영주들은 영토를 확장하고자 하면서, 정치적이고 경제적인 이해관계에 따라 지속되고 있었다 할 수 있습니다.

이러한 상황에서 아퀴나스는 '정의로운 전쟁just war'에 대한 조건을 구체적으로 제시합니다. 이 입장은 간단히 정전론이라고 일컬어지고 있는데 크게 세 부분으로 구성되어 있습니다.

① 전쟁 발발 전jus ad bellum
② 전쟁 수행하는 동안jus in bello
③ 전쟁 사후 처리jus post bellum

정의로운 전쟁이 되기 위한 가장 중요한 조건은 정의로운 명분입니다. 정의로운 명분 중 가장 우선 생각할 수 있는 것은 정당방위일 것입니다. 그런데 정당방위는 다른 국가로부터 공격을 먼저 당하였다는 것을 전제한다는 점에서 방어적입니다. 그러나 현대에는 대규모 전면전보다는 테러 등 국지적 전투 가능성이 증가하면서 가령, 테러의 가능성이 명백한 경우 이에 맞서기 위한 선제공격이 필요하다는 주장이 적극적으로 개진되고 있습니다. 이렇게될 경우 많은 침략 전쟁조차 정당방위를 위한 전쟁으로 정당화될수 있습니다. 실제로 미국은 후세인의 이라크를 공격하면서 이라크 내 대량살상무기를 없애기 위한 선제 공격이었다며 정당방위라고 강변하였습니다. 이 외에도 전쟁을 먼저 개시할 수 있는 선행 조건으로 '올바른 의도', '선전 포고', '최후의 수단' 그리고 '승전의 가능성' 등이 거론되고 있습니다.

전쟁 수행 중이라 할지라도 민간인을 학살하거나 구급차를 공격하는 것처럼 결코 해서는 안 되는 일들이 많이 있습니다. 구체적으로 보자면 생화학 무기 사용 금지, 전쟁 포로에 대한 우호적 대우, 강간이나 인종 청소처럼 그 자체로 악인 수단들을 사용해서는 안 된다No Means Mala in Se는 점입니다. 전투가 멎어 전쟁이 끝난 것처럼 보이는 상황에서도 명백한 종전 선언을 통해 더 이상의 전투를 막아야 하며, 책임의 정도에 맞게 적정한 보상이 이루어지도록 해야 합니다. 오늘날 제네바협약 등 전쟁에 관한 다양한 국제 규약이 등장할 수 있었던 데에는 전쟁에 대한 이러한 오랜 논의들이 바탕이 되었다 할 수 있습니다.

왈쩌는 1977년 《정의로운 전쟁》의 '서문'에서 전쟁에 대한 일반 이론을 제시하는 것이 아니라 특정의 전쟁, 즉 베트남전쟁에 대하여 반대 의사를 개진하는 것으로 자신의 전쟁론을 제시합니다. 그것도 철학자가 아니라 정치적 입장을 명확히 밝히면서 당파성을 지닌 활동가로서 이 책을 쓴다고 당당하게 말하지요. 이때 왈쩌가 생각하는 철학자란 복잡한 현실에서 물러나 고요한 적막에 머물며 시를 쓰고 있는 워즈워스William Wordsworth(1770~1850)처럼 아주 객관적인 입장에서 지닌 과거를 차분히 성찰하는 백면서생과 같은 존재입니다. 이런 왈쩌가 볼 때 그 당시 베트남전쟁에 대해 일언반구도 하지 않는 철학자들은 분명 비호감이었을 것입니다. 왈쩌는 베트남전쟁의 발발 및 진행 과정에 대해 강력한 비판을 제기합니다. 이미 1971년에 〈제2차 세계대전: 이 전쟁은 왜 다른가?〉라는 논문에서부터 현재까지 왈쩌는 언제나 구체적인 전쟁을 두고 자신의 입장을 제시하였습니다.

왈쩌는 2006년 《전쟁과 정의》에서 아프가니스탄과 르완다에 대한 군사적 개입을 옹호한 것이 일관성을 잃은 것이 아니냐는 비판에 대해 이렇게 답합니다. 즉 이 두 경우는 상황이 다르며 지금까지 자신의 입장은 일관적이었다는 것입니다. 왜냐하면 최근 여러 상황으로 볼 때 분쟁 지역에 독립적인 민족국가가 설 수 있기 위해서는 인도주의적 개입과 장기적인 군사 주둔이 필요한 경우도 있다는 것입니다. 따라서 상황에 따라서 군사적 개입에 동의했다고 해서 자신이 일관성을 잃었다고 할 수는 없다는 것입니다.

민주적 평화론

이제까지 현실주의 전쟁론(클라우제비츠)과 정의로운 전쟁론(왈쩌)에 대해 이야기했습니다. 지금부터는 민주적 평화론에 대해 말씀드리겠습니다. 대표적인 학자는 칸트와 롤스입니다. 전통적으로 평화론이란 아주 간단히 말하자면, 반전주의를 의미합니다. 이것은 개인의 양심이나 신념 혹은 세계관일 수도 있고 종교적 가르침일 수도 있습니다. 오늘날 자칭 타칭 평화론자들은 군 입대나 집총 자체를 거부하기도 합니다. 그러나 정치철학의 한 입장으로서 평화론은 대체로 칸트에서 유래하여 롤스로 이어지는 민주적 평화론을 말합니다. 민주적 평화론의 핵심 주장은 한 나라가 민주화 될수록, 더 많은 국가들이 민주화 될수록 전쟁이 점점 줄어들 것이라는 점입니다. 그래서 전쟁을 막는 가장 좋은 방법은 국가 차원에서건 세계 차원에서건 민주화가 심화되고 공고화되는 것입니다. 이게 전쟁을 막는 가장 좋은 방법이라는 것이지요.

물론 칸트 시대의 경우 민주주의의 의미가 오늘날과는 달리 부정적인 면이 없지 않았습니다. 그래서 칸트는 더욱 많은 나라들에서 공화주의가 제대로 실현된다면, 전쟁이 점점 감소할 것이라는 입장을 피력합니다. 중요한 것은 전쟁처럼 나라의 의사를 결정하는 과정에서 국민 전체의 뜻이 제대로 반영되어야 한다는 것입니다. 만일 우리나라에서 전쟁이 일어날 경우 바로 나 자신 혹은 나의 사랑하는 아들이 목숨을 잃을 수도 있는 전쟁터로 나가야 한다고 가정해봅시다. 이때 전쟁을 할지 말지에 대한 결정의 권한이 나에게도 있다고 가정해봅시다. 이런 상황에서 전쟁을 하겠다고 나서는 사람은 거의 없을 것입니다. 민주적 평화론을 주장하는 사람들은, 과거의 전쟁 상황을 보면 정작 자신은 생명의 위협을 전혀 느끼지 않는 사람들이 왕조의 명예나 제국주의적인 영토 야욕을 채우기 위해 국민 전체를 위한다는 명목으로 백성들을 전쟁으로 내몰았다고 주장합니다. 즉 민주화가 진전되면, 그리하여 전쟁에서 실제로 목숨을 잃을 수도 있는 사람들이 전쟁을 할 것인지 말 것인지를 직접 결정하게 되면, 전쟁은 당연히 사라지게 된다는 것이지요.

그러나 문제는 세계 각국에서 민주주의에 대한 이해 방식이 서로 다르며 민주화의 정도 차이는 더욱 심하다는 점입니다. 설령 우리나라에서는 민주화가 상당한 정도로 진전되더라도 주변 국가가 호전적이라면 어쩔 수 없이 공격을 당하게 될 것입니다. 사실 역사상 호전적인 불량 국가들이 언제나 있어 왔습니다. 그런가 하면 도대체 질서라고는 찾아볼 수 없으면서 살인과 범죄가 만연해 있는 무법천지인 지역들도 없지 않습니다. 그래서 롤스는 우선 현존하는 국가들을 자유민주주의 국민들, 자유주의적이지는 않지만 적정 수준을 유지하고 있는 국민들, 경제적으로 사회적으로 심대한 부담을 지니고 있는 국민들, 그리고 무법천지 상태 등으로 구분합니다. 그리고 자유주의 국민들과 자유주의적이라고는 할 수 없지만 적정 수준을 유지하고 있는 국민들이 만민법에 대해 합의를 하자고 제안합니다. 이처럼 다양한 국민들 사이에 불가침의 협약이 이루어져 전쟁이 없는 상황을 롤스는 '실현 가능한 이상 realistic utopia'이라고 합니다.

얼핏 들어도 굉장히 이상적이지 않습니까? 롤스 자신도 자신의 입장이 이상적이라는 점을 충분히 인정합니다. 이 점이 왈쩌와 롤스의 차이점입니다. 물론 롤스와 왈쩌는 앞에서 본 것처럼 현실론자들에서 맞서 전쟁에 도덕적 제약 요소가 있을 수밖에 없다는 점을 분명히 밝혔습니다. 그러나 롤스가 민주적 평화론을 통해 전쟁 자체가 사라지는 이상적인 평화로운 세계를 묘사하고 있다는 점에서 왈쩌와는 다른 입장을 견지합니다. 왈쩌는 침략에 맞서 정당방위를 위해 수행하는 전쟁과 같은 경우 전쟁조차도 정의로울 수 있다고 주장함으로써 '더러운 손의 문제', 즉 선한 목적을 수행하기 위해서는 나쁜 수단을 사용할 수도 있다는 윤리학의 고전적 문제와 대면하게 됩니다. 그러나 왈쩌가 생각할 때 실천도덕은 언제나 구체적인 현실에 자리를 잡고 있어야 하는데, 그 현실은 항상 복잡하게 얽혀 있을 수밖에 없다는 것이지요. 그래서 왈쩌는 규범을 포기하지 않으면서도 현실의 난점들을 헤쳐 나가려고 한다는 점에서, 또 구체적인 정치적인 사안에 대해 끊임없이 자신의 의견을 때론 매우 직설적으로 표명하였다는 점에서 롤스보다는 현실에 한발 더 깊이 담그고 있는 철학자라고 할 수 있을 것입니다.

다원적 평등

이제 왈쩌의 정의론에 대해 살펴봅시다. 왈쩌 자신이 별로 달가워 하지 않던 철학자들로부터 본격적인 관심을 끌게 됐던 계기는 롤스의 정의론에 대한 그의 독특한 비판 때문이라고 할 수 있습니다. 그럼 어떤 점에서 롤스에 대한 왈쩌의 비판이 독특했는지부터 살펴봅시다. 보통 정의에 대해서 생각할 때 이런 질문을 합니다. "정의란 무엇인가?" 얼마 전 우리 사회에 광풍을 일으킨 샌델의 책이름과 같죠. 자연스럽게 우리는 '롤스에게 정의란 무엇인가?'라고 질문하게 됩니다. 그럼 롤스는 무엇을 정의라고 했을까요? 롤스의 정의론은 '공정으로서 정의'라는 말로 요약할 수 있습니다. 롤스에게 정의란 '공정'입니다. 그 '공정'은 정의의 두 원칙을 통해 구체적으로 표현됩니다. 아주 상식적으로 말하면 그 누구에게 도 삶을 영위할 수 있는 '사회적 최소치'를 보장하자는 것입니다.

롤스의 이런 정의론에 대해 물론 다양한 비판이 있을 수 있습니다. 그러나 가장 전형적인 비판은 노직으로 대표되는 자유지상주의자들의 비판입니다. 자유지상주의란 경제적 평등을 일체 고려하지 않으면서 철저하게 개인주의적인 방식으로 오로지 자유의 가치를 강조하는 입장입니다. 즉 이들에게 정의란 '사회적 최소치의 보장' 아니라 '자유의 보장'입니다. 물론 이들이 말하는 자유란 적극적인 자유가 아니라 소극적인 자유, 곧 다른 사람들로부터 간섭받지 않고 방해받지 않을 권리를 말합니다. 이런 소극적 자유를 보장하는 것이 바로 정의라는 것입니다. 즉 롤스가 문제를 제기한 방식, 즉 '정의란 무엇인가?'라는 문제의 틀을 수용하면서도 동시에 롤스가 제시한 답, 즉 '사회적 최소치의 보장'을 부정하면서 '간섭받지 않을 소극적 자유의 극대화'라는 자신의 답안을 제시하는 것입니다.

그런데 왈쩌는 문제의 틀 자체를 비틀어 버립니다. 즉 분배적 정의를 얘기하면서 가장 먼저 논의할 주제는 분배의 대상(무엇을 분배할 것인가?)이나 분배의 원칙(어떻게 분배할 것인가?)이 아니라고 주장합니다. 분배적 정의의 첫째 질문은 바로 '누구와 함께'라는 것입니다. 먼저 우리 공동체를 누구와 함께 구성하고 있는지 그것부터 먼저 검토해야 한다는 것이죠. 즉 대한민국에서 정의를 논의할 때 가장 먼저 논의해야 할 주제는 '무엇을 분배할 것인가'도 '어떻게 분배할 것인가'도 아니라, '누가 대한민국 국민인가'라는 것입니다. 그래서 분배의 대상이나 분배의 원칙이 아니라 공동체를 구성하는 '성원권' 자체가 분배적 정의의 일차적 주제라는 것입니다.(《정의와 다원적 평등》, 1장 참고)

바로 이러한 문제설정 방식 때문에 그는 어느 사회에서나 통용될 수 있는 보편적인 정의의 원칙을 모색하고자 하는 롤스의 자유주의나 노직의 자유지상주의와 대비되는 의미에서 공동체주의자로 인식되었던 것입니다. 성원권을 국가 차원에서 논의하게 되면 국민의 자격 요건, 즉 국적에 관한 문제가 됩니다. 오늘날 국적을 결정하는 요인은 크게 혈연, 출생지, 자발적인 귀화 등 세 가지입니다. 한국 사회의 경우, 오랜 기간 한반도에 안정적으로 정착 생활을 한 결과, 국적과 관련된 논쟁은 드물고 혈연주의가 당연한 것으로 수용되고 있습니다. 아버지, 어머니가 한국 사람이면 어디에서 태어나건 저절로 한국 사람이 되는 것이죠. 아직까지도 한국 사회에는 '단일 민족' 신화가 강력하다는 점을 부정할 수는 없을 것입니다. 그리고 설령 누군가 다른 국가의 국적을 갖게 되더라도 여전히 동포라고 각별히 여깁니다. 그에 비해 근본적으로 이민자들로 구성된 미국 사회나 베스트팔렌조약이 성립하기 전 영토 분쟁이 끊이지 않았던 유럽 지역의 경우 국적, 즉 국가에 대한 성원권은 중요한 논쟁이 아닐 수 없습니다. 그리고 다문화 가정의 증가, '이중 국적 허용 여부'나 '외국인 노동자 적정 체류 기간'에 대한 논쟁에서 보듯이 앞으로 성원권 문제는 우리 사회에서 더욱 심각한 사회적 논쟁거리가 될 것입니다.

분배적 정의에서 '누구와 함께' 문제 다음으로 중요한 문제를 왈쩌는 '무엇', 즉 분배의 대상에 대한 문제로 파악합니다. 예를 하나 들어 봅시다. 현재 우리 사회에서 많은 사람들이 선호한다고 할 수 있는 법관 자리를 생각해봅시다. 어떤 기준으로 이 자리를 분배해야 할까요? 가령 어떤 법관이 은퇴를 하면서 그 자리를 지금 법학전문 대학원 입시 준비를 하는 자신의 아들에게 준다고 생각해봅시다. 아마 이 상황에 동의하는 사람은 거의 없을 것입니다. 그러나 만일 그 법관이 집안 대대로 전해온 유명 화가의 비싼 그림을 아들에게 준다고 생각해봅시다. 여기에 대해 이의를 제기하는 사람은 거의 없을 것입니다. 법관 자리와 비싼 그림 모두 우리 사회에서 소중하게 생각하는 것들, 즉 사회적 가치들이라고 할 수 있습니다. 그림은 그것이 아무리 비쌀지라도 현재의 소유자가 임의로 처분할 수 있지만, 법관이라는 직위는 현재 그 직위 소유자가 다른 사람에게 임의로 양도할 수 없는 것입니다. 그 이유는 그림에 대한 우리 사회의 사회적 이해 방식과 법관의 직위에 대한 우리 사회의 사회적 이해 방식이 전혀 다르기 때문입니다. 따라서 분배의 기준은 특정한 분배의 대상에 대해 한 사회에서 이해하고 있는 방식에 따라 매우 다를 수 있습니다. 뿐만 아니라 우리 공동체에서는 설령 소중한 것으로 간주되는 사회적 가치들이라 할지라도 다른 공동체에서는 무의미한 것으로 간주될 수 있을 것입니다.

왈쩌가 강조하고 싶은 것이 바로 이 점입니다. 즉 어느 사회에서는 모든 사람이 필요로 하는 사회적 가치를 가정하는 것은 바람직하지 않다는 점입니다. 즉 롤스가 정의론에서 모든 사람이 필요로 할 것이라고 가정한 '사회적 기본 가치들social primary goods'은 철학자의 사고 속에만 있을 뿐이라는 것입니다. 사회마다 자신들의 전통에 따라 중요하게 생각하는 가치들이 있고 또한 그 가치들에 대해 그 사회에서 이해하는 방식, 사회적 이해social understanding 역시 다르다는 것입니다. 따라서 이러한 사회적 가치들을 분배하는 방식은 어떤 보편적인, 즉 획일적인 분배 원칙이 아니라 한 공동체에서 특정 사회적 가치에 대한 사회적 이해 방식에 따라 결정되어야 한다는 것입니다.

《정의와 다원적 평등》에서 왈쩌는 중요한 사회적 가치들을 다음과 같이 제시합니다. 첫 번째는 앞에서 살펴본 성원권, 그리고 안전과 복지, 돈과 상품, 공직, 노동, 여가, 교육, 사랑, 은총, 인정, 정치권력입니다. 이러한 가치들의 특성에 따라 분배하는 원칙들이 다를 수 있습니다(이것은 유대인 전통에 충실한 왈쩌가 제시한 목록입니다. 물론 다른 사회의 구성원들은 다른 가치들을 제시할 것입니다). 가령 상품의 경우, 분배 원칙은 자유로운 교환입니다. 물론 이 자유교환 과정은 당사자들이 정보를 적절히 숙지한 가운데 자유의사에 따라 기만이나 사기와 같이 결격 요인이 없이 이루어져야 하는 것입니다. 그러나 이런 자유교환이라는 시장의 기제에 맡겨 둘 수 없는 가치들이 있습니다. 가령 우리 인간으로서 정말 필요한 부분과 관련된 것들입니다. 가령 의료 같은 것들이죠. 어떤 기준을 가지고 의료의 가치를 나눠줘야 할까요? 의료의 영역은 정말 필요한 사람들에게 필요한 만큼의 최소한의 의료 서비스가 가게끔 해주는 게 중요하다는 것입니다.

그럼에도 불구하고 롤스처럼 최소수혜자 우선성의 원칙처럼 하나의 기준에 따라서 다양한 사회적 가치들을 평등하게 분배하는 것에 대해 왈쩌는 '단순 평등simple equality'이라고 비판합니다. 이 점은 노직도 마찬가지입니다. 사람들에게 무언가를 똑같이 열 개씩 줬다고 생각을 해보죠. 그러나 어떤 사람은 그냥 소유하는 것 자체를 좋아하고, 어떤 사람은 다른 걸로 교환하는 걸 좋아해요. 이렇게 되면 처음의 평등한 상태는 어떻게 될까요? 각자에게 교환의 자유가 있다면 이런 단순 평등은 깨질 수밖에 없겠죠. 똑같이 열 개씩 가지고 있는 상황은 사람들에게 자유를 주는 순간 깨질 수밖에 없다는 겁니다. 이렇게 시간이 지나 다시 불평등한 상황이 되면, 그 상황을 회복하기 위해서 어떻게 해야 하는지 롤스에게 되묻습니다. 지금까지 상황을 다 무효로 하고 다시 열 개씩 원상 복귀시킬 것인가? 만일 이렇게 한다면 이것은 인간의 자유로운 행위를 부정하는 것이 되고 만다는 것입니다. 결국 인간의 자유로운 행동들 때문에 단순 평등은 지켜질 수 없다는 얘기죠. 롤스의 분배적 정의론에 대해 노직은 이처럼 논리적인 방법으로 비판하면서 자유를 행사한 과정들, 즉 소유권이 이전된 과정을 중요하게 생각하는 '소유권적 정의론an entitled theory of justice'을 제시합니다.

반면 왈쩌는 다양한 역사적 사실들을 제시하면서 단순 평등과 대비되는 의미에서 'complex equality' 개념을 제시합니다. 번역을 할 당시 저는 이 개념을 우리말로 어떻게 옮길지 많이 고민하다가 '복합 평등'이라는 직역보다는 '다원적 평등'이라고 의역을 했습니다. 그 결과 비난과 칭찬을 동시에 받았습니다. 정직하게 말하면 지금도 이렇게 의역한 것이 잘한 것인지 아니면 원래 의미를 살렸다면 좋았을지에 대해 확신은 없습니다. 여하튼 이미 저는 '사회마다 서로 다른 다양한 사회적 가치들이 존재하며 그 가치들마다 분배 방식이 다르다'는 왈쩌의 주장을 말씀드렸습니다. 이 점에서 여러분들은 분배적 정의와 관련된 내용들이 매우 다원적이라는 점에 대해서는 충분히 공감하실 수 있을 것입니다. 그러나 안타깝게도 왈쩌는 가치의 다원성은 강조하였지만, 그것이 왜 평등으로 이어지는가에 대해서는 구체적인 설명을 하지 않습니다.

그리고 만일 여기서 이야기가 멈췄으면 우리가 왈쩌에 대해 그렇게 주목할 만한 필요도 없다고 생각합니다. 제가 생각할 때 왈쩌의 탁월한 점은 바로 다음과 같은 통찰에 있습니다. 즉 서로 다른 가치들은 이에 대한 사회적 이해 방식에 따라 각각의 고유한 영역들spheres을 형성합니다. 그런데 문제는 하나의 사회적 가치가 그 고유한 영역을 넘어서 다른 사회적 가치의 영역을 잠식하면서 다른 사회적 가치들의 자율성을 훼손한다는 점입니다. 예를 들면 자본주의사회의 경우, 사업을 통해 돈을 많이 번 사람이 이를 바탕으로 정치권력까지 차지하려고 합니다. 반대도 물론 가능합니다. 즉 정치권력을 가진 자가 그 권력을 이용하여 재산을 늘리려고 하는 것 역시 심각한 문제가 될 수 있습니다. 그래서 왈쩌는 영역들 간에 엄격한 자율성을 강조합니다. 하나의 가치가 그 고유한 영역을 넘어 다른 영역에 침투하는 것을 두고 왈쩌는 전제tyranny라고 합니다.

그래서 왈쩌가 생각할 때 건강한 다원주의, 즉 다원적 평등이 잘 이루어지는 사회는 각각의 영역의 가치들이 존중되는 사회인 것입니다. 각 영역 안에서는 그 가치의 특성에 따라서 평등이 아니라 독점이 바람직할 수 있다고 주장합니다. 가령 예술의 영역에서는 예술작품에 대한 평가를 하면서 모든 시민이 참여하는 다수결이 아니라 해당 분야에서 공인받은 전문가의 독점적인 권위가 존중되어야 할 것입니다. 예술 영역의 진정한 자율성을 위해서라면 예술작품 평가 과정에서 정치권력이나 경제력을 가진 사람들의 영향을 차단하는 것이 시급할 것입니다. 바로 이것을 두고 봉쇄라고 합니다. 하나의 사회적 가치가 그 고유한 영역을 넘어서 다른 가치의 영역으로 넘어 가지 못하도록 막는 것입니다.

이 점은 맑스가 《자본론》에서 보여 준 통찰을 그대로 반영하는 것이라고 해도 좋을 것입니다. 맑스의 《자본론》은 상품에 대한 분석으로 시작을 합니다. 그런데 자본주의가 진행되면 진행될수록 모든 것들이 상품이 되어서 시장 안에서 거래가 된다는 거예요. 지금까지 돈으로도 살 수 없다고 생각해온 것들이 모두 상품으로 전환되어 버리는 것이죠. 이처럼 자본주의사회에서 돈의 위력으로부터 다양한 사회적 가치들의 독자성을 지켜보고자 하는 것! 바

로 이런 점이 왈쩌가 좌파 사회민주주의자라는 점을 잘 보여 주
는 것입니다.

해석과 사회비판

문제는 가치의 다원성을 존중하는 것에 머물러 있을 수는 없다는
점입니다. 지금까지 왈쩌의 주장을 대략 이렇게 정리해볼 수 있을
것입니다. '세상에는 서로 다른 문화와 전통을 가진 다양한 공동
체들이 존재하며 그 공동체 내에도 다양한 사회적 가치들이 존재
하며 그 사회적 가치들에 대한 이해 방식 역시 공동체마다 시대
마다 다르다.' 그러나 우리는 여기에 만족할 수 없습니다. 왜냐하
면 이런 식의 다원주의가 용인하는 상대주의는 인류의 공분을 자
아내기에 충분한 여성에 대한 할례 관행과 같은 반인륜적 행위들
조차 묵인할 수 있기 때문입니다. 왈쩌 역시 이러한 우려를 잘 알
고 있습니다. 1984년에 나온《정의와 다원적 평등》은 그 과녁이
보편주의를 지향하는 롤스의《정의론》이었기 때문에 가치 다원
주의가 초래할 수 있는 상대주의의 위험이 크게 의식되지는 못한
것으로 보입니다. 그러나 상대주의의 문제를 결코 피할 수는 없는
것이지요.

　1987년에 출판된《해석과 사회비판》(김은희 옮김, 철학과현실사,
2007)은 바로 다원주의라는 상황에서 보편주의에로의 유혹을 피하
면서 어떻게 상대주의를 벗어날 것인가에 대한 왈쩌의 답이라고
할 수 있습니다. 만일 이 책이 없었다면 설령 스스로 부정할지라

도 왈쩌는 상대주의적 공동체주의자라는 비난 앞에서 속수무책이
었을 것입니다. 1999년 왈쩌가 우리나라를 방문해 강연을 할때마
다 다음과 같은 질문이 빠지지 않고 나왔습니다. "선생님은 한국
에서 공동체주의자로 알려져 있는데 어떤 의미에서 공동체주의자
입니까?" 이에 대하여 왈쩌의 한결같이 이렇게 답변했습니다. "천
만에, 나는 공동체주의자가 아닙니다."

물론 이 당시 네 번에 걸친 그의 강연이《자유주의를 넘어서》
(김용환 옮김, 철학과현실사, 2000) 라고 출판되어 왈쩌가 자유주의에 대
해 매우 부정적인 입장을 취하는 것으로 비추어졌던 것도 사실입
니다. 그러나 강연 전체의 영어 표현은 The Exclusions of Liberals
이었습니다. 제대로 번역하자면 '자유주의자들이 배제시켰던 것들'
입니다. 왈쩌는 '롤스적 자유주의자들이 보지 못했던 자유주의의
또 다른 모습'을 보고자 합니다. 그래서 자신의 얘기는 자유주의
를 훨씬 더 풍성하게 발전시키고 있고, 그래서 근본적으로는 자유
주의자라고 하죠.

《해석과 사회비판》이라는 저술은 책의 분량으로 보자면《정의
와 다원적 평등》에 비할 수 없을 정도로 짤막하지만 그 내용은
왈쩌를 상대주의로부터 구해준다는 점에서 매우 큰 의의를 지니
고 있습니다. 이 저술은 1장 도덕철학의 세 가지 방법, 2장 사회
비판의 활동 그리고 3장 사회비판가로서 예언자 등 전체 3장으로
구성되어 있습니다. 2장과 3장은 제목이 시사하듯이 역사적 인물
들의 구체적인 비판 활동에 대한 왈쩌의 해석이라고 할 수 있습
니다. 특히 3장의 경우 유대인의 구약 성서에 등장하는 수많은 선
지자와 예언자들의 활동을 소개하면서 해석의 작업이 어떻게 적

극적인 사회비판으로 발전될 수 있는가에 대해 많은 지면을 할애하고 있습니다.

제가 오늘 주목하고자 하는 것은 《해석과 사회비판》의 1장입니다. 도덕철학 방법론이지요. 여기서 왈쩌는 도덕철학의 방법으로 '발견', '창안' 그리고 '해석' 등 세 가지를 제시합니다. 발견이란 인간의 의지와 상관없이 이미 존재한다고 생각되는 모종의 도덕법칙을 찾아내는 것입니다. 이를 테면 계시를 통해 십계명을 받는 것과 같은 게 이에 해당할 것입니다. 혹은 자연의 이법에서 마땅히 해야 할 사람의 도리를 찾아내는 것입니다. 이와 같은 방법은 신의 존재나 자연의 이법을 신뢰하는 이들에게는 도덕 명령을 준수해야 할 강력한 동기를 제공하게 될 것입니다. 그러나 그렇지 않은 사람들에게는 증명의 부담만 시킬 뿐 호소력은 거의 없을 것입니다. 그런데 문제는 신의 존재를 신뢰하는 사람들이 만일 계시를 서로 다르게 해석한다면 어떻게 될까요? 이 경우 어느 것이 진짜 명령인지를 해석할 수밖에 없을 것입니다. 발견의 방법은 발견으로 마무리되는 것이 아니라 해석의 방법으로 그 문제를 이월하고 마는 것입니다.

창안의 방법이란 우리 스스로 도덕법칙을 만드는 것입니다. 이것은 신이라든가 자연의 이법 혹은 난해한 형이상학이나 존재론 따위를 상정하지 않아도 된다는 점에서 발견의 방법보다 훨씬 간단해 보입니다. 그러나 문제는 한 공동체 안에 있는 사람들 중에서 서로 다른 도덕법칙들을 제시할 경우입니다. 어떤 도덕법칙이 다른 도덕법칙에 비해 왜 얼마나 바람직한가를 두고 다양한 논쟁을 벌일 수밖에 없을 것입니다. 어떤 도덕이 발견에 의한 것이건

창안에 의한 것이건 한 사회 내에 서로 다른 도덕법칙들이 경쟁하게 된다면 어느 도덕법칙이 가장 바람직한가를 두고 해석을 할 수밖에 없다는 것입니다. 그런데 우리가 도덕에 대해 해석을 해야 한다고 했을 때의 의미는 그냥 내 멋대로 막 상상을 하는 것을 말하지 않습니다. 하나의 도덕적 명제가 우리가 처한 사회적 맥락 속에서 어떤 방식으로 우리한테 전달될 것인지 다시 얘기해보는 것입니다.

롤스의 이론은 원초적 입장과 같이 매우 추상적 차원에서 정의 원칙을 제시하고 이를 구체적 현실로 끌고 오고자 합니다. 이런 방법을 하향식top-down이라고 합니다. 그에 비해서 왈쩌는 각 사회에서 중요하게 생각하는 가치들을 먼저 보자는 것입니다. 그리고 그 가치들을 어떤 식으로로건 다시 해석하고 비판할 수밖에 없다는 것입니다. 이때 비판이라고 하는 것은 원래 위치로 놓는 것을 의미할 뿐, 공연히 트집을 잡거나 단순히 흠집을 내는 것을 의미하지 않습니다.

왈쩌의 이런 해석과 비판의 방법을 롤스의 하향식 방법과 비교하면 어떨까요? 칼로 무를 자르듯 무언가 단칼에 정리되는 느낌은 분명 없습니다. 끊임없이 해석해내야 하고, 그렇기에 나의 오늘 해석은 내일이 되면 달라질 수도 있습니다. 더욱이 비평하는 작업이 언제나 누적적으로 발전 혹은 전진하는 것만은 아닙니다. 때로는 뒤쪽으로 가기도 하고 좌충우돌합니다. 그러면서 또 반드시 좋은 방향이라고 얘기할 수만도 없는 거고요. 이런 과정을 아주 많이 반복하더라도 우리는 상대방의 삶의 방식, 그리고 그 사람의 사고방식을 여전히 제대로 이해하지 못할 수도 있습니다. 그럼에도 불구하고 우리는 해석과 사회비판이라는 이 과정을 거치며 내가 지금까지 알고 있는 것에 대한 성찰, 다른 사람들의 사고방식에 대한 성찰을 통해 상호이해의 폭을 점차 넓혀 나가는 것입니다. 이 상호이해가 깊어질수록 내가 다른 사람을 관용할 수 있는 폭도 넓어지지요. 이 관용이라고 하는 것이 결국은 다른 사람에 대한 상호이해를 깊고 넓게 확장하는 과정인 것입니다.

이런 식으로 왈쩌를 이해하면 롤스적인 자유주의자와 차이점이 무엇일까요? 왈쩌의 답변은 이렇습니다. 롤스적인 자유주의자들이 가장 중요하게 생각했던 것은 우연적인 사회적 맥락의 위력과 무관할 수 있는 선택의 자유입니다. 그래서 샌델은 롤스의 인간을 원자적 자아, 즉 '무연고적 자아'라고 했던 것입니다. 선택의 자유를 사회적 맥락과 완전히 단절시켜 이해한 사람이 바로 칸트입니다. 그래서 매킨타이어는 칸트식 도덕으로 가면 니체적인 허무주의라는 귀결을 피할 수 없다고 보았습니다. 매킨타이어가 볼 때, 그리고 왈쩌가 볼 때, 롤스의 정치철학이 불만스러운 것은 롤스역시 칸트와 마찬가지로 선택의 자유를 사회적 맥락과 완전히 단절하였다는 점 때문입니다. 그래서 자유주의자들은 내가 선택하지 않은 것들이 나의 정체성을 구성하는 것에 대해서 굉장한 거부감을 나타냈어요. 그런데 왈쩌는 내가 선택하진 않았지만 나의 삶을 구성하는 부분들의 중요성을 제대로 평가해야 한다고 말하는 것입니다.

그래서 왈쩌는 이런 주장을 합니다. 미국 사회에서 히잡을 가장 많이 쓰고 다니는 사람들은 이슬람 여성들 중에서도 굉장히 진보적인 여성이라는 것입니다. 얼핏 이율배반처럼 들리지 않습니까?

히잡이 이슬람의 남성 중심적 가치를 가지고 있다는 점에서 진보적 여성이라면 멀리해야 할 것 같은데 오히려 외국에서 적극적으로 쓴다니 이상하잖아요. 그러나 이것은 다음과 같은 사실을 이야기해줍니다. 바로 우리가 오늘날 전통을 지켜나가는 방식은 한편으로는 과거의 폐습을 버리는 것이고, 다른 한편으로는 이질적 문명에 대해서 나의 문명을 나의 가치로 표현해내는 것이어야 한다고요. 그렇게 되면서 우리는 나의 진보적 가치를 수용해나가는 가운데서 어디까지를 받아들여 얼마나 새롭게 해야 할 것인지에 대해 늘 고민하게 됩니다. 그리고 사실 히잡은 두 가지 의미를 가지고 있어요. 하나는 전통의 유산이면서, 다른 한 가지는 서구세계에 맞서는 나만의 정체성을 보여주는 것이죠. 그런데 자유주의자들의 입장에서 보면 히잡은 당연히 벗어버려야 하는 거잖아요. 그런데 왈쩌는 자기 자신이 생각하는 전통과 우리가 선택하지 못한 것들, 운명적으로 주어진 것들을 나의 정체성으로 수용하게 된다면 우리는 넓은 정체성의 영역들을 인정해줄 수 있을 것이라고 얘기합니다.

제가 볼 때 한국에서는 자유주의 공동체주의 논쟁이 엄청 큰 논쟁처럼 소개되었습니다. 그것은 한국 사회 안에서 개인의 자유와 공동체의 전통이라는 두 가치가 그만큼 중요하게 간주되고 있다는 것을 보여준다고 생각합니다. 우리의 시각에서 서양의 자유주의-공동체주의 논쟁을 이해할 필요가 있다는 점은 분명 공감합니다. 그렇다고 해서 공동체주의에 대해 달가워하지 않는 왈쩌를 자꾸만 공동체주의자로 규정하는 것은 바람직하지 않다고 생각합니다. 저는 공동체주의자들로 일컬어지는 왈쩌나 테일러, 심지어

매킨타이어보다도 우리나라에서 스스로 자유주의라고 생각하는 분들이 어쩌면 더 공동체적일 수 있다고 생각합니다. 특히 왈쩌와 같은 경우 60여 년 동안 《Dissent》에 글을 발표하여 비판적 지성으로서 자신의 견해를 자유롭게 피력해왔습니다. 그래서 저는 왈쩌에 대해 이렇게 말씀드리고 싶습니다.

오늘 여기 이 지구에 존재하는 인간들이 자신들의 자화상을 그리면서 다른 사람들과의 공동성communalities을 제대로 인지할 수 있도록 우리의 이성을 쉼없이 일깨운 비판적 지성, 그리하여 이 땅 모든 곳에 전쟁이 사라질 수 있는 현실적 가능성을 실천적으로 모색한 활동가이자 철학자라고요.

카를 폰 클라우제비츠, 김만수 옮김, 《전쟁론1》, 갈무리, 2006.

이 책은 현실주의 전쟁론의 고전이라고 할 수 있다. 클라우제비츠
의 《전쟁론》은 1980년대부터 몇 차례에 걸쳐 그 일부가 우리말로
번역되었는데, 이 책은 처음으로 완역된 것이라는 점에서 우선 그
의의를 찾아볼 수 있다. 현실주의 전쟁론을 잘 보여주고 있는 이
책은 전쟁의 본질, 전쟁 이론, 전략 일반 그리고 전투 등 크게 4편
으로 구성되어 있다. 클라우제비츠는 38세에 베를린 군사학교 교
장으로 근무하면서 이 책을 집필하였다. 그는 12세에 군 입대를
하고 13세에는 최초로 마인츠 전투를 쌓았으며, 그 이후 베를린
군사학교를 수석으로 졸업하는가하면 포로가 되었다가 석방되기도
하였다. 이런 경험을 바탕으로 저술된 이 책은 당시의 전쟁을 입체
적으로 묘사하고 있다. 신기한 점은 이 책을 읽으면 읽을수록 '전
쟁은 국가 정책의 연장'이라는 저자의 주장과는 달리 전쟁은 절대
해서는 안 된다는 생각을 갖게 된다는 점이다.

존 롤스, 장동진·김기호·김만권 옮김, 《만민법》, 아카넷, 2009.

민주적 평화론을 대변하는 롤스의 이 책은 《정의론》, 《정치적 자유
주의》와 더불어 그의 삼대 저술로 꼽힌다. 롤스는 이 책에서 지금
까지 밝힌 자신의 정치철학적 방법론을 국제세계에 적용하여 민주

***

적 평화론을 옹호하는 주장을 펼친다. 롤스는 정의 문제를 '국지적 정의', '국내적 정의' 그리고 '국제적 정의'로 크게 삼분한 후《정의론》에서는 국내적 정의를 다루고, 이를 국제적 정의 문제로 확장하는 작업을《만민법》에서 보여준다. 그러나《정의론》이 출판 당시 학계로부터 열렬한 지지를 받았던 반면,《만민법》은 냉정한 평가를 받았다. 그럼에도 이 책에서 롤스가 제시했던 강력한 인권 옹호론은 또 다른 학문적 논쟁을 촉발하면서 냉정한 국제관계에서 도덕적 고려 사항이 실천적 구속력을 지닌 수 있다는 점을 보여준다.

이분법을 넘어선
힐러리 퍼트남의
새로운 철학

—

황희숙

힐러리 퍼트남
Hilary Putnam(1926~)

힐러리 퍼트남은 1926년 미국 시카고에서 출생한 철학자다. 현대 분석철학의 전체 발전과정을 체현하고 있다고 할 만큼 1960년대 이래 분석철학의 중심적인 인물이었으며, 자신의 철학적 입장에 대해서도 엄밀한 분석을 거쳐 몇 차례의 변화를 보여줬다. 퍼트남은 논리실증주의의 건설자인 라이헨바하로부터 사사했고, 탈실증주의 분석철학의 거두인 콰인으로부터 수리논리를 배웠다. 프린스턴대학교, MIT를 거쳐 1965년 이래 하버드대학교에서 교수로 재직했고, 은퇴 후 현재 하버드대학교의 명예교수로 있다.

퍼트남은 심리철학, 언어철학, 수리철학, 과학철학 등 여러 분야에서 크게 영향력 있는 이론과 독특한 논증들을 제시했다. 정신현상의 복수발현 논증, 인과적 지시론, 쌍둥이 지구 논증, 통속의 두뇌 논증, 내적 실재론 등이 대표적이다. 퍼트남은 후기에 점차 미국의 실용주의와 유대철학, 윤리학에 관심을 기울였고, 철학을 개조하려는 메타철학에도 관심을 보였다.

퍼트남 사상의 특징은 끝없는 자기비판과 수정이라고 할 수 있다. 자신이 제창한 기능주의나 형이상학적 실재론을 버렸고, 내재적 실재론을 제창했다. 이것은 그가 형이상학적 실재론이라고 부른 전통적인 객관주의와 극단적인 상대주의 사이의 이분법을 극복하기 위한 제3의 길이었지만, 이 또한 말년의 실용주의적 전환을 통해 지양되고 있다.

이분법을 넘어서

힐러리 퍼트남은 미국 중심의 현대철학 사조, 그러니까 언어 분석 철학에서 매우 중요한 인물입니다. 러셀이나 비트겐슈타인, 그리고 로티보다는 대중에게 덜 알려진 인물이지만, 논증 중심의 분석철학에서는 대변인 격인 철학자라고 할 수 있지요. 그 이유는 그가 제창한 여러 가지 철학적 견해들의 중요성이나 그가 개발한 논증의 탁월함 때문입니다. 또한 그가 제시한 입장들 자체가 분석철학적 논증의 역사를 그려낸다는 점 때문이기도 합니다. 그는 5권의 논문집과 7권의 책 그리고 200편이 넘는 논문을 남겼는데, 그 안에서도 퍼트남은 엄밀한 분석을 통해 자신의 이론을 비판하고 커다란 변화를 여러 차례 보여주었습니다. 이런 굽이굽이의 모습들이 분석철학의 주요한 발전 국면을 이루고 있기 때문에, 퍼트남이야말로 '개략적인 현대철학사'라고 불리기도 합니다.

동시에 그는 '흔들리는 철학자'라는 오명을 지니고 있기도 합니다. 저는 오래전 퍼트남을 잠깐 동안이지만 심하게 미워한 적이 있었습니다. 바로 '선험적 진리가 존재하는가'에 대한 논문을 쓸 때였습니다. 퍼트남은 이와 관련해서 아주 중요한 철학자라 그의 논문들을 몇 편 찾아내 읽어야만 했는데, 한 논문에서 그는 선험적 진리가 존재하지 않는다고 단언했다가, 바로 다시 최소 한 개는 존재한다고 했다가, 그 다음 논문에서는 앞의 입장을 정정하고, 그런 것은 존재하지 않는다고 말을 바꾸었습니다. 하지만 그런 번복은 모두 정교하고 치밀한 논증들로 이루어져 있었기에, 저는 그때 솔직히 짜증이 나는 한편, 내심 놀라고 숙연해지지 않을 수 없었습니다. 퍼트남은 과거에 자신을 지칭했던 '흔들리는 철학자'라는 비평에 대해, '흔들리지만 잘 넘어지지 않는 탁자'라는 자기 이미지를 내세우기도 했는데요, 저는 그를 전환(변신)의 마술사, 아니 언제나 양 극단 사이에 균형을 잡고 있는 '줄타기 곡예사'로 부르고 싶습니다. 이분법을 넘어서는 제3의 길에 대한 모색이 그의 철학적 기여라고 할 수 있습니다.

이번 글에서 저는 다방면에 걸친 퍼트남의 관심사와 이론들 중에서 가장 유명한 주장 몇 가지만을 소개하려고 합니다. 퍼트남은 과학철학, 수리철학, 심리철학, 언어철학에서 일가를 이루었고 수학자인 동시에 컴퓨터과학자이기도 합니다. 그는 논리실증주의자인 라이헨바하Hans Reichenbach(1891~1953)와 탈실증주의자인 콰인의 영향을 받았고, 촘스키와 오래 교유했으며 또 미국의 실용주의 전통과 유대교의 영향 아래 있습니다. 마치 로마라는 호수로 그 이전의 역사와 문화와 사상이 흘러 들어갔듯이, 퍼트남 안에는 여러 가지 사상적 프레임이 예컨대 칸트의 철학과 듀이John Dewey(1859~1952)의 사상이 혼재되어 있으며 절충점도 모색되고 있습니다.

제3의 입장: 내재적 실재론

과거에 과학적 실재론자였던 퍼트남은《이성, 진리, 역사》(1981; 국역본은 김효명 옮김, 민음사, 2002)에서 그 입장을 철회합니다. 그는 진리와 이성에 관한 논의에 있어서 '객관주의와 상대주의의 이분법'

을 극복하기 위한 절충안을 모색하고, 그것을 '내재적 실재론'이라고 명명합니다. 그 입장은 "마음과 세계가 공동으로 마음과 세계를 구성한다"라는 유명한 명제로 대변됩니다.

객관주의는 명제들이 우리와 독립적으로 존재하는 실재에 의거해 참, 거짓이 된다는 믿음, 즉 객관적 진리치에 대한 믿음입니다. 이 객관주의는 그러므로 '형이상학적 실재론', 즉 대상과 사물들이 우리의 인식 밖에 독립적으로 존재한다는 가정에 근거합니다. 반면 상대주의는 구성적 인식론의 입장에서 (반드시는 아니지만) 등장하기 쉬운 입장입니다. 마음이 세계를 구성하고, 그렇게 구성된 여러 세계가 존재한다는 입장을 취하면, 어떤 특정 이론 체계나 명제가 절대적으로 옳을 수 없습니다. 즉 진리는 상대적인 것이 됩니다. 이 상대주의의 입장은 그러므로 구성주의 또는 '반실재론'에 근거합니다.

퍼트남은 형이상학적 실재론과 상대주의를 넘어서는 제3의 입장으로 내재적 실재론이라는 교묘한 절충안을 고안해냈습니다. 여기서 퍼트남의 공격은 주로 형이상학적 실재론을 향해 있습니다. 그 관점에 의하면, 세계는 우리의 인식과 독립된 모종의 고정된 전체로 구성되어 있고, 또 '세계가 실제로 존재하는 방식'에도 정확히 딱 하나의 참되고 완전한 기술이 있기에 비판의 대상이 됩니다. 진리가 단어 또는 사고 기호들과 (우리의 정신에) 외적으로 존재하는 사물들 사이에 성립하는 모종의 대응관계를 포함한다는 실재론의 관점을 퍼트남은 '외재적 관점'이라고 부르며, 그것이야말로 '신적 관점'을 추구하는 것이 아니겠냐고 비판하지요. 그것은 우리 인간에게 가능한 관점이 아니라는 지적입니다.

또한 퍼트남은 형이상학적 실재론이 지지하는 진리 개념은 대응설이고 그 대응설의 대응 개념은 정합적인 설명이 불가능한 마술적인 지칭 능력을 우리 마음에 부과하고 있다는 비판도 하는데요, 이것은 이해하기 쉽지 않을 것 같아 간단히 넘어가려 합니다. 퍼트남의 비판의 핵심은, 형이상학적 실재론이 (또 그 진리론과 연관된 지칭 개념이), 우리의 인식 한계를 넘어선 어떤 것에 대한 인식 가능성을 가정한다는 것입니다. 우리의 한계를 넘어선 지점에 어떤 실재를 가정하고 있고, 그것들과의 대응이라는 개념도 증명될 수 없는 이론적 가정에 불과하다는 의미입니다.

퍼트남은 형이상학적 실재론을 비판하는 중에도 동시에 마술적 지시론을 비판하기 위해, '통 속의 두뇌'라는 사고실험을 제시한 것으로 유명합니다. 이 사고실험은 보통 회의론을 논박하기 위한 논증으로 평가되기도 합니다. 왜냐하면 그 논증 자체가 데카르트René Descartes(1596~1650)의 유명한 '악마의 가설'*의 과학자 버전이기 때문입니다. 만일 어떤 사람이 사악한 과학자에 의해 수술을 받은 후에 두뇌가 육체에서 분리되어 배양액이 가득 찬 통 속에 옮겨지고, 또 신경조직은 그대로 초과학적 컴퓨터에 연결되어 있다고 가정해보세요. 그러면 그 컴퓨터는 그 사람에게 완벽히 정상적으로 보이는 환각을 일으킬 것입니다. 하지만 그가 경험하는 모든 것은 컴퓨터로부터 신경세포로 이어지는 전기 자극의 결과입니다. 이 사고실험은 우리가 보는 세상이 진짜 실재가 아닐 가능성을 상정하는 장치를 구성해 보여줍니다.

* **악마의 가설**
우리가 진짜라고 믿는 현실세계가 어쩌면 모두 악마의 속임수일 수도 있다는 의심을 의미한다.

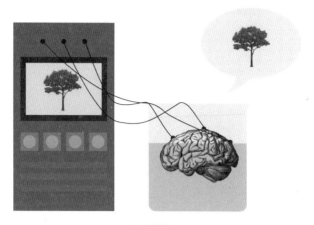

통 속의 뇌

하지만 이러한 사고실험의 틀 안에서, 정말 우리가 통 속에 들어있는 두뇌라면, 그와 같은 사실을 우리가 말하거나 생각할 수 있을까요? 퍼트남은 그렇지 않다고 말합니다. 우리가 "우리는 모두 통 속의 두뇌다"라고 말할 수 없다는 것이지요. 통 속의 두뇌들은 우리처럼 발언할 수 있지만, 그들은 지시할 수 없는 부분이 있습니다. 그 뇌가 '내 앞에 한 그루의 나무가 있다'라고 생각할 때, 그것은 실제의 나무, 외적 대상을 지시하지 않습니다. 통 속의 언어에서 '통'과 '나무'는 실재의 사물들과 아무런 인과관계를 갖지 않으며, 이미지 속의 통과 나무일 뿐이기 때문입니다. 그러니까 만일 우리가 실제로 통 속의 두뇌라면, 우리가 '우리는 통 속의 두뇌다'라고 말할 때, 이 말이 의미하는 바는 우리가 이미지 속의 통에 들어 있는 두뇌라는 것뿐입니다.

이 '통 속의 두뇌' 사고실험은 악마의 가설을 반박하는, 즉 눈앞에 존재하는 듯 보이는 실재가 사실은 악마나 사악한 과학자가 조작한 것일 가능성을 부인하는 논증, 즉 전적인total 회의론을 비판하는 논증으로 생각할 수도 있습니다. 회의론 중 '외부세계의 실재를 의심하는 회의론'이 자기반박적임을 지적하는 논변으로 이해될 수 있으니까요. 하지만 그보다 더 중요한 것은 퍼트남 자신이 설정한 그 사고실험 속에서 퍼트남은 '인과적 지시론'을 지지하고, 그럼으로써 우리의 인식 능력을 넘어서 존재하는 대상과의 대응이라는 일종의 '마술적인 지시론'을 부정했다는 점입니다. 이것이 바로 형이상학적 실재론의 지칭 개념입니다. 결국 이 사고실험은 퍼트남에게 형이상학적 실재론 비판을 위한 장치이며, 외재주의에서 내재주의로 나가기 위한 포석이었던 것입니다.

퍼트남의 형이상학적 실재론 비판의 의의는 다음 세 가지로 정리할 수 있습니다.

① 신적 관점, 즉 세계에 대한 단일하고 완전한 기술에 대한 거부. 진리에 대한 다원적 이론을 제시하는 포석.
② 대응 개념의 새로운 수용. 언어와 '세계 자체'의 대응은 부정. 언어와 우리 개념 체계에 이미 주어진 대상 사이의 대응 개념 유지.
③ 모든 인식 내용은 어떤 특정 개념 체계 안에서만 적절한 의미를 갖는다는 내재주의.

퍼트남이 형이상학적 실재론을 비판하였지만, 그렇다고 칸트식의 구성주의 인식론을 수용한 후 그것을 극단으로 몰고 갈 때 도달하기 쉬운 상대론에 동조하는 것은 아닙니다. 물론 칸트는 상대론자가 아닙니다. 상대주의는 구성주의에 입각하고 또 다원론을 내세울 때 귀결되는 입장입니다. 구성된 복수의 이론 체계들 중, 어떤 특정한 이론 체계가 절대적으로 옳을 수는 없다는 입장이 인식론적 상대주의이기 때문입니다. 이것은 쿤, 파이어아벤트 Paul Feyerabend(1924~1994), 푸코Michel Foucault(1926~1984)의 입장이기도 합니다.

퍼트남은 자신이 진리와 합리성의 객관성을 부정하지만, 그렇다고 '아무래도 좋다'는 입장을 취하지는 않는다고 말합니다. 그 입장은 '무엇이든 된다', 즉 영어로는 그 유명한 구절 "Anything goes"의 입장입니다. 또한 이런 입장은 자가당착적이며 비정합적이고 위험하기까지 하다고 퍼트남은 비판했습니다. 지식이 내적 정합성 이외에는 아무런 제약도 갖지 않는다고 절대 말할 수 없기 때문입니다. 우리 지식에는 외적인 것, 즉 '경험적인 입력'이라는 것이 분명 존재한다는 의미입니다. 퍼트남은 "통상적인 상황에서 사람들의 진술을 보증해주거나 그렇게 못하게 하는 사실이 대체로 존재하고" 또 "진술의 보증 여부는 문화적 동료들의 대다수가 그 보증 여부에 관해 말하는 것에 의존되지 않는다"라고 말함으로써 상대주의와 선을 분명히 긋습니다.

퍼트남의 오묘한 입장은 결국 형이상학적 실재론과 반실재론(외부세계 회의론) 또 객관주의와 상대주의를 모두 지양한 것이라고 볼 수 있습니다. 퍼트남은 개념에 오염되지 않은 세계를 부정하며, 그런 세계에 대해서는 반실재론의 입장을 취합니다. 하지만 우리의 개념 체계 안에 들어와 있는 세계를 볼 때 그는 실재론자입니다. 이 내재적 실재론은 절충적인 입장이기에, 분명 한계가 있습니다.

퍼트남은 1980년대 초반에 이르렀던 이 입장에 한동안 안정적으로 머물렀지만, 점차 실용주의로 옮겨가면서 그 기본 구도를 수정합니다.

사실과 가치의 이분법을 넘어서

퍼트남의 최근 중요한 철학적 공헌 중 또 다른 하나로 전통적인 사실-가치 이분법을 비판했다는 점을 들 수 있습니다. 서양철학에서 '사실(존재)'와 '가치(당위)'는 확연하게 다른 것으로 여겨져 왔습니다. 먼저 사실에 대해 보면, 과학에서 이 '객관적인' 사실의 영역을 다룹니다. 사실이나 존재에 관한 진술은 자연세계에서 경험, 즉 실험과 관찰을 통해 그 참과 거짓을 확인할 수 있는 것입니다. 사실에 대한 명제는 경험적으로 유의미합니다. 반면 '가치'에 대해 말하자면, 윤리가 이 '주관적인' 가치의 영역을 다루지요. 가치나 당위에 대한 진술은 참, 거짓일 수도 없고 감정이나 태도의 표현에 지나지 않다고 여겨졌습니다.

18세기의 경험론 철학자 흄David Hume(1711~1776)은 "사실is에서 어떻게 당위ought를 이끌어낼 수 있겠는가?"라는 문제를 제기한 바 있습니다. 흄 이래로, 가치와 사실의 이분법이 받아들여졌습니다. '가치'라는 비자연적 속성을 '사실'이라는 자연적 속성으로 환원하여 정의하려는 작업은 '자연주의 오류'로 명명되고, 따라서 우리가 학문적인 논의에서 피해야 할 실수로 여겨졌습니다. 흄 자신은 '사실'에서 '당위'를 추론할 수 없다는 주장을 어떤 형식적 추론의 원리에 관한 것으로 이해하지는 않은 것으로 보입니다. 오히려 흄은, '사실의 문제'와 '관념들의 관계' 사이의 형이상학적 이분법을 가정했습니다. 흄이 생각했던 바는, 하나의 '사실'판단이 '사실의 문제'를 기술할 때, 어떤 '당위'판단도 그것에서 추론될 수 없다는 것이었습니다. 이 '사실의 문제'라는 흄의 형이상학은, 사실에서 당위를 추론할 수 없다는 주장의 근거를 이루고 있습니다.

퍼트남의 해석에 의하면, 흄은 단순히 사실에서 당위를 이끌어 낼 수 없다고만 말하고 있는 것이 아닙니다. 흄은 좀 더 넓게, 옳음에 관하여 '사실의 문제'가 존재하지 않고 덕에 관해서도 사실의 문제가 존재하지 않는다고 주장하는 것입니다. 그 이유는, 만일 옳고 그름 또 덕과 악덕에 관한 사실의 문제가 존재한다면 그 옳음이나 덕의 속성은 사과라는 존재의 속성을 그릴 수 있는 것처럼 그려질 수 있어야 하기 때문입니다.

물론 퍼트남이 윤리적인 판단과 다른 종류의 판단 사이의 어떤 유용한 구분마저 부정하는 것은 아닙니다. 어떤 맥락 안에서 어떤 구분은 유용할 수 있고, 그런 구분은 있어야 합니다. 예를 들어 화학적인 판단과 화학 영역 밖의 판단 사이에는 구분이 있어야 합니다. 그런 구분은 적절한 맥락에서는 유용하다는 게 명백한 사실입니다. 그렇지만 사실과 가치의 구분으로부터 어떤 형이상학적인 것, 이분법이 따라 나오지는 않는다는 점이 퍼트남의 주장입니다. 사실/가치의 이분법은 흄 이후에 하나의 논제 구실을 했습니다. 즉 '윤리학'은 사실 문제에 관한 것이 아니고 따라서 합리적 논의 즉 학문적 주제가 될 수 없다는 논제입니다.

카르나프Rudolf Carnap(1891~1970)를 대표로 하는 논리실증주의자들은 윤리학을 철학에서 배제하려고 애썼습니다. 흄은 철학자들이 도덕에 관한 책을 쓰는 것을 막을 의도가 없었던 반면, 논리실증주의자들은 명백히 윤리학을 '무의미'한 것으로서 규정하고 지식의 영역에서 축출하려는 의도가 있었습니다. 하지만 이후 그들은 사실이라는 개념을 수정하는 과정에서, 그들이 사실/가치의 이분법을 건설했던 그 기반 자체를 스스로 무너뜨리지 않을 수 없게 됩니다. 비엔나학파의 초기 견해는, '사실'이 순수한 관찰 또는 감각 경험의 순수한 관찰을 통해 입증될 수 있어야 한다는 것이었습니다. 하지만 과학언어의 '사실' 부분으로 인정되는 술어들이 모두 '관찰 용어'이거나 그것으로 환원될 수 있어야 한다는 그들의 주장은 계속 유지될 수 없었지요. 전자나 중력장과 같은 존재를 지시하는 술어를 포함하는 진술들 때문이었습니다. 이 관찰과 이론의 이분법은 또 다른 부분의 어려운 문제이지만, 우리의 문제, 즉 사실/가치 이분법과 연관이 되어 있어서 언급하지 않을 수 없습니다.

이제 다시 사실과 가치의 이분법에 대한 퍼트남의 주장을 따라가 봅시다. 일상적인 예를 들어볼게요. 어떤 역사가가 어떤 로마 황제를 '잔인하다'라고 기술했다고 합시다. 그 역사가에 대해 (이분법을 신봉하는) 어떤 사람은 "그것은 가치판단입니까, 기술(사실판단)입니까?"라고 물을 수 있을 것입니다. 만일 그 역사가가 "기술입니다"라고 대답한다면, 그 사람은 다시 다음과 같이 물을 수 있습니다. "'잔인한'이란 말이 어떤 '관찰 가능한' 성향이나 속성에 대한 기술인가? 아니면 어떤 '이론적인 용어'인가, 즉 어떤 가정들에 입각하여 도입된 술어인가?"라고요. 하지만 생각해봅시다. 우리가 누군가를 잔인하다거나 신경질적이라 기술한다면, 그때마다 우리는 어떤 이론에 동의하는 것인가요? 잔인하거나 신경질적인 사람은 어떤 두뇌 상태에 있고, 그렇지 않은 사람은 누구도 그 두뇌 상태에 있지 않은, 어떤 과학적 가설에 우리가 동의하게 되는 것인가요? 앞의 역사가에 대해 질문을 하고 추궁을 하는 사람은 관찰/이론의 이분법을 마치 프로크루스테스의 침대*처럼 사용하려고 한다는 것이 퍼트남이 비판하는 핵심입니다. 마찬가지로 논리실증주의적인 사실/가치의 이분법도 '사실'이 무엇일 수 있는지에 대한 편협한 구도에 근거한 것이라고 비판합니다.

퍼트남을 따라서 우리는 이제, 경험주의자와 이후 논리실증주의자들이 가졌던 '사실'의 개념이 애초에 지나치게 편협한 것이었다는 점에 동의할 수 있습니다. 그런데 문제는 이에 그치지 않습니다. 많은 철학자들이 사실적 진술과 평가가 얽힐 수 있고, 또 얽혀 있어야만 하는 방식을 인식하지 못했다는 것이 더 심각하다고 퍼트남은 진단합니다. 그렇다면 사실과 가치는 어떤 방식으로 얽혀 있을까요? 가치와 사실의 '얽힘'에 대해 퍼트남은《사실과 가치의 이분법을 넘어서》(노양진 옮김, 서광사, 2010)에서 '잔인한'이라

* **프로크루스테스의 침대**

그리스신화에 나오는 프로크루스테스라는 인물에 관한 신화를 말한다. 프로크루스테스는 그리스 아티카의 강도로 아테네 교외의 언덕에 집을 짓고 살면서 강도질을 했다. 그의 집에는 철로 만든 침대가 있었는데, 지나가는 행인을 붙잡아 그 침대에 눕히고는 행인의 키가 침대보다 크면 그만큼 잘라냈고, 침대보다 작으면 사지를 늘려서 죽였다고 한다. 그 침대에는 길이를 조절하는 숨은 장치가 있어서 어느 누구도 침대에 맞을 수 없었고, 그래서 그 침대에 누우면 살아남을 수 없었다고 한다. 흔히 자신의 생각에 맞추어 상대방의 생각을 바꾸고 교정하려는 태도를 이야기할 때 비유적으로 쓰인다.

는 술어의 용례를 통해 자세히 설명하고 있습니다.

대부분의 사람들은 '잔인한'을 명백히 규범적인, 그리고 사실상 윤리적인 용법으로 쓴다고 퍼트남은 지적합니다. 그가 든 예는 다음과 같습니다. 누가 나에게 내 아이의 선생님이 어떤 사람인가 물었을 때, "그는 매우 잔인하다"라고 말했다면 나는 그를 교사로서 비판하는 동시에 인간으로서도 비판하는 것입니다. 거기에 "그는 좋은 교사가 아니다" 또는 "그는 좋은 사람이 아니다"라고 덧붙일 필요가 없다는 것이죠. 그러므로 "그는 매우 잔인한 사람이면서 좋은 교사다" 또는 "그는 매우 잔인한 교사이면서 좋은 사람이다"라고 말하면 사람들은 나를 이해할 수 없게 됩니다.

그렇지만 동일한 이 '잔인한'이란 단어가 앞에서 든 역사가의 경우처럼 달리 사용될 수 있지 않을까요? 그 역사가가 어떤 군주에 대해 이례적으로 잔인했다고 서술하거나 그 체제의 잔인성이 많은 폭동을 불러일으켰다고 서술하는 경우처럼, 그 단어는 순수하게 기술적으로도 사용될 수 있겠지요. 그러니까 '잔인한'이란 술어는 사실/가치 이분법을 거부하면서 때로는 규범적 목적으로, 때로는 기술적 개념으로 자유롭게 사용될 수 있다는 것입니다. '잔인한'이나 '무례한'과 같은 개념들은 '두터운thick 윤리적 개념'이라고 불리며, '좋음', '의무', '옳음'과 그 대립어인 '나쁨', '금지', '악덕' 등은 '엷은thin 윤리적 개념'이라고 불립니다. 우리가 사용하는 '두꺼운 개념'이 바로 가치와 사실의 얽힌 사태를 보여줍니다. '무자비한'이란 단어도 규범적이고 윤리적으로 또 순수하게 서술적으로도 사용될 수 있습니다. 또 '악독한', '우아한', '무례한', '서툰', '저속한' 등도 마찬가지입니다.

퍼트남은 편의상 사실과 가치를 구분할 수는 있지만 엄밀하게 이분할 수는 없다고 주장한다고 요약할 수 있습니다. 세계에 대한 개념들 대부분은 서술적 요소와 평가적 요소를 모두 지닙니다. 또 그 경계는 넓고 상당히 흐릿합니다. 사실/가치의 이분법의 지지자들이 옹호하는 입장들은 비인지주의나 상대주의의 변형입니다. 그러나 일단 우리가 퍼트남을 따라 사실과 가치의 '얽힘'을 인정한다면 그런 입장은 유지될 수 없고 무너지고 맙니다. 진리, 정당성, 객관성 등의 인식적 가치도 가치라는 점을 퍼트남은 일깨워주었습니다. 즉 그는 객관성을 기술 내지는 서술과 동일시하지는 말아야 한다고 말합니다. 어떤 것은 참이라고 할 수 있는 진술이면서도, 특정 맥락에서는 기술이나 서술이 아니라 적절한 평가를 담고 있을 수 있습니다. 우리의 언어는 세계를 기술하고 서술하기만 할 뿐 아니라, 수많은 종류의 가치를 가지고 세계를 평가하는 데 쓰입니다. 사실과 가치가 얽혀 있다는 것을, 또 사실에 관한 지식은 가치에 관한 지식을 가정한다는 것을 깨달아야 합니다. 이때에 우리는 비로소 좁은 과학적 세계관에서 벗어날 수 있다는 것을 퍼트남이 우리에게 깨우쳐주고 있습니다. 이제 자연스럽게 우리의 논의는 사실/가치의 이분법에 대한 비판에서, 편협한 과학적 세계관의 문제로 넘어가게 되겠군요.

과학주의를 넘어서

과학주의scientism는 과학맹신주의, 과학만능주의라고도 일컬어집니다. 과학주의는 과학이 우리 시대의 가장 강력하고 지배적인 신화가 된 시점, 즉 18세기 후반에서 20세기 초에 산업혁명이 일어나고 그 후 과학과 과학자의 위상이 확고해진 시대를 배경으로 등장했다고 할 수 있습니다. 과학이 우리의 문화 일반에서 점점 엄청난 특권을 차지하고 대신에 종교, 절대윤리, 초월적 형이상학은 점차로 그 세력을 잃어감을 우리는 목격하고 있습니다.

과학의 특별한 위상과 관련해 그 배경을 좀 더 생각해봅시다. 첫째로 사람들은 종교, 윤리, 형이상학 등에서는 결말도 해결도 없는 논쟁들이 벌어지는 것을 볼 수 있다고 생각했던 반면, 과학에서는 그런 것을 볼 수 없다고 여겨졌습니다. 이것을 소위 과학적 지식의 객관적 특성이라고 말할 수 있을 테지요. 다른 지식과는 상이한 과학의 성장 방식이나 과학적 지식의 객관성이 주목을 받게 된 것입니다. 둘째로 과학은 도구적으로 엄청난 성공을 거두지 않았습니까. 산업혁명, 전자혁명, 유전공학, 현대의 디지털시대의 도래에 이르기까지 우리는 끝없는 기술적 혁명들의 연속 속에 살고 그 성취의 혜택을 흠뻑 누리고 있습니다. 크게 이런 두 가지 사실들에 기인해서, 과학이 문화 일반에서 높은 위치를 차지하게 되었던 것입니다.

하지만 과학의 기술적 성공에 대한 경외심에서 비롯한 과학의 높은 위상은, 이제 우리가 과학이라고 부를 수 있는 영역 밖에서는 지식과 이성의 가능성조차 인정할 수 없을 정도로까지, 과학의 성공에 최면화된 철학적 경향을 출현하도록 만들었던 것입니다. 이 경향이 바로, 과학적 합리성만을 유일한 합리성으로 간주하는 철학, 즉 과학주의입니다. 맨처음의 과학주의는 '정신과학의 뉴턴'이 되고자 한 18세기 계몽운동가들의 열망이 표현된 것이라 할 수 있고, 그 다음 꽁트Isidore Marie Auguste François Xavier Comte(1798~1857)의 실증주의 철학, 그 다음 20세기 초반의 논리적 경험주의도 모두 과학주의의 형태들이라고 볼 수 있습니다. 논리적 경험주의자들에게 이성은 과학과 동연적이어야 했고, 과학 이외에 다른 어떤 것도 그 자리에 올 수 없었습니다.

과학주의는 여러 가지 모습으로 나타나지만 퍼트남이 주장하는 바에 따르면, 대체로 두 가지 명제로 표현 가능합니다.

① 과학 그리고 오직 과학만이 세계를 조망(관점)과 무관하게 그 자체로 존재하는 것으로서 기술한다.
② 형이상학적 문제들에 대한 과학적 해결책의 윤곽을 그리는 일이 철학에 남겨진 과제의 전부다.

명제 ①은 위대한 과학과 과학자에 대한 이미지를 내포하고 있습니다. 과학만이 객관적이고 합리적인 유일한 지식 체계라는 인정입니다. 명제 ②는 논리실증주의자 중 라이헨바하가 표방한 '과학적 철학'의 이념에 의해 가장 잘 드러나고 있다고 저는 생각합니다. 라이헨바하에 의하면 새로운 과학이라는 토양에서 새로운 철학이 싹트고, 곧 철학은 과학적 탐구의 부산물로 시작됩니다. 사변철학과 달리 새로운 과학철학은, 사실상 과학자들이 철학적 물음에 대해 발견한 답이거나, 그 답에 대한 철학자들의 해설에 불과하게 됩니다.

현대철학, 분석철학 내부의 철학자 중에도 과학주의에 경도된 사람이 많습니다. 예컨대 콰인과 같은 철학자는 말년에 철학이 '심리학의 한 장chapter'이 될 것이라고, 즉 철학은 자연과학에 연속적이라고 주장한 바 있습니다. 이 주장은 인식론을 자연화시켜야 한다는 주장으로서, '인식론적 자연주의'라고 불립니다. 일찍이 비트겐슈타인이 철학은 과학의 옆이 아니라 위나 아래에 있다고 말한 바에 따라, '2차 학문'으로서 정체성을 확립한 분석철학의 이념에 비추어 볼 때, 콰인의 이러한 주장은 놀랍다고 하지 않을 수 없습니다.

퍼트남은 이러한 과학주의를 비판하였습니다. 과학이 제공하는 유용한 지식을 철학이 필요로 하지만, 철학적 물음과 과학적 물음은 실제로 다르다는 이유에서였지요. 그래서 퍼트남은 인공지능 프로젝트를 비판합니다. 이것은 인간에 대한 과학주의적 유물론의 사례라는 것입니다. 과학적 유물론은 인간에 대한 해석 및 모든 여타 과학이 궁극적으로 물리학으로 환원되거나 또는 적어도 물리적 세계상에 의거해 통일된다는 견해를 보인 것이죠. 퍼트남은 이에 대한 대표적인 예로 인공지능 프로젝트와 진화론적 지칭 이론 등을 듭니다. 이것이 잘못된 것은 인간의 언어와 사고, 정신을 물질로 환원하려는 사고방식 때문이라는 것이죠.

또한 퍼트남은 신경과학에 의거해 심리를 유물론적으로 설명하려는 입장도 비판합니다. 이것은 심리 상태와 감정, 의도에 대한 우리의 일상적인 이야기, 즉 통속 심리학을 잘못된 것으로 간주하는 입장으로 '제거적 유물론'이라 불립니다. 신경과학이 완전히 발달된다면, 자유의지나 신념, 감정, 욕망처럼 애매한 범주를 사용하는 통속 심리학에 의존하지 않고도 인간의 모든 행동을 예측하게 될지 모릅니다. 통속 심리학이 정확한 기술도 아니고, 이유나 정신 상태를 이용해 우리의 행위를 설명하려고 시도한다는 점에서, 그 설명은 물리학의 설명에 비해 정확하지도 양화되지도 않습니다. 또한 이런 통속 심리학적 설명은 신경생리학의 용어로 엄격히 번역되지 않는다는 점에서 오류라고 제거적 유물론자들은 주장했습니다.

하지만 제거적 유물론자의 그런 입장은 설득력이 없는 주장입니다. 우리의 모든 신체적인 행위를 예측하고 설명하는 신경과학은 아직 존재하지 않습니다. 물리적 상태에 의한 의식의 설명이 어떠한가도 명백하지 않고, 물질과 경험 사이에 존재하는 간극이 어떻게 메워질 수 있는가도 불분명합니다. 그러므로 퍼트남이 지적했듯이 제거적 유물론은 철학적 형이상학의 한 부분에 지나지 않습니다. 그런데도 이 형이상학적 사변을, 인간에 대한 유일한 참된 과학적 접근 방법으로 간주하려는 경향이 널리 퍼져 있는 것이 지금의 현실입니다. 이에 반대하는 퍼트남과 같은 사람을 반계몽주의적 반동자로 본다면, 이런 시각이야말로 과학주의의 한 모습이라 하지 않을 수 없을 것입니다.

과학주의는 과학의 신화화라고도 할 수 있는데, 이는 과학의 방법만이 우리에게 모든 현상에 대한 완전한 설명을 제공할 수 있다고 믿는 신념입니다. 하지만 과학 이론들이 안고 있는 한계를 고찰한다면, 과학주의와 과학맹신주의는 비반성적인 주장임을 우리는 알 수 있습니다. 그렇다고 근대 이래 과학의 성취와 위업, 그리고 우리에게 준 그 혜택을 폄하하려는 것은 아닙니다. 그럴 필요도 그럴 수도 없습니다. 다만 우리는 제대로 실행되어야 할 과학, 올바른 과학적 실천을 맹목적인 과학만능주의와 구별해야 한다고 말할 뿐입니다. 이런 주장의 선봉에 철학자 퍼트남이 서 있습니다.

퍼트남은 과학주의가 살아 있는 인간의 경험을 격하시킨다고 말합니다. 과학주의는 우리가 장구한 기간에 걸쳐 발전시켜 온 가치와 의미 체계를 말살하려는 경향을 드러냅니다. 그런 경향을 가진 꽁트적 진보주의, 과학주의의 위험성을 퍼트남이 지적했던 것이지요. 방법론적 환원주의나 유물론과 같은 과학주의를 버린다 해도 과학적 실천은 여전히 별개로 잘 유지될 수 있습니다. 퍼트남이 지적한 대로, 과학주의를 과학과 떼어내어 명확히 구별할 수 있느냐의 여부에 우리 문화의 건전함과 성숙함이 달려 있다고 해도 과언이 아닐 것입니다.

철학에 있어서의 과학주의에 대한 비판은 퍼트남이 제안하는 새로운 철학으로 우리를 자연스럽게 인도합니다. 과학주의 아래에서 철학 영역은 크게 축소되었습니다. 아니, 철학은 진화론이나 심리학 또 물리학의 설명 체계에 의해 '대체'될 대상이라고 여길 수 있습니다. 과학주의자가 말하는 과학적 철학이란 사실상 철학의 제거를 의미한다고 해석할 수 있기 때문입니다. 그렇다면 철학적 문제라고 우리가 생각했던 많은 것들에 대한 답은 실은 경험과학에 의해 마련되어야 할 것입니다. 이에 대해 퍼트남은 과학주의를 넘어서서 철학의 쇄신을 주장합니다.

철학의 쇄신: 일상성과 소통의 철학

퍼트남은 영미의 '분석철학'에 대해서는 그 과학주의적 맹신을 비판하고, 유럽의 '해체론'에 대해서는 그 과장과 무책임을 비판하는 철학자로 알려져 있습니다. 분석철학 내부의 물리주의와 자연주의 같은 유물론적 경향을 비판하는 동시에 유럽의 상대주의적 경향을 모두 비판하기 때문입니다. 그런 비판을 하는 까닭은 퍼트남이 새로운 철학의 모습을 조명하기 위해서입니다.

퍼트남은 철학이 두 종류의 환상에서 벗어나야 한다고 주장합니다. 하나는 철학이 과학적이 되려는 환상, 즉 유사 과학의 환상입니다. 다른 하나는 어리석게도 형이상학적인 유사 정치학이 되려는 환상입니다. 퍼트남이 사실상 철학의 제거를 의미하는 과학적 철학, 과학주의를 비판한 이유는 바로 앞에서 이야기한 바와 같습니다. 퍼트남은 이제 어떻게 한 철학자가 과학주의자가 되지 않고도, 또한 무책임한 형이상학자가 되지 않고도, 다양한 삶의 양식들을 다르게 바라보도록 우리를 이끌 수 있는지를 본격적으로 보여주고자 합니다.

이런 비전을 갖게 된 데에는 실용주의자인 듀이와 비트겐슈타인에게로의 회귀가 결정적인 영향을 줬다고 할 수 있습니다. 듀이와 비트겐슈타인이 공통으로 강조한 것은, 전통적인 철학적 탐구가 빠져들었던 사변의 늪으로부터의 해방이라고 할 수 있습니다. 실용주의 사상 속에는 반회의주의, 오류 가능주의, 사실／가치 이분법에 대한 거부, 철학에서의 실천의 우선성에 대한 강조가 포함되어 있습니다. 듀이의 관점에 의하면 철학은 모든 것을 설명하려는 궁극적 이론을 찾으려는 철학적인 열망을 포기해야 합니다. 대신 우리 인간이 어떻게 과학, 윤리학, 정치학, 교육 등 여러 분야에서 실제로 직면하는 다양한 종류의 문제 상황을 해결할 수 있는가를 탐구하는 작업으로 전환해야 합니다. 듀이에 의하면 이런 문제 상황에 대한 해결책은 늘 잠정적이고 오류 가능성을 갖고 있습니다. 듀이의 실용주의는 다원주의적이고 오류 가능주의면서 반회의론적 시각을 포함하고 있습니다. 퍼트남은 이 입장이 전통철학이 갖고 있는 문제들을 드러내고 전통적인 사고방식을 치유하며, 나아가 새로운 사유방식을 제시하고 있기에 대안적인 사유가 될 수 있다고 믿었습니다. 하지만 퍼트남이 듀이의 실용주의로 근본적인 전환을 하기에는, 그의 이성주의자의 면모와 칸트적인 프레임이 약간 장애가 된다는 비판도 있습니다.

또 퍼트남은 회의론에 대한 비트겐슈타인의 대처 방식에 주목했습니다. 여기에 있어서 퍼트남은, 비트겐슈타인을 계승하는 캐블Stanley Louis Cavell(1926~)에 대해 전적으로 동조합니다. 후기 비트겐슈타인에 관심을 갖고 해석하는 철학자들이 최근 수십 년간 계속 등장했는데 여기에는 퍼트남, 캐블, 로티 등이 해당됩니다. 로티는 후기 비트겐슈타인의 사상을 철학이 끝났음을 말하는 목소리로 즉, 철학의 종언으로 읽었습니다. 하지만 퍼트남과 캐블의 생각은 다릅니다.

퍼트남이 주목하는 캐블은 비트겐슈타인의 철학을 넓은 의미의 '회의론 물음'이라는 구도상에서 재해석하는 철학자입니다. 과학주의 편향을 보였던 분석철학 내에서 과학이 아닌 철학함을 보여준 점에서 캐블은 아주 독특합니다. 그뿐만 아니라 캐블은 인간의 유한성과 관련된 넓은 담론의 세계로 우리를 초대합니다. 캐블에 의하면 외부세계와 또 타인의 마음에 대한 회의론은 그것들의 존재에 대해서 의심할 수 없는 지식을 요구하는데, 그것은 인간의 유한성 탈피라는 소망이 담긴 '앎에의 요구'입니다.

캐블의 주장에 따르면 회의론이 암시하는 것은, 세계가 존재하는 것을 우리가 알 수 없기 때문에 우리에 대한 세계의 현존은 '앎의 함수'일 수 없다는 사실입니다. 세계는 그냥 '수용되어야' 하고, 타인의 마음의 현존은 알려질 수 없지만 '인정되어야' 한다는 것입니다. 근대의 데카르트는 우리가 보고 듣고 믿는 모든 것이 꿈이 아닐까 의심한 바 있습니다. 하지만 캐블에 의하면 회의론은 우리가 꿈을 꾸는 것이 아니라는 확신을 가질 수 있는지 묻는 것이 아니라, 어떤 유의 존재가 그런 물음을 제기할 수 있는지 묻는 것으로 볼 수 있습니다. 회의하려는 충동은 인간성의 조건을 보여 줍니다. 의심하고 회의하는 것은 유한성 탈피라는 환상의 불가피한 부수물로서, 그것을 낳는 게 인간의 본질적 충동이라는 것입니다. 그러므로 회의론이 인간 조건에 대한 진실을 드러내지만, 이 회의론을 단지 지적인 난제로 간주하고 그것을 철학적으로 논박하려고 대응하는 것은 잘못이라고 지적합니다.

일찍이 논리실증주의자들의 전략은 도덕적 지식을 부정하고, 감각 자료 이외의 사물의 존재에 대한 지식을 부정하는 것이었는데 이는 실상, 회의론의 주장 대부분이 옳음을 시인한 셈입니다. 그런데 퍼트남은 그 이유가 최소 종류의 '과학적 지식'에 대한 주장을 감춰두고 보호하려는 희망이 있었기 때문이라고 봅니다. 그래서 퍼트남은 위와 같은 캐블의 비트겐슈타인 해석과 회의론, 철학에 관한 생각들에 동조하면서, 철학자들에게 '앎'에서 '삶'의 세계로 관심을 전환할 것을 강력히 촉구합니다. 세계가 알려지는 방식에 관한 근대 이래의 회의론적 관심에서, 세계를 살아가는 방식에 대한 관심으로 전환한 것을 제안하는 것이지요.

퍼트남에게 있어 궁극적으로 철학이란 무엇일까요? 퍼트남에 의하면 철학은 철학적 문제들에 대해 궁극적인 해결을 추구하는 것이 아닙니다. 철학적 문제 상황은 인간의 본래적 조건이라고 할 수 있습니다. 철학은 인간이 처한 이 상황에 대해 보다 나은 이해를 하기 위한 지속적인 탐구입니다. 철학은 예술이나 과학만큼 근본적이라고 할 수 있습니다. 철학은 예전에는 오랫동안 종교에 동화되어 왔습니다. 현대에는 한쪽에 데리다Jacques Derrida(1930~2004)와 같은 철학자, 다른 한쪽에는 분석철학자들이 있습니다. 그들은 철학을 예술과 과학에 각각 동화시켜 왔습니다. 분석철학자들은 기본적으로 철학을 과학으로 보며, 오직 덜 발달되고 좀 더 모호한 점에서만 과학과 다를 뿐이라고 여깁니다. 반면 데리다는 철학을 문학, 예술로 보지요. 퍼트남은 이 두 가지 방향이 모두 그릇되었다고 말합니다. 왜냐하면 철학은 단순한 쓰기나 또는 증명의 문제가 될 수 없기 때문입니다.

철학은 이런 두 가지 모습이 아니라 다른 세 번째의 모습과 양상을 지닐 수 있다고 퍼트남은 확신합니다. 그것은 바로 '일상성'의 영역입니다. 어느 인터뷰에선가 그는 '일상적ordinary'이라는 말은 좋은 함의를 갖는 반면, '평소의everyday'라는 말은 부정적인 함의를 가진다고 말한 적이 있습니다. 캐블이 '일상적'이란 용어를 쓰면서 실천하고 있는 철학이 새로운 철학의 모델이 된다고 퍼트남은 생각하는 것 같습니다. 일상적이라 함은 우리가 우체국에 가고 우편물을 부치는 것과 같은 것을 의미하지는 않습니다. '일상적'인 것들은, 그것에 대해 끝없이 묻고 의심하는 일이 무의미해지는 지점, 맥락과 연관됩니다. '삶의 흐름' 속에서 '순조롭게' 진행되는 사유와 통상적인 언어 행위가 그 예가 될 것입니다.

일상성을 인정한다는 것은, 우리가 생각하고 사는 방식이 모두 허구나 환상이 아니라는 신념을 의미합니다. 우리가 생각하고 사는 방식을 그 모두 환상처럼 보이게 만드는 거대하고 지적인 구성물들이야 말로 환상입니다. 인간은 우리가 가질 수 있는 것 이상을 갈망함으로써, 우리가 일상에서 가지는 확실성마저 회피하려 하곤 하지요. 어떤 (선험적) 보증 없이는, 세계나 다른 사람들을 받아들이지 못한다는 이유에서 그러하지요. 퍼트남은 이것을 회의론적 또는 상대주의 또는 허무주의적 탈출이라고 말하면서, 모두 동일한 질병의 증상들이라고 지적했습니다.

그래서 퍼트남은 철학이 통합적인 모습을 가져야 한다고 주장합니다. 비록 분과적으로 또 지리적으로 현대철학이 여러 모습과 국면을 지니고 있지만 이런 것들은 서로 연결되고 소통될 수 있다고 생각하는 듯합니다. 독일 철학은 구제를 베푸는 측면을 강조했고, 분석철학은 과학적 측면을 강조했습니다. 하지만 이 모든 것들은 하나, 즉 통합적 철학의 측면들이라고 퍼트남은 주장했습니다. 예컨대 비트겐슈타인의 철학은 교육적인 성격을 갖는데, 교육의 목적은 독자들에게 무엇인가를 설명해주겠다는 것이 아니라 독자들이 스스로 해결하게 도와주는 것이라고 평합니다. 퍼트남은 이것이야말로 철학의 목적이라고 말하는데, 그가 꿈꾸는 새

로운 철학은 아마도 '성인을 위한 교육'과 같은 것이 아닐까 저는
생각합니다.

더 읽어보면
좋은 책

힐러리 퍼트남, 김효명, 옮김, 《이성, 진리, 역사》, 민음사, 1987.

퍼트남이 여러 가지 입장 변화를 보인 후 한동안 안정적으로 정착한 '내재적 실재론'의 입장을 보여주는 저서다. 내재적 실재론은 형이상학적 실재론과 전체적 상대주의를 극복하려는 제3의 입장이다. 이 책의 앞부분에는 그 유명한 '통 속의 두뇌' 논증이 나온다. 퍼트남은 이 책의 후반부에서 합리성에 대한 두 가지 관념, 즉 합리성을 고정된 형식적 원리로 이해하는 입장과 문화적 상대주의에 대해 비판하고 있다.

힐러리 퍼트남, 원만희 옮김, 《과학주의 철학을 넘어서》, 철학과현실사, 1998.

이 책에서 퍼트남은 분석철학 안에서 점점 지배적이 되어가고 있는 견해, 즉 "과학 그리고 과학만이 세계를 조망과 무관하게 그 자체로 존재하는 것으로서 기술한다"라는 생각을 비판한다. 이 '과학주의'라는 가공스러운 믿음에 맞서 퍼트남은 철학이 거듭나기 위한 처방을 제안하고 있다.

힐러리 퍼트남, 노양진 옮김, 《사실과 가치의 이분법을 넘어서》, 서광사, 2010.

분석철학의 시조를 이루는 경험주의 전통에서 사실과 가치는 엄격

***

히 구분되는 것이었다. 이 책에서 퍼트남은 사실과 가치가 근원적
으로 얽혀 있는 관계이며, 이분법적인 분리 자체가 부적절하다고
주장한다. 종래의 칸트적인 구도에 듀이의 실용주의를 접목시키려
는 퍼트남의 의도가 드러나는 저서다.

힐러리 퍼트남, 홍경남 옮김, 《존재론 없는 윤리학》, 철학과현실사,
2006.

이 책은 퍼트남의 《사실과 가치의 이분법을 넘어서》의 후속작이다.
퍼트남에 의하면 사실과 가치는 편의상 구분될 수 있을 뿐, 엄격히
둘로 나뉘어지지 않는다. 퍼트남은 사실과 가치가 얽혀 있음을 깨
달을 때에야 좁은 과학적 세계관에서 벗어날 수 있다고 주장한다.
사실과 가치의 이분법이 그릇된 형이상학적 가정에 기초하고 있음
을 말하면서, 이 존재론 자체에 대해서도 사망선고를 내리고 있다.

리처드 로티,
문화정치로서의 철학

이유선

리처드 로티
Richard Rorty(1931~2007)

리처드 로티는 미국의 철학인 프래그머티즘을 복권시킨 네오 프래그머티스트이다. 그는 프린스턴대학교에서 분석철학자로서 활동하다가, 분석철학적 글쓰기에 회의를 느끼고 프래그머티스트로 전향하면서 버지니아대학교로 자리를 옮겨 자신만의 철학을 만드는 데 몰두했다. 로티는 듀이 사후 강단에서 밀려난 프래그머티즘을 재조명하고 하이데거, 비트겐슈타인, 데리다 등과 같은 철학자뿐 아니라 나보코프, 조지 오웰 등과 같은 문학자들을 철학적 논의로 끌어들이며 새로운 글쓰기의 영역을 열었다. 말년에는 스탠포드대학교의 비교문학과 교수로 재직했으며, 평생 수많은 논쟁의 중심에 있었다.

　　로티의 대표작으로는 분석철학으로부터 프래그머티즘으로의 전향을 보여주는《철학과 자연의 거울》을 비롯하여 문학적 철학의 글쓰기 방식을 보여주는《우연성, 아이러니, 우연성》등이 있다. 또한 정치 에세이인《철학과 사회적 희망》,《미국 만들기》, 논문 모음집인《실용주의의 결과》,《객관성, 상대주의 그리고 진리》,《하이데거에 관한 논문들》,《진리와 진보》,《문화정치로서의 철학》등이 있다.

트로츠키와 야생란

리처드 로티를 이해하기 위해서는 우선 분석철학적인 것과 그렇지 않은 것을 구별할 수 있어야 합니다. 왜냐하면 로티는 분석철학자로 시작했지만 나중에 그걸 버리고 전혀 분석철학적이지 않은 길을 걸었기 때문입니다. 그러니 로티라는 사람의 고유한 정신세계를 이해하기 위해서는 분석철학의 전통이 어떤 것인지 먼저이해할 필요가 있습니다.

  그렇지만 분석철학이 무엇인지 설명하는 것은 너무 지루할 테니 잠시 뒤로 미루고 우선 그의 출생 배경부터 살펴볼까요? 로티는 1931년에 태어나서 2007년에 췌장암으로 세상을 떠났습니다. 아주 독특한 이력을 가지고 있고, 집안 배경도 조금 특이합니다. 부모가 굉장히 실천적인 좌파운동을 했어요. 로티의 부모는 1930~40년대, 그러니까 로티가 태어나서 유소년기를 보냈을 시기에 노동운동에 뛰어들어서 활발한 활동을 했던 사람들입니다. 로티 아버지는 좌파 성향의 정치 에세이를 실은 잡지《더 네이션 The Nation》의 편집장을 하면서 뉴욕을 중심으로 노동운동을 했어요. 매카시즘 광풍이 불기 훨씬 이전이니까 미국에도 맑스주의자들이 있었고, 맑스주의에 기반을 둔 노동운동이 활발히 이루어졌던 때였습니다. 잭 런던Jack London(1876~1916)이 쓴 소설《강철군화》(곽영미 옮김, 궁리, 2009)를 보면 20세기 초 미국의 노동운동에 대한 묘사가 서술되어 있어요. 당시 미국의 공산당은 러시아 공산당의 지원을 받았을 거라고 로티는 추정하고 있습니다. 그런데 당시 트로츠키가 스탈린을 피해서 망명길에 올랐다가 멕시코에서 자객에 의해서 총으로 암살당하는 일이 발생하죠. 그때 서구의 진보적인 지식인들이 굉장히 분노했습니다. 그래서 멕시코에 모여서 조사위원회를 열었는데 듀이가 위원장으로 참석하고 로티의 아버지가 수행비서로 따라갑니다. 로티 아버지는 그런 일을 겪고 나서 공산당에서 탈당하고 트로츠키주의자를 자처합니다.

〈트로츠키와 야생란Trotsky and Wild Orchid〉이라는 제목의 로티의 자전적 에세이가 《철학과 사회적 희망philosophy and social hope》이라는 정치 에세이집에 첫 번째로 실려 있습니다. '트로츠키와 야생란'이라는 이 함축적인 제목이 로티의 핵심적인 생각을 나타내줍니다. 방금 이야기한 부모 이야기도 그 에세이에 나오는데요, 로티는 자신의 부모를 보면서 한편으로는 존경심을 가지면서도 동시에 뭔가 그쪽 세계에서 충족할 수 없는 자신만의 사적인 욕망을 가지고 있었던 것 같아요. 예를 들어 로티는 뉴저지주의 산악 지대에 있는 집에 머물 때에는 온통 산을 돌아다니면서 미국의 야생란에 대해 연구했다고 쓰고 있어요. 10살도 안 된 꼬마가 야생란을 찾아내고 그 란의 개화 시기와 라틴어 학명을 줄줄 외고 있으니 어른들이 신기하게 생각했겠지요. 로티는 다른 사람들과 완전히 소통할 수 없는 자기 자신만의 세계가 있고, 그 세계에서 자기 자신을 만들어가는 일이 매우 소중하다고 생각했습니다.

로티가 자전적 에세이의 제목으로 정한 '트로츠키와 야생란'은 로티 사상의 핵심적인 두 기둥을 상징합니다. 로티의 사상을 요약해서 보여주는 단어는 '자유주의 아이러니스트Liberal Ironist'인데, 트로츠키라는 단어는 자유주의와 관련이 있고, 야생란은 아이러니스트와 관련이 있습니다. 트로츠키는 로티가 부모로부터 배운 사회적 정의를 위한 삶을 상징하는 단어이고, 야생란은 로티가 부모의 영향으로부터 벗어나 자기 자신만의 세계를 만들고 그 속에서 자신을 완성시켜 나간다는 것을 상징하는 단어로 볼 수 있어요.

로티는 한편으로는 착한 학생, 말하자면 범생이였죠. 공부 잘하고 부모님 말씀 잘 듣는 학생이요. 그런데 범생이들이 보통 학교에서 두들겨 맞는 경우가 있잖아요. 깡패들한테 돈 뺏기고요. 로티도 엄청 두들겨 맞으면서 학교를 다닌 것 같아요. 노동운동을 하는 바쁜 부모가 자식을 돌봐줄 시간이나 있었겠어요. 로티가 생각해낸 탈출 방법은 빨리 대학에 가는 거였습니다. 그래서 조기 졸업을 하고 열다섯 살에 대학을 갑니다. 그때 이 세상에 나쁜 사람들이 많고, 나쁜 놈들을 응징하려면 내가 철학자 왕philosopher king이 되어야 한다는 생각을 하게 돼요. 플라톤주의자가 되겠단 결심을 하고 대학에 들어가서 철학 공부를 합니다. 자신이 뛰어난 철학자가 되면 나쁜 사람들을 다 응징할 수 있을 거라는 희망을 가지고요. 물론 이런 생각은 나중에 바뀌게 되지요. 철학자 왕은 진리를 아는 자이기 때문에 사회정의를 실현할 방법 또한 알고 있습니다. '진리가 너희를 자유케 하리라'라고 말하는 것이지요. 그런데 로티가 트로츠키와 야생란으로 말하고자 하는 것은 진리를 다루는 이론과 자유를 확장시키기 위한 실천은 그런 식으로 체계적으로 통합되어 있지 않고, 또 통합하려고 해서도 안 된다는 점입니다. 이건 어떤 철학자들보다도 로티에게 특징적인 겁니다. 어떤 철학자도 이런 얘기를 한 적이 없어요. 포스트모더니스트들 중에 이런 내용을 가지고 얘기한 사람들도 있기는 하지만, 로티처럼 아예 대놓고 전면에 부각시켜서 얘기하는 경우는 별로 없거든요.

이게 로티 사상의 가장 중요한 특징이라고 볼 수 있습니다.

플라톤주의와 서양철학

제가 설명할 자유주의 아이러니스트는 로티의 핵심 개념이라고
할 수 있습니다. 자유주의 아이러니스트를 로티의 핵심적인 키워
드로 보느냐 그렇지 않느냐 자체가 논쟁거리일 수 있는데, 저는
이것이 로티의 사상을 아주 압축적으로 나타내는 단어라고 생각
해요. 자유주의 아이러니스트는 로티가 《우연성, 아이러니, 연대
성》(김동식·이유선 옮김, 민음사, 1996)에서 사용하고 있는 단어로 이
사람의 일종의 마지막 어휘final vocabulary라고 할 수 있고요.

자유주의 아이러니스트란 개념을 이해하면 로티가 무슨 생각을
하는 사람인지 어느 정도 이해할 수 있을 겁니다. 이 개념을 이해
하기 위한 철학적인 전제로서 우리가 미리 알아야 할 것이, 로티
가 대결하고자 했던 지적 배경입니다. 그것이 바로 '플라톤주의'예
요. 철학사를 쓴 사람들이 결론적으로 말하는 게 2,500년간의 철
학자들의 사상을 요약, 정리해보니깐, 플라톤Platōn(BC 427~BC 347)
이 이야기한 것에서 별로 나간 게 없다는 거예요. 플라톤이 기본
틀을 만들었고 거기에서 조금씩 변형됐다는 거죠.

그렇다면 서구를 지배했던 플라톤주의라는 게 무엇인가요. 플
라톤의 세계관은 이데아론이죠. 이데아는 본질의 세계에 속해 있
는 것이고 이 본질에 해당하는 이데아가 진짜라는 거예요. 그런데
이데아가 진짜라는 걸 뒤집어서 얘기하면 우리는 가짜 세계에 산

다는 거죠. 우리 눈에 보이는 것은 모두 이데아가 아니에요. 예를 들어서 칠판에 그려진 동그라미를 보고 원이라고 말하기는 하지만, 우리가 생각하는 원의 정의에 정확히 부합하는 것은 아니죠. 우리는 태어나서 한 번도 정확한 원을 본 적이 없어요. 완벽한 원은 현실에 존재하지 않아요. 아무리 완벽한 원이라도 이 세상에 속하는 원은 이데아의 그림자일 뿐이에요. 이게 플라톤이 말하는 거죠. 우리가 속한 이 불완전한 것들의 세계를 본질의 반대말인 '현상'이라고 합니다. 이 두 가지는 이원론적으로 딱 구별이 되죠.

이렇게 이 두 가지 세계의 속성을 분리해본다면, 본질의 세계에 속한 것은 어떤 속성을 가질까요? 이데아는 영원, 불멸, 필연, 절대적인 것들인 반면 현상에 속하는 것은 정반대죠. 일시적이고, 우연적이고, 상대적이에요. 플라톤의 이런 그림은 소크라테스 Socrates(BC 469?~BC 399)가 죽은 후 플라톤이 말년에 저술한《국가Politeia》라는 방대한 저작 속에서 정리가 되어서 나옵니다. 소크라테스가 페리클레스의 민주정이 시작되면서 어이없게 숙청을 당하잖아요. 그걸 보고 플라톤은 황당했겠죠. 민주주의라는 게 힘든 거구나, 그런 생각을 플라톤이 한 것 같습니다. 바보들이 현자를 죽였다고 생각했던 거예요. 우매한 인간들이 진리를 모르고 위대한 철학자를 죽이는 상황을 보면서 플라톤은 그런 일이 더 이상 발생하지 않는 정의로운 국가를 만드려면 어떻게 하는 게 좋은지에 대해 고민했어요. 공동체에 대한 충정, 이런 것들을 물론 폄하할 필요는 없습니다. 플라톤은 아주 훌륭한 사람이죠. 철학적인 고민을 하고 정의란 무엇인지에 대해서 얼마나 진지하게 고민했으면 그 어마어마한 얘기들을 풀어냈겠어요.

그런데 문제는 플라톤이 〈국가〉편을 어떻게 썼는지에 대한 동기는 금방 잊혀 진다는 겁니다. 남는 것은 플라톤의 이론들이에요. 이 이론이 나오니까 이후의 사람들은 두 가지 세계라는 이 그림 안에서 사고하기 시작하는 거예요. 그래서 플라톤 이후의 철학자들이 바로 이런 이론적인 사고방식 속에서 다양한 어떤 이야기를 만들었는데 그게 서양철학사인 것이죠. 로티는 여기에서 핵심적인 요소를 끄집어내요. 그것이 바로 표상주의representationalism라는 개념입니다. 플라톤은 이데아를 직관하는 능력으로써 누스Nous라는 걸 얘기했습니다. 그리스시대는 개별이 보편에 흡수된 상태였거든요. 근대적인 주체의 개념은 데카르트까지 가야 나오는 겁니다. 그러니까 사람들이 '어떤 이성이 있다'고 할 때 그 이성은 어떤 한 개인의 이성이 아니라 보편이성을 의미합니다. 누스라는 것은 이데아를 직관할 수 있는 어떤 것으로서의 이성 능력이라고 할 수 있어요. 이성과 이데아 사이에 소위 말하는 표상관계가 성립한다는 거예요. 칠판에 그려진 원이 우리의 감각적인 눈에 의해서 파악된 원의 그림자라면 진짜 원은 누스로 본다는 겁니다.

진리를 발견하는 데 이런 시각적인 비유를 사용하기 시작한 사람이 플라톤인데, 로티가 볼 때는 사실 여기서 어떤 불행이 싹튼 겁니다. 이 비유가 너무 강력했던 거예요. 그래서 철학자들을 굉장한 선입견에 빠트렸다는 겁니다. 진리는 눈으로 발견하는 거라는 걸 우리가 꼭 고집할 이유가 없잖아요. 진리가 뭔지도 모르는데 모든 철학자들이 공통적으로 플라톤 이론의 영향으로, 진리란 우리가 관조하는 것이라고 생각하게 됐다는 거죠. 그게 육체적 눈이건 정신적 눈이건 간에 눈으로 보는 것이어서 표상관계와 거울관계가 성립되는 겁니다. 로티가 1979년에 출판한 책의 제목이《철학과 자연의 거울》이에요. 왜 거울이란 단어를 썼냐면, 플라톤주의를 대변하는 게 바로 거울이기 때문이에요. 그러니까 한쪽에는 객관적인 어떤 것, 자연이건 이데아의 세계건 뭔가 진리의 세계가 놓여 있고 반대편에는 그걸 비추는 거울이 있다는 거죠. 그 거울의 역할을 하는 게 플라톤에서 누스라면, 데카르트와 칸트에서는 마음mind이나 오성, 감성 형식 같은 인식의 주관적인 틀입니다.

이런 것들이 결국 하는 일은 세계를 표상하는 거잖아요. 데카르트, 칸트뿐만이 아니라 로크John Locke(1632~1704)도 마찬가지입니다. 영국 경험론자들이 말하는 오성을 최근에는 '지성'으로 많이 번역하더라고요. 그 지성이 하는 일은 우리 앞에 맞서 있는 세계의 진리를 발견하는 겁니다. 이건 하나의 거울이에요. 그러니까 이 사람들은 우리 마음 안에 거울이 있다고 믿는 거예요. 물론 칸트가 말하는 거울은 훨씬 구성적인 역할을 하죠. 수동적으로 비추기보다는 이것이 작동해서 이 세계를 만들어버리죠. 그런데 그 거울이 구체적으로 어떤 기능을 갖고 있건 간에 플라톤이 설정한 표상관계는 그대로 유지가 된다는 거예요. 근대 인식론의 핵심은 바로 인식 주관과 객관적인 세계 간의 거울상입니다. 이게 우리가 근대 철학을 인식론 중심의 철학이라고 말할 수 있는 근거예요.

물론 이게 현대철학자들, 특히 하이데거Martin Heidegger(1889~1976) 같은 사람에게서 아주 철저하게 깨집니다. '잘못된 전제에서 출발하기 때문에 인간 존재를 이해하지 못했다, 이게 다 잘못된 형이상학에 근거하고 있다'라고 주장한 사람이 하이데거였잖아요. 하이데거가 말하는 인간의 현존재라는 게 '세계-내-존재Inder-Welt-sein'인데, 하이데거가 이 단어로 말했던 건, 바로 근대적인 인식론의 이원론적인 틀이 잘못됐다는 것이죠. 인간이 세계와 독립해서 주관, 주체로서 설 수 있냐는 거예요. 인간이 자기 자신을 생각하는 순간, 늘 세계 안에 있는 자기 자신을 볼 뿐이잖아요. 세계로부터 추상되는 인간은 그야말로 추상적인 인간이지 구체적인 인간이 아니에요. 이게 하이데거가 비판했던 인식론 중심의 형이상학의 역사에요. 이런 틀에서 이론과 대상세계의 관계, 즉 표상관계가 근대철학을 관통합니다. 그러니까 모든 근대철학자들이 이 틀에서 벗어나지 못했던 거죠. 심지어 맑스까지도요. 맑스의 변증법적 유물론도 마찬가지로 이 틀 안에 있었던 거죠.

20세기 현대철학으로 오면 소위 언어적 전회linguistic turn을 겪습니다. 거의 모든 철학자들이 이상하게도, 유럽, 영미의 철학 할 것 없이 전부 언어에 주목하기 시작합니다. 소쉬르Horace-Bénédict de Saussure(1740~1799), 후기구조주의 같은 게 등장하면서 다들 언어에 주목하지요. 근대철학이 의식철학의 시대였다면 현대철학은 언어철학의 시대가 되는 거예요. 그런데 여기서도 표상관계가 성립합니다. 언어가 세계를 반영하고 있는 거예요. 우리가 언어를 논리적으로 분석하면 세계가 어떻게 존재하는지 알 수 있다는 게 분석철학의 기본 테제에요. 분석철학이 처음 시작할 때 그러니까 카르나프Rudolf Carnap(1891~1970), 노이라트 같은 사람들이 빈에서 모여서 공부하면서 비트겐슈타인하고 같이 토론해서 만들어낸 그림입니다. 비트겐슈타인의 전기 철학이 말하는 그림 이론picture theory이 그런 걸 얘기하는 겁니다. 비트겐슈타인은 단순하게 형이상학적 그림으로 그린 게 아니고 어떤 논리적 관계를 설명하고자 했어요.

그래서 우리의 언어란 것은 말하자면 원자 명제들의 총체이며, 세계라고 하는 것도 사실 내지는 사태의 총체, 그러니까 원자적 사실들의 총체죠. 사물의 총체가 아니에요. 이 세계는 탁자, 의자, 어떤 명사로 지칭되는 물건들이 모여서 생성된 게 아닌 거죠. '이 컵은 책상 위에 놓여 있다.' 이것이 가장 기본적인 사실입니다. 가장 단순한 원자 명제라는 것은 사물과 사물의 관계를 하나의 구문관계 안에서 표현해내고 있는 거예요. 그리고 사물과 사물이 맺고 있는 이 세계 내의 어떤 관계를 사태나 사실이라고 부르는 거죠. 왜 그런 설정을 하냐면 언명으로 표현되는 우리의 명제 내의 문장 요소들은 어떤 구문론적인 원칙에 의해서 서로 간에 어떤 논리적 관계를 맺고 있기 때문이에요. 그 논리적 관계가 곧 세계 내의 사물들이 세계 안에서 맺고 있는 서로 간의 관계를 반영한다고 보는 겁니다. 그래서 이 양자의 관계는 함수적으로 대응한다는 게 비트겐슈타인의 전기 철학의 핵심 테제에요. 이게 분석철학자들에게 굉장한 영감을 줬고, 그래서 그 사람들은 지금도 우리가 가지고 있는 언어=체계를 논리적으로 분석함으로써 세계의 진리에 접근해 들어간다며 매달리고 있는 거예요.

그런데 로티가 볼 때는 이게 다 똑같다는 거예요. 그러니까 '서구철학사가 플라톤의 주석이다'라는 말의 뜻을 로티식으로 다시 말하면, 주관과 객관의 이런 표상관계를 변형해온 역사라는 것이죠. 로티는 표상이라고 하는 개념 자체가 플라톤이 썼던 하나의 은유였다고 봅니다. 그런데 사람들이 거기에 너무 사로잡혀서 전혀 헤어나지 못하고 이 틀 안에서만 생각했다는 거예요. 그래서 철학에서 진리의 문제가 그렇게 중요하게 된 것이죠. 진리의 문제에 대해서 따지지 않으면 철학자가 아닌 게 돼버려요. 근데 우리가 상식적으로 반성해도 철학자가 그렇게 할 수 있는 사람이 아니라는 것은 너무 쉽게 드러나요. 철학사를 한 번 읽어봐도 누가 진리를 말하는지 모르거든요. 모두 다른 얘기를 해요. 앞으로 나올 철학자들도 다 그럴 겁니다. 철학사가 아무리 두꺼워져도 그중에 어떤 철학자가 진리를 표상할 수 있을까요? 끝나지 않는 스토리잖아요. 끝나지 않을 걸 뻔히 아는데 그 얘기를 우리가 왜 해요. 로티의 반표상주의는 '이제 그런 낡은 레퍼토리는 그만두자. 네가 진리라고 믿고 싶다고 생각하면 그렇게 믿어라. 나는 별로 상관 안 하겠다.' 이런 거예요. 수많은 철학자들이 그렇게 해오면서 뭘 얻었을까요. 플라톤은 얻은 게 있을 겁니다. 플라톤은 그렇게 해서 당시 사회 현실을 강하게 비판하고 싶었을 거예요. 우매한 대중들이 자신의 스승과 같은 뛰어난 사람을 죽이는 걸 보고, '네 놈들은 정말 진리를 모르는 나쁜 놈들이다'라는 말을 하고 싶었을 겁니다. 아마도 진리라는 말은 당시에 강력한 비난의 어조를 담은 어떤 표현이었을 거예요. 그런데 그 배경을 무시하고 진리라는 말만 가지고 와서 계속 진리에 대해서 떠드는 것이 무슨 의미가 있겠느냐는 겁니다. 굉장히 도발적인 주장이죠.

상식적으로 우리가 올바른 행위를 하려면 진리를 알아야 해요. 동양적인 사유의 전통에서도 이런 사고방식은 어떻게 보면 꽤 당연하게 여겨집니다. 지행합일이나 도를 앎으로써 우리가 무언가를 하게 된다는 건 상식적으로 알고 있잖아요. 그러니깐 로티가 이렇게 아무것도 아닌 것처럼 얘기하는 철학사에 대한 리뷰는 그런 의미에서 보면 파격적인 주장인 거죠. 그 생각을 이제 그만하라는 거니까요.

아이러니스트

제2차 세계대전 이후에 유태인이었던 비엔나 논리실증주의자들은 나치를 피해서 다 미국으로 가요. 그리고 이 사람들이 대학 강의를 맡지요. 그러면서 급속하게 미국의 강단의 주류가 분석철학이 되어 버립니다. 듀이가 1859년에 태어나서 1952년에 죽는데요. 듀이가 죽으면서 급속하게 프래그머티즘*이 쇠퇴하기 시작해요. 특히 1960년대 베트남전쟁을 겪으면서 결정타를 맞지요. 시드니 훅Sidney Hook(1902~1989)이 프래그머티즘적인 미국 애국주의를 내세우는데, 1960년대 베트남전쟁에 참전할 때 미국 대학의 분위기는 당연히 반제반미였어요. 그런데 듀이의 불독이라고 하는 별명을 가진 훅이 애국주의를 들고 나섰으니 학생들이 프래그머티즘을 싫어하는 건 당연하죠. 이게 미제국주의의 철학이에요. 그러니까 이걸 강단에서 싹 몰아내고 그 자리를 분석철학이 차지하고 들어온 거죠. 로티도 눈치를 보니까 대학에 취직하려면 분석철학을 해야 하는구나 싶었겠죠. 그래서 분석철학을 열심히 합니다.

＊ 프래그머티즘
관념이나 사상이 행위와 관련이 있다고 보는 입장으로 흔히 '실용주의'라고 번역이 된다. 1870년대에 퍼스가 주장한 이래로 1800년대 말에 제임스에 의해 전 세계로 확장됐으며, 듀이에 의해 더욱 구체화되었다.

1960년대 로티의 철학적인 입장은 제거적 유물론eliminative
materialism을 내세운 심리철학 분야의 분석철학이었어요. 심리철학
이라는 게 뭐냐면요. 데카르트가 몸과 마음의 이원론을 얘기하잖
아요. '우리의 마음은 물리적 실체가 아니다.' 이게 데카르트 주장
의 핵심이잖아요. 사유하는 실체라는 거죠. 그러면 우리의 마음은
도대체 어디에 있냐는 질문이 생깁니다. 데카르트는 여기에 대답
을 못합니다. 사유하는 실체라고 멋있게 말은 해놓았는데 '사유하
는 실체가 그럼 어디에 있는 거냐?'는 질문에 대답할 수가 없어요.
우리가 말할 수 있는 공간이라는 건 물리적 공간이거든요. 여기
서 굉장히 어려운 철학적 난제가 생깁니다. 바로 심신이원론이에
요. 이 문제를 해결하려는 시도가 심리철학이고요, 오늘날에도 계
속 진행되고 있어요.

그런데 오늘날에는 데니얼 데닛Danail Dennett(1942~) 같은 진화
생물학에 기반을 둔 철학자들의 이론적인 입장이 대세입니다. 인
간의 마음이라는 것은 데카르트가 생각하듯이 비물리적인 어떤
실체로서 영혼처럼 존재하는 게 아니라, 우리의 신경 시스템이 바
로 우리의 마음이라는 거예요. 두뇌만 가지고는 설명이 안 되거든
요. 왜냐면 인간의 판단이라는 것은 두뇌에서 종합적으로 이루어
지지 않아요. 오늘날 인간의 인지구조를 연구하는 사람들은 우리
의 판단이 신경 시스템 곳곳에서 동시에 이루어진다고 얘기합니
다. 그걸 다중 초고 이론multiple draft theory이라고 하고요. draft가 초
고거든요. 그러니깐 하나의 초고가 있는 게 아니라, 초고가 여러
개 있는 거예요. 여기서 초고는 비유적인 표현인데 우리가 몸을
통해서 외부의 감각 정보를 받아들여서 어떤 판단을 하잖아요. 근

데 감각 정보를 받아들이는 통로가 굉장히 다양합니다. 시각, 후각, 미각 등 여러 곳에서 감각이 들어와요. 그게 각각의 초고들이죠. 근데 우리는 상황에 적응하기 위해서 어떤 것들은 버려야 합니다. 모든 것을 가지고 판단 내리는 건 굉장히 비효율적이고, 그렇게 해서는 자연환경에서 살아남을 수 없어요. 아마 우리는 그렇게 진화했을 거예요. 그래서 그때그때 판단이 두뇌의 핵심 부분에서 이루어지지 않는다는 게 인지 생리학의 결론입니다. 말하자면 이게 종합되어서 올라가는 순간순간 판단이 이루어진다는 것이죠. 그러니까 판단이 이루어지는 장소가 어디 한군데 있을 거라는 것 자체가 하나의 착각이라는 겁니다.

로티가 꽤 선구적이었어요. 1960년대에 마음이라는 건 없어도 된다고 말했거든요. 우리가 심리학적인 용어로 서술했던 그런 마음의 영역이 없어도 인간의 마음에 대해서 생리학적으로 설명할 수 있다고 했어요. 로티는 프린스턴대학교의 분석철학 교수가 됩니다. 분석철학자로서 활동을 하죠. 그런데 교수가 됐는데도 로티는 뭔가 마음이 편하지 않아요. 자기가 애초에 꿈꾸었던 유년시절의 플라톤주의자의 꿈, 내가 철학자가 되면 굉장히 탁월한 인간이 되었을 텐데, 현자가 돼서 이 세상에 악을 응징하고 정의를 실현할 수 있을 것이고 나의 삶의 의미를 찾을 수 있을 텐데, 하는 꿈이 분석철학자로서의 삶과 무관하게 여겨지는 거예요. 분석철학을 한다는 것은 개념을 논리적으로 분석하고 그와 관련된 논문을 써서 발표하는 건데, 그걸 백날 해봐야 본인이 철학자가 된 기분이 들기보다는 변호사 역할을 하는 것 같았던 거죠. 차라리 법정에서 논리적으로 말싸움하라고 하면 잘할 수 있을 것 같고…….

그래서 로티는 미국의 대학 강단에서 잊혀진 철학자인 듀이를 다시 읽기 시작합니다. 그리고 듀이를 통해서 헤겔Georg Wilhelm Friedrich Hegel(1770~1831)을 봅니다. 헤겔을 보니깐 점점 유럽의 철학자들에 관심이 가겠죠. 그래서 니체Friedrich Wilhelm Nietzsche (1844~1900)를 읽게 되고 프로이트Sigmund Freud(1856~1939)를 읽고 데리다를 읽고 하버마스Jürgen Habermas(1929~)를 읽고 가다머Hans-Georg Gadamer(1900~2002)를 읽고, 이런 식으로 분석철학자들로서는 꿈도 꾸지 못할 독서를 시작합니다. 그런 길로 들어서게 되니 더 이상 분석철학적인 논문을 써낸다는 건 이 사람한테 아무 의미가 없는 거죠. 그래서 이제 자신의 철학적인 여정을 스스로 비판하면서 자기가 철학의 새로운 그림을 그려내겠다고 결심해서 정리해 낸 책이 1979년에 출간된 《철학과 자연의 거울》입니다. 이 책이 프린스턴대학교 출판부에서 나오는데요. 그 무렵이 로티가 프린스턴대학교의 다른 분석철학 교수들과의 갈등이 최고조에 이르렀던 시기에요. 로티는 그러면 자기를 받아주는 대학으로 가겠다고 해서 유니버시티 프로페서라는 직함으로 버지니아대학교로 옮깁니다.

제게 로티의 주저를 한 권만 추천하라고 하면 《철학과 자연의 거울》보다는 《우연성, 아이러니, 연대성》을 꼽고 싶습니다. 그가 1989년에 버지니아대학교로 옮겨서 10년 정도 있다가 책을 썼는데 분석철학의 전통에서는 도저히 상상할 수 없을 정도로 서술이 좀 특이합니다. 소설 작품을 분석하면서 철학 얘기를 하는 파격적인 서술로 쓰인 책입니다. 자신의 글쓰기 방식을 통해서 자신이 주장하고자 하는 문학과 철학의 경계를 완전히 허물어뜨리죠. 이 책을 관통하는 핵심 주제어가 바로 '자유주의 아이러니스트'입니다.

이 개념을 이해하면 로티가 말하고자 하는 사상의 윤곽을 이해할 수 있습니다.

왜 그런지 간략하게 소개를 할게요. 플라톤주의적인 표상주의를 통해서 늘 문제가 됐던 게 진리에 대한 거라고 했죠. 철학자들이 진리에 대한 강박으로부터 헤어 나오지 못하는 거예요. 보편적이고 궁극적인 진리를 발견하면 철학이 끝난다고 믿어요. 그래서 철학자들의 궁극적인 꿈은 자기가 그걸 끝내는 거였어요. 최고의 철학자가 되는 것, 이게 철학자들의 목표였지요. 지금도 아마 그럴 거예요. 그래서인지 농담 반 진담 반으로 철학자들은 절대로 남의 철학 강연에 안 간다고 해요. 왜냐면 자기가 끝내야 되기 때문이죠. 이걸 철학적 종결에 대한 욕망이라고 해요. 헤겔도 그런 의미에서 《정신현상학Phänomenologie des Geistes》(1807)을 쓴 것이죠. 헤겔의 《정신현상학》은 말하자면 그리스 철학에서 시작해서 자신에 이르기까지의 철학 역사를 자신이 재서술한 거거든요. 아주 간단한 감각 경험으로부터 시작해서 그게 단순한 의식으로 발전하고, 오성을 거쳐 이성에 이르며 결국 절대정신까지 어떻게 도달하는가에 대한 서술을 통해서 헤겔은 자기가 모든 것을 끝내는 철학자의 위치에 서게 된 것이지요.

로티는 이런 철학적 종결에 대한 욕망을 버려야 된다고 말합니다. 진리에 대한 물음을 더 이상 어떤 보편적이고 객관적인 물음으로 제기하지 말라고 했을 때, 로티가 생각하는 아이디어는 보편적이고 객관적이고 영원불멸의 진리와는 대척점에 있는 어떤 것입니다. 철학자들의 공통적인 욕망이 바로 모든 인간이 동의할 수밖에 없는 어떤 절대적인 진리를 말하는 것이라면, 어떤 인간들은 내가 누군가가 한 말을 하게 될까봐 두려워합니다. 로티가 착안한 게 바로 그거예요. 우리가 왜 진리에 대해서 탐구를 하는가, 말하자면 우리가 왜 철학을 하는가, 우리가 왜 인문학을 하고 왜 문학을 하고 왜 예술을 하는가, 이 물음을 다시 한 번 진지하게 던져보자는 거죠. 자, 내가 모든 사람들이 동의할 수밖에 없는 궁극적인 진리를 밝혔어요. 그래서 어쩼다는 거예요?So what?

결국 그런 식의 대답은 '내가 왜 사는가? 내 삶의 의미가 뭔가?'라는 물음에 답하는 하나의 방편이라는 거죠. 플라톤의 그림을 받아들이더라도 인간이라는 존재는 말하자면 잠깐 왔다가는 존재예요. 부정할 수도 없어요. 그렇다면 이건 덧없고 무의미하죠. 여기서 플라톤은 어떤 위안을 준 거예요. 이 무의미하고 덧없는 사회에서 우리는 분명히 영원불멸의 진리의 세계로 들어갈 수 있다는 희망을 준 거예요. 기독교는 우리에게 끊임없이 이 세상의 모든 게 아무 것도 아니라고 가르치며 우리가 죽어서 가는 세상에 대해 얘기하죠. 그런데 니체라는 사람이 허무하게 이게 없다고 한 거예요. 그런 것은 다 플라톤식의 거짓말이고, 그런 세계는 없다는 게 니체 철학의 핵심입니다. 니체의 위버멘쉬 개념이 여기서 나옵니다. 위버멘쉬라는 것은 영원불멸의 진리를 깨달은 인간이 아닙니다. 니체의 위버멘쉬는 가변적이고 일시적이고 우연적이고 상대적인 것을 긍정하는 개념입니다. 플라톤주의적인 철학자들은 이걸 부정하지요. 반대로 니체의 위버멘쉬는 플라톤적인 것을 부정합니다. 그래서 니체는 기독교야말로 염세주의자라고 얘기합니다. 우리가 살아가고 있는 이 삶을 부정하는 플라톤주의자, 기독교주의자들이야말로 우리의 삶을 끊임없이 부정한다는 거예요. 위버멘쉬란 절대적으로 긍정하는 인간입니다. 덧없고 일시적인 삶을 긍정할 수 있는 힘, 그런데 그 힘은 어디에서 주어지는 게 아니에요. 나보다 더 위대하고 더 큰 힘은 없으니까요. 내가 긍정인 거고, 그래서 위버멘쉬인 거예요. 그런데 우리는 약하기 때문에 그걸 긍정할 수가 없죠. 이걸 긍정하지 못하는 우리들 대부분은 그래서 위버멘쉬가 아니에요. 이 세상밖에 없다는 걸 알면서도 이걸 긍정하는 인간, 이게 진짜 위버멘쉬예요.

그럼 니체는 이런 초인의 모델을 어디에서 찾았을까요? 시인에서 찾습니다. 시인이야말로 자율성을 획득한 인간이기 때문이죠. 자율성을 획득했다는 것은 자신의 삶의 의미를 저 피안의 세상, 신, 본질, 이데아 같은 데서 가져오는 게 아니라 자기가 만든 인간에게서 가져오는 거잖아요. 그게 자율적인 인간인 거고요. 자기의 삶의 의미를 자기 스스로 만드는 인간, 이거야말로 진정한 위버멘쉬인 거예요. 그런데 시인들이 그런 일을 한다는 거예요. 시인들은 현실적으로 보면 제일 약한 인간이죠. 제일 무력한 인간이에요. 시인들이 뭘 할 수 있어요? 제가 시 쓰는 사람들한테 물어봤는데, 우리나라에 전업 시인은 한 명도 없다고 얘기합니다. 시를 써서 먹고살 수가 없기 때문이죠. 그만큼 시인은 힘이 없고 무력하고 정말 아무 것도 아닌 존재인 거예요. 그런데 그런 시인이 왜 위버멘쉬인가요? 그것은 바로 자율성을 획득한 인간이기 때문이에요.

우리가 주목해야 할 영문학자가 있습니다. 바로 해럴드 블룸 Harold Bloom(1930~)이란 작가입니다. 이 사람의 책이 최근에 번역이 되어서 나왔습니다. 《영향에 대한 불안》(양석원 옮김, 문학과지성사, 2012)이란 책인데, 로티가 이 사람한테서 꽤 중요한 구절을 가지고 옵니다. 바로 '시인의 불안'이라는 개념입니다. 철학자의 강박과 정반대되는 개념이에요. 모든 철학자들은 내가 진리를 놓치지 않을까, 내가 죽기 전에 진리에 도달하지 못할까를 가지고 끊임없이 괴로워합니다. 어떤 인간이 진리에 도달하겠어요. 그런 인간은 없습니다. 그렇게 착각하고 사는 거죠. 그런데 정반대의 강박에 시달리는 인간들이 있는데 이게 바로 시인의 불안에 시달리는 인간이라는 겁니다. 이건 데카르트를 패러디한 거예요. 데카르트가 확실성에 대한 탐구에서 방법적 회의를 하면서 데카르트적 불안이라는 것을 만들어 내거든요. 만약에 전지전능한 악마가 있어서 나를 속이고 있다면, 사실은 내가 집에서 잠을 자면서 꿈꾸는 건데, 여기서 강의하고 있고 그걸 듣는 사람들도 사실은 진짜가 아니라고 한다면, 그렇지만 진짜 사람이 있는 것처럼 착각을 하게 만든다면 그 상황을 어떻게 반박할 수 있겠냐는 거예요. 이게 데카르트적 회의잖아요. 그걸 반박할 방법이 없죠. 내가 속고 있을 수 있다는 그 불안과 강박에 시달리는 게 데카르트적인 불안인데, 블룸이 그걸 살짝 비틀어요. 니체적인 자율성을 획득하고자 하는, 말하자면 스스로 위버멘쉬가 되고자 하는 시인, 자율적인 인간으로 살고자 하는 시인은 늘 불안에 시달린다는 거예요. 이 불안의 원인은 내가 쓴 시가 혹시 나한테 영향을 준 선배 시인의 시가 아닐까라는 겁니다.

시인의 최종 목표는 절대적이고 궁극적인 진리를 발견하는 게 아닙니다. 그건 철학자들의 목표죠. 시인의 궁극적인 목표는 아무도 쓰지 않은 시를 쓰는 거예요. 니체에게 있어서 근대철학자들을 괴롭혔던 진리는 전혀 문제가 되지 않아요. 니체가 《비극의 탄생》

에서 이 세계는 인식론적으로도 도덕적으로도 정당화되지 않는다고 얘기했어요. 너무 당연한 말이죠. 누가 진리를 얻었다는 걸 말할 수가 있겠어요. 도덕적으로도 정당화가 안 돼요. 어떤 사람이 도덕적으로 깨끗하다고 말할 수 있습니까. 프로이트식으로 보면 다 똑같은 사람이에요. 다 어떤 욕망들을 가지고 있고 문명의 힘에 의해서 그걸 억누르고 있을 뿐이죠. 스펙트럼이 다를 뿐이고요. 도덕적으로 정당화될 수 있는 세계는 없어요.

그러면 이 세상이 무엇으로 정당화될까요? 니체는 단지 아름답기 때문이라고 얘기해요. 그러니까 시인의 목표는 자기를 서술해줄 아름다운 시를 한 편 쯤으로 해서 자기 삶을 긍정할 수 있는 힘을 스스로 얻는 겁니다. 이게 시인의 목표인 거예요. 그렇다면 그 시인의 시는 누군가가 쓴 시여서는 절대로 안 돼요. 자신이 쓴 시여야 돼요. 그렇지 않으면 자신의 삶이 누군가의 복제물이 됩니다. 그냥 하나의 카피에 불과한 사례로 끝나는 거죠. 이게 시인의 불안입니다. '내가 혹시 누군가의 복제된 삶이 아닐까?'하며 끊임없이 불안해하는 것, 이것이 바로 로티가 말하는 아이러니스트의 모습입니다. 넓게 보면 이 세상의 모든 인간들은 어떤 의미에서 다 아이러니스트예요. 철학자가 아무리 진리에 대한 강박에 시달려서 절대적인 진리를 발견해내는 것을 삶의 목표로 삼고 살다가 죽는다고 하더라도, 한 발자국 뒤에서 보면 그것도 하나의 아이러니스트의 시도인 거예요.

문학하는 사람, 예술하는 사람, 과학하는 사람 모두 다 똑같은 겁니다. 학문이나 예술의 영역에만 국한되어 있는 것도 아니에요. 가정주부, 사업가, 야구선수들도 다 마찬가지입니다. 프로이트식

으로 보면 모든 사람의 삶이라고 하는 것은 저마다의 맵시를 뽐
내는 한 편의 시거든요. 모든 사람의 삶이 하나의 시고 그 시에는
각자의 맵시들이 있는 겁니다.

자유주의자

진리의 문제는 그 속에서 해소되고 있는 거예요. 사적인 영역에서
이루어지는 이런 노력들은 아주 포괄적인 의미의 이론적 작업이
라고 할 수 있습니다. 이것이 로티가 말하고자 하는 것의 절반이
에요. 자기가 어려서 야생란을 보고 기뻐했던 측면을 말하고 있는
거죠. 만약 여기서 끝난다면, 모든 인간은 일종의 오타쿠로서 끝
나겠죠. 자기가 좋아하는 어떤 취미에 매몰돼서 거기서 기쁨을 느
끼다가 죽는다는 건데, 로티는 그렇게 끝나지만은 않는다고 말합
니다. 로티가 다른 한편에서 부모의 영향을 받으며 자신이 실현하
고자 했던 게 자유주의자의 삶이라고 할 수 있습니다. 자유주의자
의 목표는 잔인성의 감소와 자유의 확장입니다. 우리we liberalist라
고 하는 것의 경계를 확장해나가는 것이 자유주의자의 실천 목표
인데 로티가 이런 얘기를 하기 위해서《우연성, 아이러니, 연대성》
에서 수많은 소설가들을 인용합니다.
　아이러니스트와 관련해서 얘기할 때 로티가 가장 칭찬하는 소
설가가 바로 프루스트Marcel Proust(1871~1922)입니다. 프루스트의
《잃어버린 시간을 찾아서》는 굉장히 독특한 소설이죠. 자신의 관
점에서 자기를 둘러싼 세계가 어떻게 만들어져 있는지를 서술하

는 이야기입니다. 그런 의미에서 근대소설이고 심리소설이지요. 주인공의 내면과, 주인공의 입장에서 사람들에 대해 얘기하는 거니까요. 프루스트는 책을 쓰는 작업을 끝마치고 나서야 비로소 소설을 쓸 수 있게 됐다고 얘기합니다. 말하자면 프루스트는 내가 혹시 내가 아닐 수 있는 그런 가능성을 두려워하면서 내가 누구인지를 재서술한 거죠.《잃어버린 시간을 찾아서》란 책을 쓰지 않았다면, 프루스트는 존재하지 않았을 겁니다. 프루스트는 이 책을 씀으로 해서 비로소 프루스트가 된 거죠. 이게 아이러니스트의 작업이라는 겁니다. 프루스트는 자신한테 영향을 주었던 사람들에 대해서 재서술함으로써 그 영향에서 벗어났던 거예요. 자기한테 절대적인 영향을 미쳤던 사람들을 자기의 관점에서 재서술해보는 거죠. 그러면 자기한테 영향을 주었던 것이 역전됩니다. 내가 이제 그 사람을 서술할 수 있는 위치에 가 있다는 것을 보여주는 거죠.

　이런 게 아이러니스트의 작업입니다. 자기 자신만의 어휘로 자기 자신을 재서술하는 작업, 이게 아이러니스트가 추구하는 이론적인 자세라고 할 수 있습니다. 철학자들이 궁극의 진리를 발견하기 위해서 자신만의 철학적 용어를 만들려고 하잖아요. 크게 보면 그건 시인의 작업과 다를 게 없습니다. 다른 철학자들이 하지 못한 것을 절묘하게 해냄으로써 다른 철학자들이 밝히지 못한 진리를 부분적으로 밝히겠다는 것이고, 이게 곧 자기 재서술의 차원인 거죠. 그런데 로티는 아이러니스트의 작업에 성공한다고 해서 그 사람이 훌륭한 사람이 됐다는 건 아니라고 얘기해요. 우리가 모델로 삼아야 될, 그런 인간이 됐다는 건 한편으로 굉장히 위험하다는 거예요. 오타쿠들이 위험할 수도 있는 것처럼요. 소설가 나보코프Vladimir Vladimirovich Nabokov(1899~1977)를 예로 들어보죠. 그의 소설 《롤리타》의 주인공은 말하자면 나쁜 사람이잖아요. 소아성애자, 그러니까 아주 어린 여자아이를 탐닉하는 인간이죠. 우리나라 법으로는 그런 사람을 당연히 잡아가야죠. 근데 《롤리타》의 주인공은 롤리타라는 어린 여자애한테 빠져나오지 못하고 그 주변에 있는 모든 인물들을 무시합니다. 간과하죠. 주목하지 않아요. 그런 게 소위 무관심의 괴물을 만들어내는 겁니다. 그러니까 훌륭한 아이러니스트가 된 사람과 훌륭한 인간이 되는 것은 무관하다는 얘깁니다. 우리는 자기완성이라고 하는 사적인 영광을 실현하면서 동시에 훌륭한 인간이 되지 않을 수도 있다는 거예요.

그렇지만 훌륭한 인간이 될 수도 있어요. 그러니까 두 가지가 자동적인 관계로 성립하지 않을 뿐이지 양자가 어떤 필연적인 연관성이 있는 것은 아니라는 거죠. 제일 좋은 것은 아이러니스트의 작업을 수행하면서 주변에 관심을 가질 수 있어야 하죠. 어렵겠죠. 가능성이 희박하겠지만 그런 인간이 되고자 하는 거죠. 한편에서는 아이러니스트의 사적인 욕망을 실현하지만 다른 한편에서는 타자의 고통에 대한 감수성을 키우는 자유주의자가 돼야 한다는 거예요. 로티가 말한 자유주의자는 굉장히 폭이 넓은 의미를 지닙니다. 우리나라에서 통용되는 자유주의자의 의미가 아닙니다. 우리는 자유주의자라고 하면 시장 자유주의, 경제적 자유주의, 신자유주의와만 연결시키잖아요. 로티가 말하는 자유주의의 의미는 굉장히 넓어요. 어떻게 하면 사회적 약자, 고통당하는 사람들을 위해서 그 고통을 없앨 수 있는 실천을 하는가, 이게 자유주의자의 골자입니다. 자유주의자를 판별하는 기준은 타자의 고통에 대한 감수성입니다. 아이러니스트의 핵심은 자기완성에 대한 욕망이에요. 근데 이 두 가지는 사실 그렇게 자동적으로 연결되지 않습니다.

플라톤주의자들의 전제는 이 두 가지가 하나라는 겁니다. 말하자면 내가 진리를 발견한다면, 그걸 통해서 이 세상의 고통을 치유할 모든 방법이 생긴다는 거죠. 그런데 로티는 그렇지 않다는 거예요. 이론은 이론이고, 실천은 실천일 뿐이라는 거죠. 그렇게 말할 수 있는 근거는 무엇일까요? 상식으로 들어와서 누군가 진리를 발견했다라고 강력하게 주장하는 순간, 공적인 상황에서는 위험해지거든요. 정치 영역은 서로 이해관계가 다르기 때문에 대화와 타협의 영역이잖아요. 공공성을 실현하기 위해서는 다른 사람들이 서로 간의 이해관계를 조정하고 타협하면서 다 같이 좋을 수 있는 게 무엇인지 대화를 통해서 합의해나가는 과정이 필요한 것입니다. 누군가가 강력하게 '내가 진리를 발견했으니 나를 따라와'라고 말하면서 정치 영역으로 들어오는 순간 굉장히 위험해지죠. 가령 북한 같은 나라에서 철학자 왕이 있다면, 생각을 달리하는 모든 사람들은 처리 대상이 됩니다. 진리를 모르는 사람이기 때문에 진리를 실현하기 위해서는 제거해야 한다고 보는 거죠. 위험한 거예요. 그걸 받아들일 수 없다는 겁니다.

무엇이 고통이고 무엇이 잔인한 것인가는 사실 우리가 상식적으로 알고 있습니다. 어려운 문제가 아니라는 거죠. 우리 사회에서 제일 고통스러운 게 뭡니까? 너무 많죠. 외로움일 수도 있고, 법적 형평성이나 경제적인 문제일 수도 있고요. 그러니까 뭐가 우리 사회의 문제인가라고 했을 때 그건 어려운 얘기가 아닙니다. 잘못된 제도와 관습에 의해서 고통당하는 사람들이 있다는 것을 우리가 인정하고 제도와 관습을 고쳐나감으로써 고통을 줄여나가는 것, 그게 자유주의적 실천이라고 할 수 있어요.

프래그머티스트들은 늘 개혁주의자였어요. 구체적인 실천방안으로 사회를 끊임없이 개선시켜나가는 게 듀이의 방법론이었고, 민주주의적 방법론이었고 로티도 비슷한 이야기를 했지요. 듀이가 이야기를 안 한 것은 아니지만 로티가 더 강조하는 게 있다면, 고통과 잔인성의 문제는 현존하는 어휘 속에 감추어져 있을 수도 있기 때문에 그걸 드러내고자 하는 상상력이 더 요구된다는 거예요. 그런 의미에서 이 공적인 실천 영역에서도 어느 정도 이론이 역할을 할 공간이 분명히 있다는 생각이 듭니다. 말하자면 아무도 그 문제를 고통의 문제로 보지 않지만 사실은 고통의 문제인 것들이 있다는 거죠. 여성 문제가 아주 대표적이에요. 여자라면 뭐든지 여자다워야 한다는 것이 도덕적이고 사회적인 규범으로써 받아들이는 사회에서는 심지어 여성들 자신도 그게 고통인지 모를 수 있어요. 그러나 누군가 그게 잘못된 것이고 여성을 고통스럽게 하는 것이라고 말하는 순간, 사회가 바뀔 수 있는 어떤 힘을 갖게 되는 거죠. 예컨대 칠거지악七去之惡(아내를 내쫓을 수 있는 권리가 부여되는 일곱 가지 나쁜 행동)이 만연된 사회에서 살았던 여성들은 그게 고통인지 몰랐고 당연한 줄 알고 열녀문이나 세워주면 감사해 하면서 살았는데, 지금 보면 말도 안 되는 것들을 가지고 여성들을 억압했던 상황이었던 거죠.

내면의 어떤 근원적 자유에 대해서 얘기하는 게 낭만주의거든요. 로맨티시즘이라는 건 어떻게 보면 플라톤주의적인 어떤 이데아를 인간 내면의 심연으로 끌어들인 것으로 볼 수 있습니다. 그래서 그 마음 안에 있는 어떤 근본적인 것을 실현하는 게 가장 중요한 거라고 주장했어요. 낭만주의자들이 인간 안에 어떤 근원적인 자유가 있다고 주장하고 그런 얘기를 떠들었을 때 아무도 이해 못했단 말이에요. 사회적 제도와 관습에 그런 개념이 없었으니까요. 낭만주의자들이 말했던 근원적인 자유 개념 때문에 나온 게 바로 오늘날 수많은 마이너리티들의 문제입니다. 옛날에는 다 문제가 안 됐던 것들이죠. 동성애, 낙태, 환경 문제, 이주민 등과 같은 문제들에 대해서 진지하게 얘기할 수 있는 시작점이 없었어요. 누군가가 그 시절에 아무도 생각하지 못했던 상상력을 발휘해서 그 얘기를 할 수 있게끔 예언자적인 역할을 했기 때문에 이제서야 가능한 겁니다. 우리가 만약에 자유주의자로서 이론가의 역할을 하려고 한다면, 우리가 그런 작업을 할 수도 있겠다는 정도의 말은 할 수 있을 것입니다. 그런데 우리의 이론이 예언적인 역할을 할 수 있느냐 없느냐는 철저하게 역사적 우연성에 달린 문제예요.

어떤 이론가가 사회정의에 대해서 기발한 생각을 하고 있고, 사람들이 실천하는 과정 중에 이론가의 생각과 맞아떨어져서 사회의 제도나 관습이 바뀌었다면, 이 사람은 예언자가 되는 거고 아니면 말고 그런 거죠. 로티에게 있어서 자유주의는 어떤 철학적인 근거를 갖는 게 아닙니다. 어떤 실천도 철학적으로 정초될 수 없다는 게 로티 철학에서의 가장 기본적인 관점입니다. 철학적인 정초, 즉 근거 찾기를 시작하는 순간 그건 이미 실천하고는 멀어진다는 거죠. 이게 로티의 특징적인 면인데 이런 얘기를 하면 수많은 철학자들이 달려들어서 물어뜯으려고 합니다. 예컨대 유럽인들이 인류애가 있어서 유대인을 구해준 게 아니고, 자기 집에 피신해 들어온 유대인들을 보니까 고향 출신이고 내 사촌동생 같고 나이도 비슷하니까 연민이나 정이 생겨서 구해준 거지, 순전히 그 사람들이 인간이고 나도 인간이기 때문에 도와준 게 아니라는 거예요. 그랬더니 노만 제라스Norman Geras(1943~) 같은 사람이 직접 유럽의 생존자들을 찾아다니면서 인터뷰를 한 거예요. '당신 유대인을 왜 구했어요?' 물어보니까 '인간이기 때문에' 이런 대답을 했을 거 아니에요. 그 인터뷰 자료를 가지고 로티는 틀렸다고 얘기해요. 그러자 제라스는 우리의 연대성이라는 것이 공통적인 인간성에 바탕을 둔다는 내용을 담은 책을 써서 로티를 비판했어요. 로티의 입장은 현실적으로 그게 힘들고 우리의 자유주의적 실천의 목표가 우리라는 의식을 전 인류 차원으로까지 확장시켜 나갈 수 있다면 그거야말로 좋은 건데 당장 그게 안 되지 않느냐는 거예요. 실천을 위한 연대성이 거기서 출발해야 된다고 본다면 연대성의 이론적인 토대를 찾아 나서지 말고 그냥 주변 사람들의 고통에 대한 감수성을 키워서 이 사람을 나와 같은 사람으로, 아예 경계 안으로 들어오게 노력하는 것, 그 이상은 없다는 게 로티의 실천 이론입니다.

아이러니스트는 무관심의 괴물이 될 수 있기 때문에 로티는 동시에 자유주의자가 될 것을 촉구했죠. 태어나서 자신의 삶의 의미를 끊임없이 되묻고 스스로 자신을 재서술함으로써 자신을 창조해내고, 다른 한편에서는 주변 사람들의 고통에 대해서 무관심하지 않고 사람들의 고통과 잔인성을 없애도록 실천한다면 좀 더 나은 인간이 될 수 있지 않겠느냐는 거죠. 우리는 상대주의자니 뭐니 하면서 로티를 한마디로 평가해버리잖아요. 그렇게 하면 우리가 로티에게서 얻을 수 있는 건 아무것도 없습니다. 그건 철학자들이나 하는 얘기에요. 로티가 우리에게 뭔가 도움이 될 말을 했다고 보고, 이런 관점에서 '로티, 당신은 진리 같은 건 없다고 했는데 그럼 당신이 제안한 것도 진리가 아니라면 우리가 그걸 왜 따라 해야 되나?'와 같이 이렇게 물어볼 수 있잖아요. 여기에 대한 로티의 대답은 간단합니다. 그렇게 하는 것이 안하는 것보다 더 나은 인간이 될 수 있다는 거예요.

더 나은 인간이라는 게 의미하는 게 무엇일까요? 로티에게서 더 나은 인간이 의미하는 건 듀이적인 의미죠. 듀이는 교육의 목표는 끊임없이 성장하는 것이라고 말하거든요. 그러니까 성장이라는 것을 로티식으로 다시 서술하면 자아의 경계를 깨는 겁니다. 자기가 관용의 폭이 더 넓어지고 덜 완고해지고, 언제든지 더 성장하는 인간이 될 수 있는 자세를 갖추는 거죠. 이게 듀이적인 의미에서 교육의 목표예요. 그러니까 완고한 인간이 되는 것보다 관용의 폭이 넓어지는 인간이 되는 게 더 낫지 않느냐고 말할 수 있는 거죠. 남들을 위해서도 더 낫고 그 자신의 삶도 더 풍요로워질 수 있잖아요. 나이 들수록 완고해지는 사람들이 있잖아요. 누가 자기한테 잔소리하는 거 못 듣고 화내는 사람이요. 그렇다면 로티가 이런 제안을 하는 것은 간단한 의미를 담고 있다고 볼 수 있죠. 그게 진리가 아니라고 해도 우리가 그의 제안대로 죽을 때까지 더 나은 인간이 되려고 노력한다면 우리 자신에게 나쁘지 않을 테고요. 그러니 로티의 제안을 진리가 아니라고 굳이 반박할 필요는 없지 않을까요?

더 읽어보면
좋은 책

리처드 로티, 김동식·이유선 옮김, 《우연성, 아이러니, 연대성》, 민음사, 1996.

이 책은 로티의 독특한 글쓰기 방식을 보여주는 주저라고 할 수 있다. 그의 첫 저서인 《철학과 자연의 거울》이 철학에 대한 새로운 개념을 제시하면서도 여전히 논증적 글쓰기의 틀을 벗어나지 못하고 있다면, 이 책은 로티가 지향하는 철학적 글쓰기 방식이 어떤 것인지 잘 보여준다. 로티는 이 책을 통해 언어, 자아, 공동체의 우연성을 설명하고 그의 핵심 개념이라고 할 수 있는 '자유주의 아이러니스트'란 어떤 인물이어야 하는지를 이야기한다. 이론과 실천의 관계, 자아창조와 공동체의 자유를 위한 실천 등에 대한 그의 생각을 읽을 수 있다.

이유선, 《듀이&로티》, 김영사, 2006.

이 책은 필자가 전통적인 프래그머티스트인 제임스, 퍼스, 듀이 등과 네오 프래그머티스트인 로티의 사상을 알기 쉽게 요약 소개한 입문서이다. 프래그머티즘이 어떻게 탄생했고, 어떠한 과정을 거쳐 미국의 철학으로 자리 잡았는지, 그리고 각각의 프래그머티스트들이 어떤 점에서 관점을 공유하고 있고, 또 어떤 점에서 의견을 달리하고 있는지 개략적으로 소개하고 있다. 특히 이 책에 등장하는 철학자들 간의 가상의 대화를 통해서 프래그머티즘의 기본적인 관점과 입장 차이를 설명하고 있어서 독자의 이해를 돕는다.

***

김동식, 《프래그머티즘》, 아카넷, 2002.

이 책은 고전적인 프래그머티스트와 현대의 프래그머티스트들을 모두 다루고 있는 체계적인 프래그머티즘 연구서이다. 1장에서는 프래그머티즘의 의미, 배경, 성격 및 특징 등을 서술한다. 2장에서 7장까지는 프래그머티즘의 개념을 최초로 제시한 사람으로 알려져 있는 기호 실재론자 퍼스의 사상에서 시작하여 윌리엄 제임스, 듀이 등의 고전적인 프래그머티즘을 설명하고, 미국 현대철학의 맥락에서 프래그머티스트로 분류되는 로티, 퍼트남, 번슈타인 등의 견해를 다루고 있다. 로티의 철학이 어떠한 맥락 속에서 논의되고 있는지 이해해보고 싶다면 읽어볼 만한 책이다.

노엄 촘스키의
언어철학과 정치관

—

강주헌

노엄 촘스키
Noam Chomsky(1928~)

노엄 촘스키는 1928년 12월 7일, 펜실베이니아 주 필라델피아에서 태어났다. 펜실베이니아대학교에서 언어학, 수학, 철학을 공부했고, 1955년 같은 대학에서 박사학위를 취득한 후, 매사추세츠 공과대학MIT에서 교수 생활을 시작했으며 지금은 같은 대학교의 언어철학과에서 명예 인스티튜트 프로페서로 재직하고 있다.

촘스키는 1951년부터 1955년까지 하버드대학교 특별연구회 연구원을 지냈는데, 이 시기에 '변형 분석Transformational Analysis'라는 제목으로 박사학위 논문을 완성했다. 1957년 이 논문의 주된 이론적 관점들이 정리해《통어론적 구조》로 출간됐으며, 현대 언어학 분야를 혁명적으로 바꿔놓았다는 평가를 받았다. 이후에 언어 이론을 한층 폭넓게 다룬《언어 이론의 논리적 구조》는 1955년에 등사판 인쇄물 형태로 유포되었고, 1957년에 같은 제목으로 출간되었다. 1961년에 촘스키는 MIT의 현대 언어와 언어학과(현재는 언어철학과)의 정교수로 임명받았고, 1976년에는 인스티튜트 프로페서가 되어 2002년까지 그 직책을 유지했다.

1988년에 그는 "인류의 사회·문화·정신적 발전에 지대한 공헌을 한 사람을 예우하기 위해서" 주어지는 교토상을 받기도 했는데, 교토상 위원회는 "촘스키 박사의 이론 체계는 20세기 과학과 사상의 탁월한 기념비이다. 촘스키는 20세기의 가장 위대한 학자 중 한 명이라 말해도 과언이 아닐 것이다"라고 선정 이유를 밝혔다. 또한 그는 세상에 많은 영향을 끼친 다수의 저서를 발표했다. 대표적으로《실패한 국가, 미국을 말하다》,《패권인가 생존인가》,《노엄 촘스키, 9-11》,《여론 조작》,《환상을 만드는 언론》,《촘스키, 세상의 물음에 답하다》,《촘스키, 우리가 모르는 미국 그리고 세계》등이 있다.

촘스키는 철학자인가?

노엄 촘스키의 철학에 대해 소개하는 대중 강의를 맡아 달라는 부탁을 받았을 때 저는 '촘스키 철학자 아닌데요?'라고 대답하며 완곡하게 거절했습니다. 제가 철학을 본격적으로 공부해본 적도 없었고, 더구나 촘스키를 철학자라고 생각해본 적이 없거든요. 그래서 저는 촘스키를 철학자라고 정의하는 데 문제가 있을 것 같다는 생각에 계속 거부했어요.

그렇다면 이러한 질문에서 시작해볼 수 있겠네요. 과연 촘스키가 철학자일까요? 외국의 백과사전은 촘스키를 어떤 학자로 분류하고 있을까요? 개방형 백과사전인 위키피디아에는 촘스키가 철학자라고 정의돼 있습니다. 금방 제가 개방형 백과사전이라 말했듯이, 위키피디아는 신뢰성을 의심받는 백과사전입니다. 반면에 브리태니커를 보면 촘스키는 언어학자라고 분류돼 있습니다. 권위와 신뢰성에서는 브리태니커가 훨씬 위에 있지요. 어쨌든 많은 사람이 촘스키를 철학자라고 얘기하고 그렇게 알고 있습니다. 뭔가 문제가 있지요? 제 개인적인 생각에는 개념의 정의에서 비롯된 문제인 듯합니다. 그러면 대체 철학이라는 게 무엇일까요? 그것부터 따져보려 합니다. 왜냐하면 개인적으로 예나 지금이나 사람들하고 대화나 토론을 할 때 가장 크게 부딪히는 게 개념의 문제거든요. 같은 단어를 사용하면서도 상대방과 저는 다른 의미로 쓰고 있더라고요. 가령 민족이나 언어와 관련된 문제를 얘기하는데 상대가 생각하는 언어와 문법, 상대가 생각하는 민족이라는 개념이 내가 생각하는 것과 다른 경우가 있죠. 그러니까 토론과 대화가 겉돌기만 합니다. 이런 사례는 텔레비전에서 생방송으로 중계되는 토론 프로그램에서도 쉽게 확인할 수 있습니다.

요즘 문제가 되는 민주주의를 예로 들어볼까요? 한쪽에서는 민주주의가 손상되었다고 말하고, 한쪽은 지금처럼 민주주의가 지금처럼 활성화된 때가 없다고 말합니다. 민주주의에 대한 양쪽의 정의가 다른 것은 분명하지만, 누구도 그 민주주의에 대해 정의해주지 않습니다. 텔레비전의 토론회에 참석한 국회의원이나 학자에게 민주주의가 뭐냐고 묻는 이른바 시민패널도 없습니다. 그저 민주주의가 무엇인지 어렴풋이 아는 상태에서 논쟁을 주고받습니다. 만약 그들에게 민주주의가 뭐냐고 묻는 시민패널이 있었다면, 아마도 토론자들은 그 패널을 바보 쳐다보듯이 했을 겁니다. 어쩌면 그들도 자신이 말하는 민주주의가 무엇인지 정확히 정의하지 못할지도 모릅니다. 설령 정의하더라도 과거의 발언에는 맞지 않는 정의가 될까 두려운 마음도 있었을 겁니다. 어떤 개념이든 애매모호하게 정의한 상태에서 왈가왈부하는 것은 합리적인 생각을 하는 데 별로 도움이 되지 않습니다. 이런 이유에서 제가 철학을 '정의'해야 한다고 말하는 겁니다.

저는 철학 전공자가 아니어서 국어사전의 도움을 받아 철학의 정의를 찾아봤습니다. 첫째로 "인간과 세계에 대한 근본 원리와 삶의 본질 따위를 연구하는 학문. 흔히 인식, 존재, 가치의 세 기준에 따라 하위 분야를 나눌 수 있다"라고 정의됩니다. 둘째로는 "자신의 경험에서 얻은 인생관, 세계관, 신조 따위를 이르는 말"이라고 정의되어 있습니다. 촘스키는 첫 번째 정의로 철학을 연구한 적이 없습니다. 따라서 저에게 부탁한 촘스키의 철학에 대한 의미는 두 번째 정의에 해당될 것입니다. 그런데 우리나라에서 철학자는 첫 번째 정의로 축소됩니다. 두 번째 정의에서 철학자를 정의하는 경우는 거의 없습니다. 따라서 촘스키는 철학자가 아닙니다. 촘스키에게 철학이 있나요? 사람들이 이렇게 얘기합니다. "촘스키는 아나키스트잖아." 촘스키가 아나키스트 철학자인가요? 그건 아니죠. 예를 들어서 제가 하루하루를 즐겁게 사는 쾌락주의자라고 해봅시다. 그럼 제가 쾌락주의 철학자가 되나요? 누구도 그렇게 말하지 않을 겁니다.

제가 이처럼 정의에 집착하는 것도 촘스키에게 배운 여러 교훈 중 하나입니다. 촘스키 책을 눈여겨본 사람이면 누구나 눈치 챘겠지만, 촘스키는 어떤 말을 하든지 간에 그 개념을 새롭게 정의합니다. 제가 언어학을 공부할 때부터 촘스키의 영향을 받았는지 모르겠지만, 촘스키는 정의를 무척 중요하게 생각합니다. 여하튼 촘스키를 철학자라고 합시다. 촘스키를 철학자라고 할 때 촘스키가 말하는 철학은 촘스키가 기본으로 삼고 있는 삶의 사고방식이겠죠. 그 철학에 따라서 정치 문제에 어떻게 접근하는지 생각해봐야 되거든요. 따라서 이 글도 촘스키가 어떤 생각 혹은 철학을 갖고 정치라는 문제에 접근하고 있는지를 주로 살펴보려 합니다.

촘스키의 언어철학

물론 촘스키의 언어학에서도 철학적인 냄새가 분명히 풍깁니다. 촘스키에 대해서 쓴 책들을 보면 촘스키의 언어관이 촘스키의 정치철학에도, 정치관에도 반영됐다고 얘기합니다. 하지만 제가 알기에 촘스키는 자신의 언어관과 정치적 견해는 서로 아무런 관계가 없다고 말했습니다. 따라서 촘스키의 언어관을 그의 정치철학에 짜 맞추는 것도 문제가 있는 것 같습니다. 결국 촘스키의 언어관은 언어관이고, 정치관은 정치관이라고 보는 것이 좋을 겁니다. 굳이 언어관과 정치관의 공통점을 찾으라고 한다면, 저는 '과학적 합리주의'라고 말하겠습니다. 합리적이고 이성적으로 생각하는 사람은 언어도 이성적으로 생각할 것이고, 정치도 이성적으로 생각하겠지만, 누군가의 언어관이 이렇기 때문에 정치관도 이럴 거라고 단정 짓는 것은 문제가 있습니다. 둘 사이에 상관관계는 있을지언정 인과관계가 있다고 말하기는 힘드니까요. 여하튼 촘스키의 언어관과 정치관을 짜 맞추고 싶은 사람들은 인과관계를 주장할지 모르지만, 촘스키는 그런 부분을 강하게 거부하고 있는 게 사실입니다.

촘스키의 언어관은 무척 전문적인 분야이지만 잠깐 살펴보겠습니다. 촘스키의 언어관은 변형생성법에서 출발합니다. 그렇다면 변형생성이라고 했을 때 생성이라는 개념은 무엇을 의미할까요? 생성을 '만든다'라고 본다면, 이 설명은 이름을 풀이한 정도밖에 안되죠. 언어라는 것은 애초부터 만들어내는 겁니다. 새로운 단어나 말을 계속 만들어내는 거죠. 촘스키도 생성이라는 개념을 단순히 만들어내는 것이라 설명했다면, 기존의 문법에 새로운 이름만 붙인 것에 불과할 겁니다.

그런데 왜 사람들은 촘스키의 언어학에 열광했던 것일까요? 두뇌 수준을 차치하고 누구나 자신의 모국어, 특히 문법을 이해하는 능력이 있다는 점에 촘스키가 주목했기 때문일 겁니다. 인간은 누구나 아주 작은 샘플만을 대상으로 자기 나름대로의 규칙을 머릿속으로 만들어낼 수 있다는 것입니다. 촘스키는 우리가 생득적으로 보유하는 이른바 언어습득장치language acquisition device를 제안하며 경이로운 언어발달 능력을 설명했습니다. 우리는 언어습득장치로 스스로 찾아낸 문법을 근거로 무한수의 문장을 만들어낼 수 있을 뿐 아니라, 생전 처음 듣는 말도 이해를 할 수 있다는 거죠. 제가 하는 말 처음 들으시죠? 이런 말은 지금까지 들어본 적이 없으시잖아요. 제가 지금 하는 말을 똑같이 했던 사람은 아무도 없었을 거 아니에요. 그런데 여러분들은 제 말을 이해하는 데 아무런 문제가 없습니다. 이것도 하나의 생성이라는 거죠. 무한수의 문장을 만들어낼 수 있고 지금까지 한 번도 들어보지 않았던 새로운 문장을 얼마든지 이해를 할 수 있다는 것이 바로 촘스키가 말하는 생성주의라는 것입니다.

촘스키의 언어학은 1965년에 《통사 이론의 양상Aspects of the Theory of Syntax》이란 책을 발표하면서, 변형보다는 해석interpretation에 초점을 맞추기 시작합니다. 쉽게 말하면, 변형은 심층구조에서 표층구조로 만들어가는 과정이고, 해석은 주어진 문장의 문법성 혹은 비문법성을 설명하는 것이라는 데 초점을 맞춥니다. 여기까지가 촘스키 언어학에서 표준 이론이라 불립니다. 그 이후에 문법적으로 올바른 문장을 생성하는 데 초점을 맞추는, 변형을 최소화하고 심층구조와 표층구조의 관계를 설명하는 해석이 강화됩니다. 표지 이론(X′ 이론)이 등장하면서 촘스키 언어학은 조금씩 추상화됩니다. 표지 이론은 쉽게 설명하면, 명사구, 형용사구나 전치사구 등 모든 구가 구조적으로 똑같다는 겁니다. 이런 생각은 문장구조에도 적용됩니다. 여기에서 표준 이론이 확대표준 이론으로 수정됩니다. 변형도 이제부터는 Move-α로 단순화됩니다. 여기서 '단순화'라는 개념에 주목할 필요가 있습니다. 앞에서 문법은 두뇌 수준에 상관없이 누구나 습득할 수 있다고 했습니다. 어떤 의미에서 단순한 것은 쉽다고 할 수 있지요. 여기에 격 이론과 θ-역할이 더해지며 유명한 지배와 결속이란 개념이 등장합니다. 지배와 결속이라 번역된 government와 bining은 정치 개념을 연상시킵니다. 여담 하나를 하자면, 이 이론이 수록된 책의 원제가《지배와 결속 강의Lectures on Government & Binding》인데 1981년에 발표됐습니다. 출간 당시 우리나라는 전두환 시절이었고요. 제목만 보면 불온서적처럼 보였겠지요. 제가 직접 경험하지는 않았지만, 당시 이 원서를 들고 다닌다고 심한 곤욕을 치른 학생이 있었다고 합니다. 여하튼 지배와 결속 이론이 제시되면서 촘스키 이론이 추상화되고 단순화된 것은 사실입니다. 또 지배와 결속의 관계를 분석할 때 관련어들의 거리도 가까워질 수밖에 없었고요. 그 결과가 최소주의Minimalism로 나타납니다. 여기까지가 촘스키 언어학의 발달사입니다.

그런데 촘스키는 새로운 이론을 제시할 때마다 유럽 학자들과 다른 점이 있었어요. 새로운 이론을 설명하기 위해서 새로운 용어를 사용하지 않는다는 겁니다. 기존의 단어를 사용하며 새로운 뜻을 부여합니다. 새로운 용어를 만드는 것이나, 기존 단어에 새로운 의미를 부여하는 것이 뭐가 다르냐고 반문할 사람도 있을 겁니다. 그럼 제가 묻고 싶은 게 있습니다. 영어 단어 take는 한 단어입니까, 아닙니까? 누구나 한 단어라고 대답할 겁니다. 하지만 take에는 많은 뜻이 있습니다. 언어학자는 take의 시니피앙과 시니피에의 결합을 생각해서 그것이 여러 단어라고 말할지 모르겠지만 일반인에게 take는 한 단어입니다. 적어도 일반인에게는 새로운 의미가 부여된 기존 단어가 새로운 의미가 부여된 신조어보다 친숙하게 느껴집니다. 또 촘스키의 글은 읽고 이해하기가 상당히 쉽습니다. 이런 점에서 촘스키는 유럽의 좌파 학자들을 신랄하게 비판합니다. 신조어를 만들어내고 알쏭달쏭하게 글을 쓴다는 이유로 말입니다.

그럼 촘스키는 언어학에서 무엇을 얘기하려고 하는 걸까요? 촘스키 통사론의 핵심은 보편문법의 추구에 있습니다. 여기에서 원리principle와 패러미터parameter라는 개념이 나옵니다. 예컨대 '한정사는 명사 앞에 쓰인다'가 원리라면, 이 원리에 대한 영어의 패러미터는 +가 되고, 만약 한정사가 명사 뒤에 쓰이는 언어의 패러미터는 -가 되는 것입니다. 촘스키의 보편문법적 개념을 문법교육에 연결해보면 상당히 재밌습니다. 많은 사람들이 영어문법이 되게 어렵다고 하죠. 문법이 어려워서 영어공부 못하겠다는 말, 많이 들어보셨죠? 그런데 촘스키의 보편문법에 따르면, 그런 말은 잘못된 것입니다. 촘스키에 의하면 '관사는 명사 앞에 붙는다' 이것만이 문법이에요. 관사는 부정관사 a와 정관사 the로 나뉘어진다는 건 문법이 아니라는 거죠. 그건 렉시콘lexicon이에요. 어휘죠. 결국 문법도 정의에 따라 달라집니다. 어디까지를 문법이라고 얘기할 수 있을까요? 물론 문법을 어떻게 정의하느냐에 따라 소리와 의미도 문법에 속할 수 있습니다. 하지만 문법을 단순히 통사적 개념으로 좁혀버리면 문법은 무지하게 간단해집니다. 촘스키가 말하는 보편성이 바로 여기에 있습니다.

문법이 쉽다고 말했습니다. 이 말이 믿기지 않는 사람이 있을 겁니다. 그럼 집에 성문종합 영어책이 있다면, 한번 확인해보세요. 그 문법책에는 명사에 관해서 이렇게 쓰여 있을 겁니다. 관사 다음에 명사가 쓰였고, 명사에는 단수와 복수가 있고, 복수는 단수에 s를 붙입니다. 하지만 사전에서 -s를 찾아보세요. 복수에 쓰이는 접미사라는 뜻을 찾을 수 있을 겁니다. 관사는요? '관사는 명사 앞에 붙는다'가 문법일 뿐입니다. 사전을 찾아보면 문법책에서 설명하는 쓰임새와 의미가 모두 있습니다. 문법책을 옮겨놓은 것이지요. 결국 문법은 어려워할 필요가 없다는 거예요. 원래 문법은 되게 쉬운데 사전을 옮겨놔서 단어를 외우느라고 어렵게 느껴지는 겁니다. 단어와 숙어의 뜻을 외우는 게 어려운 것이지 문법이 어려운 것은 아니죠. 우리는 흔히 문법 위주의 교육을 받아서 영어를 6년 이상 배워도 외국인을 만나 회화를 제대로 못합니다. 적어도 촘스키의 관점에서 보면, 우리가 언제 문법 위주의 교육을 배웠나요? 단어 위주의 교육을 배웠다고 할 수 있겠죠. 영어를 가르친 선생님들도 문법에 대해서는 '관사는 명사 앞에 쓰인다'라는 말만 했던 겁니다. 우리는 문법을 배운 게 아닙니다. 단어만 죽도록 외웠죠.

촘스키의 정치관

이제 촘스키의 정치관에 대해 이야기해볼게요. 촘스키는 양질의
정보를 근거로 한 상식적인 판단을 중요하게 생각합니다. 상식
적인 판단을 위해서는 과학적이고 합리적인 사고력이 전제되어
야만 할 것이고, 양질의 정보를 확보하기 위해서는 언론 보도를
냉정하게 읽어내는 힘이 필요할 겁니다. 그럼 언론을 어떻게 하
면 정확하게 읽어낼 수 있을까요? 촘스키는 에드워드 허먼Edward
Herrmann(1943~)과 함께 쓴 《여론조작》(정경옥 옮김, 에코리브르, 2006)
에서 언론을 읽어내는 요령을 가르쳐주었습니다. 하지만 요령을
알면 무엇을 하겠습니까? 기사를 읽는 독자가 현상을 정확히 파
악하고 이해하려는 노력이 무엇보다 필요합니다. 누구에게나 고유
한 가치관과 선입견이 있다는 걸 기억해야 합니다. 물론 우리 자
신의 생각에는 선입견이 없는지 돌이켜봐야 합니다. 누구도 선택
적 지각, 인지 부조화에서 자유로울 수 없기 때문입니다. 따라서
언론 보도를 정확하게 읽어내기 위해서는 성격을 달리하는 여러
매체에서 정보를 구하려는 노력이 있어야 합니다. 진정한 자유인
이 되는 건 쉬운 일이 아닙니다.

촘스키는 《촘스키의 아나키즘》(이정아 옮김, 해토, 2007)이란 책에
서 "경제적 착취와 정치사회적 노예화의 저주로부터 인간을 해방
시키는 문제는 우리 시대에도 여전히 문젯거리이다"라고 말했습
니다. 뒤에서 다시 말하겠지만, 촘스키가 말하는 아나키즘은 우리
가 알고 있는 "일체의 정치권력이나 공공적 강제의 필요성을 부
정하고 개인의 자유를 최상의 가치로 내세우려는 사상"과는 다른

것입니다. 여하튼 이 말에 촘스키의 정치관이 집약돼 있는 듯합니다. 촘스키가 잘못된 세계화와 미국의 일방적인 외교정책을 신랄하게 비판하는 이유도 이 말에서 찾을 수 있습니다. 그렇다면 촘스키는 사회참여를 적극적으로 한다고 알려져 있는데 과연 그럴까요?

촘스키는 참여하는 지식인입니다. 젊은 시절 반전데모를 할 때는 연좌농성에도 참여했지요. 물론 지금 그는 글과 강연으로 참여하는 지식인입니다. 2011년 '점령하라' 시위가 한창일 때도 그는 시위자들 앞에서 강연을 했습니다. 당시 10월 말 '보스턴을 점령하라'에서 강연하는 모습은 동영상으로도 볼 수 있습니다. 상당히 쌀쌀했던지 옷을 두껍게 껴입은 촘스키가 마이크 하나만을 잡고 시위자들 앞에서 미국의 경제 상황에 대해 강연하며, 맑스의 말을 인용해서 "우리에게 주어진 과제는 세상을 이해하는 데 그치지 않고 세상을 변화시키는 것"이라고 외쳤습니다. 그럼 세상을 변화시키는 방법이 무엇일까요? 촘스키는 "여러분들, 뭉치십시오. 여러분들 연대하십시오"라고 말합니다. 다시 질문이 이어집니다. 그럼 어떻게 연대해야 할까요? 여기에 대해 촘스키는 명확히 대답하지 않습니다. 따라서 촘스키를 비판하는 사람들은 이 점을 지적합니다. 명확한 대안이 없이 비판만 한다는 것이죠. 우리가 몰랐던 진실을 알려주었다는 사실만으로도 촘스키는 자신의 역할을 다한 것이지 않을까요? 조직 전문가도 아닌 촘스키에게 대안을 요구하는 것은 지나치게 무리한 요구가 아닐까요? '점령하라' 운동은 올해 2주년을 맞이하지만, 지금은 그런 저항운동이 있었는지조차 잊힌 상황입니다. 2013년 9월 17일, 월스트리트에서 소수의 사람들만이 모여 2주년 행사를 했다고 하지만 우리 언론에서는 거의 언급되지 않았습니다. 이른바 좌파 언론에서도 관심 없는 사건인 양 넘겨버렸습니다. 이제는 1%와 99%라는 말조차 들리지 않습니다. 이런 변화가 촘스키가 대안을 제시하지 못한 탓일까요? 촘스키가 지식인으로서 피지배자의 마음을 심정적으로 동의하는 데 그치지 않고, 현장에 나가 자신의 생각을 밝힌 것만으로도 충분히 참여한 게 아닐까 싶습니다.

　그러면 제도권 안에서 촘스키가 어떤 명확한 대안을 제시하기에는 제한적인 것이 아닌지 생각해볼 수 있겠네요. 대안이 방법론을 뜻한다면, 촘스키가 현 상황을 극복하기 위한 전략적 방법론을 구체적으로 말한 경우는 거의 없습니다. 하지만 최근에 발표한 《촘스키, 점령하라 시위를 말하다》(강주헌 옮김, 수이북스, 2012)를 보면, 미국 오하이오주에서 노동자와 공동체가 공동 소유하는 공장들의 사례, 선거운동 방식을 획기적으로 바꾸는 방법 등에 대한 그의 생각이 구체적으로 등장합니다. 물론 제가 과문한 탓이겠지만, 촘스키가 이처럼 구체적으로 방법론을 제시하는 책은 거의 읽은 적이 없습니다. 이제까지는 권력을 가진 사람들이 막다른 궁지에 몰리지 않는 한 권력을 포기하지 않기 때문에 오랜 투쟁과 민중의 결집이 필요하다고 말하는 정도였으니까요.

　반면 대안이 '이론'을 뜻하는 경우가 많기 때문에 촘스키는 자신을 철학자가 아니라고 했어요. 누군가 촘스키를 이렇게 비판한 적이 있어요. '촘스키 당신에게는 이론이 없다. 당신 이론은 뭐냐?'라고요. 물론 대안이 뭐냐는 뜻에서 이론이 뭐냐고 묻는 것입니다. 이런 비판에 촘스키는 '이론'이란 단어가 너무 남용되는 경향이 있다며, 자기도 마음만 먹으면 네그리Antonio Negri(1933~)나 지젝처럼 얼마든지 자기 생각을 애매모호한 단어들로 포장해서 '이론화'할 수 있다고 맞받아 칩니다. 촘스키는 현장에서 저항하는 사람들과 함께하는 방향을 택했고, 자신이 쓴 글들은 모두 실질적으로 대안들을 제시했던 것이라고 말합니다.

촘스키와 '깨어남'

'깨어나라'라는 말이 있잖아요. 깨어나야 제대로 인식이 되고, 그런 후에 진정한 참여participation가 가능하지요. 촘스키적 관점에서 '깨어남'을 보기 위해서는 대략 이런 도식이 필요할 겁니다.

과학적이고 합리적인 사고 + 이성
　→ 양질의 정보(올바른 결정과 판단) → 상식

'깨어남'의 증거가 올바른 상식이라면, 이런 상식을 얻기란 쉬운 일이 아닐 겁니다. 상식은 있는데 제대로 된 상식은 아닌 경우가 많지요. 양질의 정보를 얻고, 그 정보를 과학적이고 합리적으로 판단을 해야 돼요. 양질의 정보를 판단하는 가장 좋은 방법이 바로 언어를 활용하는 것입니다. 언어를 통해서 우리는 양질의 정보를 얻고, 양질의 정보를 과학적이고 합리적으로 판단을 해서 얻은 것이 상식이라는 거예요. 촘스키 입장에서는 이렇게 할 때 깨어난다고 할 수 있겠죠.

결국 문해 능력이 필요하겠지요. 문해 능력은 우리가 어떤 글을 읽어내는 능력, 해석하는 능력이거든요. 글을 제대로 해석하려면 우선 읽어야 하는데, 가령 우리나라의 매체들은 자신들이 유리하도록 조금씩 바꿔서 서술하죠. 그럼 우리는 어떻게 해석해야 되는 걸까요?

제가 최근에 안타까운 글을 읽었습니다. 평소에 신뢰했던 신문에 실린 기사여서 약간의 왜곡이 저를 실망시키기도 했습니다. 이석기 사건과 통진당에 관련된 기사로 《뉴욕타임스》에 실린 글을 길게 인용한 기사였습니다. 《뉴욕타임스》를 충실하게 인용했지만 한 단어를 바꿔놓았습니다. 《뉴욕타임스》에서는 통진당을 '극좌'라고 표현했지만 그 신문에서는 단순히 '좌파'라고 표현했습니다. 극좌와 좌파, 두 단어가 갖는 뉘앙스는 무척 다르지 않습니까. 이런 작은 부분이 그 신문의 신뢰를 흔드는 게 아니겠습니까.

촘스키는 공화당과 민주당, 어느 쪽에도 서지 않습니다. 객관적인 관찰자로서 분석해 글을 씁니다. 또 정보의 전달자로서 촘스키는 일반 독자를 위해 글을 쉽게 쓰려고 노력한다는 점도 매력적입니다. 그래야 대중이 정보를 제대로 소화해서 올바른 상식을 가질 수 있다고 생각하는 것이겠죠. 지젝과 논쟁을 벌인 데도 이러한 생각이 자리하고 있습니다. 지젝은 촘스키가 만날 증거 위주로 얘기를 한다고 말하지만 종종 틀린 증거과 한쪽의 일방적인 주장을 인용한다고 비판합니다. 반면에 촘스키는 지젝 같은 사람들을 "난 복잡한 다음 절 단어처럼 부질없는 용어들을 쓰거나 있지도 않은 이론이 있는 것처럼 젠체하는 가식에는 관심이 없다"라고 비꼽니다. 실제로 촘스키는 항상 유럽 좌파들에게 "나는 당신들이 말하는 것을 전혀 못 알아듣겠다"라고 말합니다. 자기도 나름대로 글 읽는 사람인데 유럽 좌파들이 하는 말은 이해를 못하겠다는 거예요. 말로는 민중을 위한다고 하면서 왜 민중을 위한 글을 쓰지 않느냐는 거지요. 결국 촘스키의 바람은 민중을 위해서 쉽게 글을 풀어 쓰라는 것이죠.

그럼 촘스키는 진짜 그렇게 글을 썼을까요? 촘스키는 그렇게 글을 쓰려고 애써요. 그런데 독자들이 촘스키의 글을 이해하기 어렵다고 생각하는 이유가 있어요. 촘스키가 남이 한 말, 특히 단어를 그대로 인용하며 빈정대려고 쓰기 때문이에요. 하지만 그 단어의 어원, 그 단어의 출처가 어딘지를 알면 쉽게 이해가 됩니다. 가령 surge라는 단어가 있습니다. 물론 촘스키의 글에서 그 단어는 숨어 있지 않아요. 따옴표로 표시해서 인용한 단어라는 걸 확실하게 보여줍니다. 이 단어를 사전적 의미로 '급등'이라 해석하면 문장의 앞뒤 맥락과 어울리지 않지만, 부시 대통령이 이라크에 군인을 추가로 파병하기 위해 쓴 단어라는 걸 알면 그 단어가 쓰인 문장이 쉽게 이해됩니다. 평범한 단어가 어려운 단어가 된 셈이죠.

촘스키와 지식인 발언

이제 촘스키가 여러 번 강조하고 있는 지식인들의 발언 문제에 대해 이야기해보려고 합니다. 여기서 다루고 있는 내용은 한국 사회에서 시사하는 바가 많다고 생각합니다.

한국의 진보 지식인은 집권당과 대척구조에 있는데 지배층의 잘못된 것은 비판을 하지 않습니다. 진정한 지식인이고 학자라면 공정하게 비교하며 비판해야 한다고 생각합니다. 촘스키가 하는 것 처럼요. 그런데 문제는 촘스키나 한국의 진보 지식인이 편향된 정보를 얻고 있는 건 아닌가 하는 점입니다. 커다란 구조 내에서 판단할 수 없는 상황에 있는 것이지요.

그런 면에서 러시아에 의한 동유럽 지배가 미국의 폭압에 견주면 낙원에 가깝다고 한 촘스키의 발언 등을 지적한 지젝 등의 주장이 촘스키의 반발대로 "얄팍한 공상문학 수준"은 아닙니다. 아프가니스탄의 경우도 그렇습니다. 촘스키는 미국이 개입한 이후보다 소련이 아프가니스탄을 지배했을 때 여성의 인권이 보장된 부분이 훨씬 많았고, 문맹률도 훨씬 낮아졌다고 말합니다. 공산 계열 정당이던 아프가니스탄의 인민민주당이 소련의 지원을 받아 정권을 잡은 후에 교육제도를 개선해서 양성 모두에게 교육 혜택을 부여한 것은 사실이고, 소련이 물러나고 탈레반이 정권을 잡은 후에는 여성의 사회 참여를 금지하고 학교에 다니는 것도 허락하지 않았기 때문입니다. 따라서 여기까지만 보면 촘스키의 지적이 옳습니다. 하지만 촘스키 자신이 가르쳐준 대로 정보를 다른 곳에서 더 구해보면, 촘스키가 소련 지배의 전후관계를 간과했다는 걸 확인할 수 있습니다. 예컨대 소련은 1979~1989년까지 아프가니스탄에 주둔했고, 1988년 당시 여성이 박사학위 소지자의 40퍼센트였으며, 카불대학교에 재직하는 선생의 60퍼센트가 여성이었다는 자료가 있습니다. 소련이 주둔하기 전부터 아프가니스탄에서 여성도 교육받을 수 있었던 간접적인 증거로, 실제로 아프가니스탄 왕국의 마지막 군주였던 무함마드 자히르 샤가 민주화 노선을 추구하며 교육제도를 꾸준히 개선한 결과물입니다. 결국 소련이 지배했기 때문에 아프가니스탄 여성의 문맹률이 떨어지고 여성 인권이 개선된 게 아니라는 겁니다. 물론 촘스키가 소련에 대항한 무자헤딘mujahidin을 지원하며 수많은 인명 피해를 낳은 결과를 강조하고, 미국이 아프가니스탄에 개입했지만 정작 아프가니스탄 국민에게는 어떤 이익도 안겨주지 못했다는 걸 비판하기 위해서 그런 말을 했다는 것은 이해합니다. 어쩌면 촘스키의 지적을 그런 식으로 관대하고 읽어주고 싶은 마음도 있습니다. 그러나 촘스키가 지닌 영향력을 생각할 때, 촘스키의 그런 지적을 그대로 받아 소련이 지배했기 때문에 문맹률이 떨어졌다는 식으로 읽다보면 아쉬움이 남습니다.

문제는 그가 어떤 통계자료의 인과관계를 생각하지 않고, 단순히 통계라는 자료만 가지고 얘기를 했다는 겁니다. 소련이 지배하던 시절에 미국의 지원을 받은 무자헤딘과 싸우면서 많은 교육 시설에 파괴되었는데도, 1988년에 앞에서 언급한 결과가 있었다는 것은 소련이 여성 교육과 인권을 무시하지 않았다는 증거로 충분합니다. 다만 정말 소련이 지배를 했기 때문에 여성의 인권이 훨씬 더 신장됐고 문맹률이 떨어졌느냐는 거죠. 왜냐면 앞에서도 말했듯이 교육 개혁은 소련의 침략 이전부터 꾸준히 진행되었거든요. 따라서 소련이 여성을 위해 어떤 정책을 추진했다는 설명이 없이, 수년간의 노력이 있은 후에야 결실이 나타나는 통계만을 근거로, 소련이 지배했을 때는 여성 인권이나 문맹률이 그런대로 괜찮았는데 미국이 들어와서 더 나빠졌다고 단정 짓기는 힘들다는 겁니다. 또한 촘스키는 2008년 영국 합동정보위원회 국장을 역임한 아프가니스탄 전문가, 로드릭 브레이스웨이트Roderick Braithwaite(1932~)가 기자들과 가진 간담회에서 "소련 치하에서 상황이 더 나았다. 적어도 카불에서는 그랬다. 여성들도 직업을 가졌다. 소련은 공장을 지었고 도로를 놓았으며 학교와 병원을 세웠다. (중략) 탈레반 시대에도 그다지 나쁘지는 않았다"라고 했던 증언을 바탕으로 미국과 다국적군의 개입을 비판했습니다. 브레이스웨이트의 증언은 영국 정보원들의 보고서를 근거로 한 것입니다. 하지만 이 비판도 여성의 인권이나 문맹률과는 별로 관계가 없습니다. 미국의 개입이 주둔이 아니라 재건을 위한 원조에 그쳐야 한다는 뜻일 겁니다.

그렇다면 미국도 어차피 국익을 위해 세계 경찰인 척하면서 다른 나라의 상황에 개입하는 게 아닐까요? 당연하지요. 미국 정부는 만날 보호책임을 운운하며, 어떤 나라 국민을 독재자로부터 보호해야 한다고 하고, 인권을 내세우면서 다른 나라에 개입하지만, 궁극적으로 따져보면 미국의 국익을 위한 행동일 뿐입니다. 과연 어떤 나라가 순수한 마음에서 자국의 인명과 재산의 손해를 감수하고 다른 나라를 원조할까요? 오히려 미국에게 선의를 기대하는 사람들이 순진한 거겠죠. 이런 점에서 촘스키는 미국인이라기보다 진정한 세계인인 듯합니다.

촘스키의 정치적 비평은 세 가지로 요약됩니다. 미국의 외교정책을 비판하고, 세계 경제의 흐름을 비판하고, 미국의 국내 정치를 비판합니다. 미국의 국내 정치를 비판하는 경우가 외교정책이나 경제를 비판하는 경우에 비하면 적은 편입니다. 미국이 초강대국으로 군림하며 세계 경찰이라고 자임한다면, 정말로 그런 역할을 하라는 게 촘스키의 주장입니다. 그런데 미국이 개입하는 나라에서는 왜 민주주의와 인권이 더 후퇴하고 내란이 끊이지 않느냐는 겁니다. 결국 미국이 순전히 국익을 위해서 개입했다는 걸 해당 국가의 국민들도 아는 거지요.

또한 촘스키가 숲을 보지 못하고 나무만 보고 비판한다는 지적이 있습니다. 언젠가 촘스키는 "내가 쓴 글들은 모두 실질적으로 대안들을 제시한다고 말할 수 있다. 그것도 장기적인 비전을 바탕으로 단기적인 목표까지 제시한 대안들이라 할 수 있다"라고 말한 적이 있습니다. 촘스키의 글을 전체적으로 보지 않고, 그가 단편적으로 제시하는 사례만 보면 그런 비판이 가능합니다. 실제로 촘스키가 전체적인 그림을 보여준 적도 없으니까요. 그 역할은 독자의 몫일 겁니다.

미국의 국내 문제 하나를 예로 들어 설명해보겠습니다. 미국의 병원비는 보험이 없을 경우에는 거의 악몽입니다. 미국 병원비가 비싼 거 다 아시잖아요. 촘스키가 어느 날 아파서 보스턴 종합병원 응급실을 갔대요. 촘스키는 유명인이기도 하고, 보험도 들었으니까 빠른 시간 내에 치료를 받고 나왔어요. 다음 날 보험 처리를 하느라고 보스턴 종합병원을 다시 찾아갔는데, 원무과가 엄청 넓었다는 거예요. 당시 약 80명의 직원이 각자 컴퓨터 앞에서 업무를 보고 있었습니다. 그걸 보면서 촘스키는 저 많은 컴퓨터, 저 많은 원무과 직원들을 유지하는 데 쓰는 비용들이 병원비와 관련된 것이 아닌가라는 생각이 들었답니다. 그리고 다른 병원과 비교를 하기 위해서 캐나다 토론토에 있는 어떤 종합병원을 예로 듭니다. 그 종합병원은 원무과 직원은 별로 없었고, 환자들이 직접 지하에

위치한 엑스레이 필름 보관실까지 가서 자신의 엑스레이 필름을 찾아야 하는 구조로 되어 있었습니다. 대신 병원비는 훨씬 저렴했습니다. 촘스키는 이 둘을 비교하며 미국 병원 시스템의 비효율성을 지적합니다. 결국 대형화된 의료기관의 폐단을 지적한 겁니다.

여기까지만 보면 미국의 병원 시스템은 분명히 문제가 있고 촘스키의 지적이 맞습니다. 미국 병원이 지나친 전자화를 추구해서 고비용구조를 낳았다고 생각하게 되잖아요. 그러나 촘스키는 자신을 비판하는 사람들을 다른 방향에서 생각합니다. 예컨대 컴퓨터를 만든 사람들, 컴퓨터로 일을 하는 사람들, 전자화를 위해서 프로그램을 만드는 사람들, 그 많은 사람들을 어떻게 해야 하는 걸까요? 전자화를 바탕으로 첨단 의료기기가 생산되어, 인류에게 더 나은 의료 혜택을 주고 있지 않느냐는 겁니다. 이런 비판에는 충분히 타당성이 있습니다. 다만 하나의 현상을 촘스키와는 다른 시각에서 보고 있는 것입니다. 결국 좌우의 문제일 수 있습니다. 게다가 촘스키가 두 병원을 비교한 데는 미국의 의료제도를 비판하기 위함이 컸기 때문에 그런 비판을 받는 게 억울하기도 했을 겁니다. 그렇지만 촘스키는 어쨌거나 국민의 편에서 그런 쓴소리를 했던 것이겠죠. 촘스키는 병원비가 더 낮아져서 그 결과 많은 사람이 의료 혜택을 받기를 원했을 겁니다.

그가 항상 국민의 편에서 말하는 건 사실입니다. 인터넷의 경우도 마찬가지입니다. 인터넷이 미국 군부에서 처음 사용했다는 건 누구나 알고 있는 사실입니다. 그럼 인터넷은 미국 국민의 세금으로 개발된 기술입니다. 따라서 인터넷은 국민의 세금으로 개발됐기 때문에 미국 국민은 인터넷을 공짜로 사용해야지, 왜 돈을 내고 사용하느냐고 촘스키는 말합니다. 촘스키는 적어도 미국인이기 때문에 그렇게 얘기할 수 있습니다. 물론 인터넷기술을 민간에 제공하면서 민간이 더 큰 혜택을 누리게 된 것은 사실입니다. 여기에서 궁금증이 생깁니다. 우리도 미국 국민의 세금으로 개발된 인터넷을 사용합니다. 우리는 어떻게 해야 되지요? 또 세계는 어떻게 하죠? 여하튼 우리가 지금 인터넷 사용료로 지불하는 돈이 인터넷 사용료일까요, 아니면 인터넷을 사용할 수 있도록 하는 인프라 구축과 유지에 필요한 돈일까요?

이런 의문을 갖게 해준 사람이 바로 촘스키입니다. 우리나라에서도 비슷한 일이 있었습니다. 기억하겠지만, KT가 민영화되기 전에 전화선의 구축은 순전히 전화 가입자의 돈이나 국민의 세금으로 완성됐습니다. 당시 전화를 개설할 때마다 상당한 가입비를 냈지만, 그 돈은 돌려줄 때는 언제나 이자가 계산되지 않았을 겁니다. 원금만 돌려준 셈이지요. 그렇다면 전화선이 완성된 이후에는 우리에게도 전화를 공짜로 사용할 수 있는 권리가 있는 게 아닐까요? 지극히 사소한 문제인 듯 하지만 국민의 입장에서 보면 잃어버린 권리일 수 있습니다. 또 이런 권리를 주장한 지식인이 우리나라에 있었다는 말은 들은 적이 없습니다. 촘스키는 국내 문제에서 사소하지만 결코 가볍게 넘겨서는 안 될 문제들을 지적합니다. 우리가 촘스키에게 배워야 할 점은 이런 의문을 품는 것입니다. 국민의 편에서 생각하면 우리가 찾아야 할 권리가 상당히 많을지도 모릅니다.

표현의 자유는 어떻게 가능한가?

촘스키가 강정마을의 해군기지 건설을 반대하는 사람들을 지지하는 호소문을 보낸 적이 있습니다. 미국이 해군기지를 중국을 견제하기 위한 발판으로 사용할 거라는 이유로 말입니다. 해군기지 건설을 반대하는 사람들은 촘스키의 지지에 힘을 얻었지만, 반면에 해군기지 건설을 찬성하는 사람들은 촘스키의 지지를 대수롭지 않게 생각합니다. 거기에다 촘스키는 해군기지를 반대하는 성명서만 발표한 게 아닙니다.《뉴욕타임스》에 해군기지의 건설을 반대하는 칼럼을 쓰기도 했습니다. 하지만 우파에서 촘스키의 그런 성명서 발표를 대수롭지 않게 생각할 뿐 아니라, 심지어 자신의 인기를 얻기 위한 수단이라 폄하하는 데는 여러 이유가 있습니다.

질문을 하나 해보겠습니다. 일간베스트라는 사이트에서 노무현 대통령을 조롱하는 사건이 있었습니다. 만약 우리나라 법원이 그 사이트를 폐쇄하겠다는 판결을 했고, 그래서 내가 그런 판결의 부당함을 지적하는 탄원서에 서명을 해달라는 부탁을 촘스키에게 한다면 그가 서명을 해줄까요, 안 해줄까요? 촘스키는 틀림없이 서명해줬을 거예요. 그 증거가 뭐냐면, 프랑스에서 일어난 포리송 사건이에요. 프랑스 리옹대학교에서 포리송Robert Faurisson(1929~) 교수가 "홀로코스트는 없었다"라고 주장했다는 이유로 교수직에서 해임되었습니다. 교수직 해임에 항의하는 탄원서에 촘스키는 기꺼이 서명했습니다. 촘스키가 이 탄원서에 서명한 이유는 간단합니다. 표현의 자유는 보장받아야 한다는 이유에 서였습니다. 국가가 역사적 진실을 결정하고, 그렇게 결정된 진실에서 벗어난 행위를 처벌하는 것은 나치주의와 스탈린주의와 다를 바가 없다는 겁니다. 그래서 "내게 중요한 것은 표현의 자유다. 우리가 증오하는 사람들에게도 표현의 자유가 허락되어야 한다. 우리 마음을 흡족하게 해주는 생각만을 인정해서는 안 된다. 우리가 진실로 정직하다면, 반대편의 주장까지도 수긍할 수 있어야 한다"라고 말합니다.

홀로코스트를 부정한 사람을 위한 탄원서에 서명함으로써, 그 행동이 촘스키를 폄하는 빌미로도 사용될 수 있다는 게 문제입니다. 촘스키라면 일간베스트의 폐쇄에 항의하는 탄원서에 서명했을 거라고 제가 말했더니, 주변에서 모두 놀랐습니다. 촘스키가 사상의 자유, 표현의 자유를 무엇보다 중요하게 생각해서 서명을 했다는 사실을 모르기 때문일 겁니다. 이런 사실을 대부분의 국민이 모르기 때문에, 촘스키가 강정마을의 해군기지 건설을 반대하는 성명서에 서명했을 때, 오히려 그는 역이용을 당할 수 있습니다. 촘스키는 홀로코스트를 부정하는 사람을 살리자는 탄원서에도 서명한 사람이라고요. 촘스키는 자신의 행동이 대중에 어떤 영향을 미칠지 잘 알고 있을 겁니다. 촘스키가 "올바른 정보만 주어진다면 고등학생이라도 추론해낼 수 있다"라고 말하듯이, 대중이 그 자신만큼 상식적이기를 원하겠지만 현실은 그렇지 못한 게 사실입니다.

촘스키는 항상 이렇게 말합니다. 본인에게 완벽한 걸 원하지는 말라고요. 이런 면에서 촘스키는 겸손한 지식인입니다. 또 중요한 것은 쟁점 자체이지, 누가 어떤 쟁점을 제기했느냐가 아니라고 말했습니다. 앞에서도 말했지만, 누구나 자기만의 편견을 갖고 있습니다. 결국 촘스키는 자신이 하는 말로 곧이곧대로 받아들이지 말라고 이야기하는 것일 수 있습니다. 촘스키니까 당연히 팩트를 말했을 거라고 단정하지 말라는 겁니다. 촘스키가 말했으니까 당연히 진리일 거라고 받아들이지 말고, 스스로 검증하는 작업을 거치라는 뜻일 수 있습니다. 촘스키가 직접 자신의 이름까지 인용하며 이렇게 말하지는 않았지만, 저는 개인적으로 촘스키의 이런 면이 좋습니다. 공부를 더 하도록 자극하는 사람이니까요.

***

더 읽어보면
좋은 책

노엄 촘스키·에드워드 허먼, 정경옥 옮김,《여론조작》, 에코리브르,
2006.

언론이 객관적인 관점에서 사실을 보도한다는 일반적인 생각을 여
지없이 무너뜨리는 책이다. "미국의 미디어는 국가와 기업을 지배
하는 엘리트계급의 일치된 의견을 주로 반영하고, 정부 정책의 일
부에 반대하는 사람들의 의견도 전술적인 이유에서 보도한다"라는
프로파간다 모델을 신랄하게 비판하며《뉴욕타임스》,《워싱턴포스
트》등과 같이 미국을 대표하는 언론에서 사례를 찾아 고발한다.

드니 로베르·베로니카 자라쇼비치·노엄 촘스키, 강주헌 옮김,《촘
스키, 누가 무엇으로 세상을 지배하는가》, 시대의창, 2013.

미국의 외교정책과 극단적인 세계화로 치닫는 경제 상황 및 언론
의 행태에 대한 촘스키의 신랄한 비판이 담겨 있는 책이다. 특히
촘스키가 유럽, 특히 프랑스에서 환영받지 못하는 이유와 많은 지
식인이 입을 다물며 살아갈 수밖에 없는 이유를 나름대로 분석한
대담이 수록되어 있어 흥미를 더 해준다. 이 책의 출간으로 국내에
서는 촘스키를 널리 알리게 된 계기가 됐다.

***

노엄 촘스키, 황의방 옮김, 《패권인가 생존인가》, 까치, 2004.

2006년 베네수엘라 대통령이던 우고 차베스Hugo Chavez(1954~ 2013)가 유엔 총회에서 연설하면서 "미국인들은 사람들을 바보로 만드는 슈퍼맨이나 배트맨 영화에 빠져 있지 말고 이 책을 읽으라" 고 권해 유명해진 책이다. 이 책은 제2차 세계대전 이후 미국의 패권 정책을 주로 분석하고 있으며, 특히 미국의 패권주의에 세계 여론으로 맞서 이극 체제를 구축하자는 제안이 흥미롭다.

낸시 프레이저, '재분배'와 '인정'의 통합

—

서유석

낸시 프레이저
Nancy Fraser(1947~)

낸시 프레이저는 현재 뉴욕 뉴스쿨New School의 정치학·철학 교
수다. 주 관심사는 정의론, 특히 페미니즘과 정의론의 이론적
통합 문제이다. 그녀는 정의를 복합적 문제로 보고 이에 대한
온당한 이해를 위해서는 세 차원의 관점(분배의 관점, 인정의
관점, 대표의 관점)이 모두 필요하다고 주장한다. 이 관점들은
서로 구별되면서도 상호 연관되어 있다.

  그녀는 기본적으로 좌파 민주주의의 입장에서 페미니즘,
비판 이론, 포스트-구조주의의 새로운 통찰들을 통합적으
로 수용하려 애쓰고 있다. 최근에는 세계화 문제에 관심이 있
다.《Constellations: An International Journal of Critical and
Democratic Theory》의 공동편집자이며,《쉽지 않은 관행: 현
대 사회 이론에서의 권력, 담론, 젠더Unruly Practices: Power, Discourse
and Gender in Contemporary Social Theory》(1989),《미완의 정의: '포스
트-사회주의적' 상황에 대한 비판적 성찰Justice Interruptus: Critical
Reflections on the 'Postsocialist' Condition》(1997) 등의 저술이 있고, '재
분배냐 인정이냐'를 둘러싸고 악셀 호네트와 벌인 본격적 논
쟁서《재분배냐 인정이냐Redistribution or Recognition?》(2003)로 유
명세를 탔다.

'경제 민주화와 복지 확대.' 지난 대선에서 박근혜 캠프가 내세운 슬로건입니다. 당의 성향으로 보면 새누리당이 아니라 민주당이나 진보정당에 더 어울릴 법한 슬로건인데요. 결국 새누리당이 두 키워드를 선점했고, 그 덕인지 박근혜 후보가 당선되었습니다. 물론 지금은 빈 공약으로 바뀌는 조짐이 있다고 비판을 받고 있죠.

누가 주장했건 경제 민주화와 복지 확대는 사회경제적 양극화가 심화되고 있는 현실에서 부의 편중을 완화하는 매우 중요한 정책입니다. 정의론의 키워드로 말하면 '재분배redistribution' 정책이죠. 크게 보면 지난 150년간 서구 정치철학과 사회운동의 주요 관심사도 바로 이 재분배에 대한 요구와 연관됩니다. '자원과 재화의 보다 정의로운 할당(분배)', '빈자/빈국/노동자에게로 부의 할당(재분배)' 등이 그것입니다. 제2차 세계대전 이후 지속된 사민주의 집권 시기의 최대 과제였죠. 우리 사회에서도 다르지 않습니다. 경제적 평등이 진보운동의 주된 관심사로 자리 잡아 왔습니다.

그러다가 서구에서는 1970년대 말부터, 그리고 우리 사회에서도 1990년대를 전후하여 새로운 사회운동이 등장합니다. 그 동안 경제성장과 재분배의 요구에 가려져 있던 문제들, 삶의 질, 소수자 문제, 여성에 대한 차별, 인권, 환경 등에 대한 자각이 확산되고 그러한 자각에 기초한 운동이 등장합니다. 이 운동 가운데 중요한 흐름이 문화적 차이 인정을 요구하는 문화운동/문화정치입니다. 개인과 집단의 존엄과 고유한 가치에 대한 '인정recognition'의 요구죠.

서구 정치철학에서 인정 문제를 본격적으로 다룬 사람이 독일의 호네트Axel Honneth(1949~)와 캐나다의 테일러 Charles Margrave

Taylor(1931~　)입니다. 호네트는 《인정투쟁》(문성훈·이현재 옮김, 사월의 책, 2011)이라는 저서를 통해 상호인정이야말로 이상적 사회 구현의 핵심 조건임을 주장했고요, 테일러는 대표적으로 《문화 다원주의와 인정의 정치학Muliculturalism and the Politics of Recognition. Princeton》(Princeton University Press, 1992)을 통해 문화 다원주의 시대에 집단 고유의 문화적 '정체성identity' 인정이 중요함을 설파했죠.

　이러는 가운데, 기존의 재분배론과 새롭게 등장한 인정론 사이에 이론적 대립과 갈등이 있었습니다. 전자는 평등의 정치, 계급의 정치를 주장하고 후자는 차이의 정치, 문화의 정치를 주장하면서 서로 대립하게 된 거죠. 사실 우리 사회에서도 경제적 평등, 혹은 계급 문제에 주력하는 진보운동 진영과 페미니즘으로 대표되는 문화운동 진영은 서로 간에 사이가 좋지 않습니다. 전자는 후자를 두고 운동의 초점을 흐린다고, 후자는 전자를 두고 낡은 경제환원론, 계급환원론이라고 비판합니다.

　그런데 이상적 사회를 구현하기 위해서는 경제적 평등('재분배')과 차이의 '인정' 모두가 필요하지 않을까요. 물론 양측 논자들도 현명한 사람들이기 때문에 어느 한 가지를 곧바로 무시하지는 않습니다. 다만 초점이 다른 거죠. 특히 인정론자들은 인정이론이 재분배 문제를 포괄하는 보다 현대적인 이론으로 인정투쟁을 통해서 재분배 문제도 해결할 수 있다고 주장하지요, 호네트가 대표적입니다.

　하지만 오늘 소개할 미국의 정치철학자 낸시 프레이저는 조금 다르게 사태를 봅니다. 현대의 인정이론, 특히 집단의 문화적 정체성 인정을 요구하는 이론과 투쟁은 그 내부에 심각한 위험성을 안고 있다는 겁니다. 그래서 프레이저는 '정체성' 인정이 아닌 다른 형태의 인정론을 제시합니다. 그러는 가운데 그동안 대립과 갈등을 빚었던 재분배의 요구와 인정의 요구를 그녀 나름의 새로운 정의 개념 속에서 통합합니다. 자, 이제 프레이저의 주장을 하나씩 따라가 볼까요. 먼저 그녀의 말을 직접 들어보죠.

지난 30년 동안 페미니즘의 젠더 이론은 준準맑스주의적quasi-Marxist 관점, 노동 중심적 관점에서 벗어나 점차 '탈-맑스주의적post-Marxist' 관점, 문화와 '정체성'에 기초한 관점으로 바뀌어왔다. 이 변화는 '재분배에서 인정으로' 정치적 관심이 변화해온 추세를 반영한다. 그런데 그것은 양날을 가진 변화다. 한편으로 이 변화는 페미니스트 정치의 폭을 넓혀주었다. 다시 말해 이 변화는 페미니즘으로 하여금, 합당하지만 그동안 간과되어 온 여러 문제들, 특히 정체성이나 차이difference와 같은 이슈를 포괄할 수 있게 해주었다. 하지만 다른 한편, 페미니즘의 이런 인정투쟁(인정을 향한 투쟁)은 신자유주의의 심화 상황에서 재분배 투쟁(재분배를 위한 투쟁)에 힘을 실어주기보다 그것을 '대체'하는 결과를 초래하고 있다. 그러면 페미니스트는 재분배와 인정을 모두 아우르는 포괄적 패러다임에 이르는 것이 아니라 불완전한 하나의 패러다임을 다른 불완전한 패러다임으로, 즉 불완전한 '경제(환원)주의'를 불완전한 '문화(환원)주의'로 바꾸는 꼴이 된다. 이에 나는 페미니스트의 본래적 관심 모두를 아우르는 폭넓은 젠더 이론, 즉 기존 사회주의적 페미니즘의 관심사뿐 아니라 문화적 전환과 함께 등장한 새로운 관심사까지 모두 아우르는 이론을 제안하고자 한다. 이 작업은 동시에 '분배'와 '인정' 모두를 포괄하는 폭넓은 정의 이론을 제안하는 것이며, '정체성'에 기초한 기존 인정이론을 넘어서서 재분배와 함께 시너지 효과를 낼 수 있는 새로운 인정이론non-identitarian account of recognition을 제안하는 것이기도 하다······.(프레이저, Abstract of "Recognition without Ethics?", *Theory, Culture & Society*, 2001 Vol. 18, pp. 2~3, 21~42, 강조와 윤문은 필자)

이 요약문은 서구 정치철학의 주제가 재분배에서 인정으로 점차 바뀌어 온 상황에 대한 프레이저의 진단, 그리고 그러한 전환 속에 내재하는 문제점이 무엇인지에 대한 그녀의 우려를 압축적으로 잘 보여줍니다.

프레이저는 기존의 정의론, 즉 경제적 평등과 합당한 재분배에 주목해온 이론이 20세기 후반부터 본격 제기된 차이의 인정 문제를 제대로 포괄하지 못하고 있지만, 새롭게 등장한 인정이론 역시 심각한 위험성을 내포하고 있다고 봅니다. 그녀에 따르면 오늘날의 인정이론, 특히 집단 '정체성'의 인정을 주장하는 이론'identity' model of recognition은 넓은 의미의 사회 정의를 촉진하기보다 오히려 문제를 위태롭게 할 이론적 가능성을 내포하고 있다는 거죠. 한 가지는 정의 실현을 위해 반드시 필요한 재분배 문제를 간과하거나 배제할 위험성이고, 다른 하나는 집단 정체성을 실체화하고 문화를 물화物化하는 가운데 분리주의, 집단 고립주의, 집단 순응주의, 불관용, 쇼비니즘, 가부장제, 권위주의로 이어질 위험성입니다 (프레이저는 전자의 문제를 재분배의 과제를 도외시(배제)한다는 의미에서 '배제의 문제the problem of displacement', 그리고 후자를 문화를 물화한다는 의미에서 '물화의 문제the problem of reification'라 명명합니다).

오늘 저는 현대 정치철학의 두 핵심 주제, 즉 기존 정치철학의 핵심 주제였던 '(재)분배'의 문제와 20세기 말부터 이를 대체하고 있는 '인정'의 문제를 프레이저가 어떻게 바라보는지, 또 이러한 전환을 프레이저는 왜 위험하다고 판단하는지, 그의 이론적 대안은 무엇인지 간략히 소개할 것입니다. 아울러 그의 이론적 한계는 무엇인지도 살펴보죠. (이하 주요 내용은 프레이저의 글, "Rethinking Recognition"(*New Left Review* 3, 2000 May/June, pp. 107~120)의 논의 순서를 따릅니다. 특별한 언급이 없는 경우 프레이저의 주장입니다.)

'재분배에서 인정으로?'

앞에서 언급했듯이, '차이의 인정recognition of difference'을 위한 투쟁이 서구에서 본격 등장한 것은 1970~80년대입니다. 성적 차이

sexuality, 젠더, 민족, 인종의 깃발 아래 사람들이 모였고, 이들은 지금까지 무시되어 온 자기 정체성의 인정을 요구했습니다. 그리고 그러는 가운데 부와 권력의 재분배를 향한 투쟁의 지평도 넓히려 시도했죠. 그러다 세기의 전환기에 이르면 인정과 정체성을 둘러싼 논의는 더욱 가속화됩니다. 한편 이런 와중에 이 논의는 새로운 부담도 안게 됩니다. 르완다 내전, 발칸 분쟁에서 '정체성'의 문제가 인종 청소, 인종 학살로 이어졌기 때문이죠.

그 동안 인정투쟁은 매우 다양한 형태로 나타났습니다. 민족 주권과 지역 자치subnational autonomy 쟁취 운동, 다문화주의 운동이 대표적입니다. 그리고 비교적 최근의 일이지만 보편적 인간성과 문화적 차이의 존중을 지향하는 국제적 인권운동이 있습니다. 그뿐

이 아닙니다. 인정투쟁은 페미니즘을 포함한 사회운동 전반에서 주류가 되었습니다. 그러면서 개인과 집단의 정체성 인정을 향한 다양한 투쟁은 진보와 보수, 해방적 지향과 그 반대의 중간 어느 곳을 차지하는 넓은 스펙트럼을 갖게 되었지요.

소비에트 사회주의가 망하고 세계화가 가속되고 있는 지금, 어째서 그 많은 갈등이 인정투쟁의 형태를 띠는 것일까요? 이 물음에 답하기 위해서는 어째서 평등한 재분배를 향한 서구의 긴 투쟁이 쇠락의 길을 걷고 있는가를 먼저 살펴보아야 합니다. 자원과 부의 평등한 (재)분배에 대한 요구가 오늘날 설 자리가 약해지고 있는 것만은 분명합니다. 그 배경에는 평등주의에 대한 신자유주의의 지속적 공격, 실현 가능한 사회주의 모델의 부재, 케인스식 사민주의의 쇠락 등이 자리하고 있습니다. 그러는 가운데 진보운동에서건 정치철학에서건 핵심 이슈가 점차 '재분배에서 인정'으로 이행해온 거죠(호네트는 이처럼 개인과 집단의 존엄에 대한 인정 요구가 증가한 다른 요인으로 도덕적 감수성의 심화를 듭니다. 그에 따르면 새롭게 등장한 일련의 신사회운동은 다양한 사회문화적 멸시disrespect에 대한 자각의 산물입니다).

여기서 몇 가지 문제가 제기됩니다. 인정투쟁에의 몰두는 자칫 사회적 불평등의 문제를 간과하게 합니다. 정체성과 인정으로 초점이 이동하는 가운데 중요한 문제인 사회경제적 불평등의 문제, 부의 재분배 문제가 주변화되고 심지어 대체되는 결과가 초래되는 것이죠. 신자유주의의 공격적 세계화가 심화되고 있는 현실에서 이 문제('대체의 문제')는 심각하게 고려되어야 합니다. 두 번째로 오늘날은 문화 간 상호작용과 소통이 증가하고, 인적 교류, 이민, 글로벌 미디어 교류가 가속화되고 있는데, 인정투쟁의 기존 양상은 자칫 문화 간 상호 인정과 교류를 촉진하기보다 집단 정체성을 물화하는 가운데 분리주의, 불관용, 쇼비니즘, 가부장제, 권위주의의 양상으로도 흐르고 있습니다('물화의 문제').

정의로운 사회, 행복한 사회를 만들기 위해선 인정과 재분배 모두가 필요하다고 했는데요. 만일 인정의 정치가 재분배의 정치를 '대체'하게 되면 결국은 경제적 불평등이 심화될 수 있는 거죠. 게다가 지금은 신자유주의 세계화가 가속화되는 시점이 아닌가요. 또 인정의 정치가 집단 정체성을 물화할 경우, 집단 내 인권 침해를 묵인할 수 있습니다. 또 집단 간 상호 적대를 중재하는 게 아니라 그 적대 자체를 고착화할 위험이 있는 거죠.

이에 대한 반응으로 정체성의 정치나 문화투쟁에 정면 반대하는 입장이 있었습니다. 어떤 이들은 젠더, 성적 차이, 인종, 민족이 아니라 다시 계급을 이야기해야 한다고 주장합니다. 소위 경제주의의 부활입니다. 또 어떤 이들은 소수자의 주장을 거부하고 그들을 세속주의, 보편주의, 공화주의의 이름 아래 다수자의 규범에 동화시키고자 합니다. 하지만 이런 반대 입장 역시 심각한 문제를 안고 있는 게 분명하죠. 오늘날 재분배만을 통해서는 해결되지 않는 심각한 사회적 부정의가 명백히 존재하고, 이의 치료를 위해서는 일정한 인정투쟁이 필요하기 때문입니다. 결국, 제대로 된 인정투쟁은 권력과 부의 재분배를 촉진하고 아울러 차이의 간극을 넘어서 상호작용과 협동을 촉진할 수 있어야 하겠죠.

다시 말해서 인정의 정치는 그 안에 가능성으로 안고 있는 두 가지 위험성, 즉 대체의 문제와 물화의 문제를 해결하는 방향으로 재구성되어야 합니다. 인정의 정치는 재분배 투쟁을 대체하는 것이 아니라 그것과 상호 연결될 수 있어야 하고, 문화의 물화와 분리주의로 나아가는 것이 아니라 복잡한 사회적 정체성들을 포용하는 정치학으로 재구성되어야 하는 거죠.

인정의 '정체성 모델'

통상적인 기존의 인정이론은 '정체성 모델identity model'입니다. 이 모델은 정체성을 상호 인정의 산물로 본 헤겔의 관점에서 비롯되죠. 헤겔에 따르면 인정은 주체들 사이의 이상적 상호관계입니다. 인정관계에서 각 주체는 타자를 자기와 동등하면서도 동시에 자기와 구별되는 존재로 받아들입니다. 이 관계를 통해 주체성이 형성되는데요. 다시 말하면 주체는 다른 주체를 인정하는 행위, 그리고 다른 주체로부터 인정받는 행위를 통해 개별적 주체로 형성된다는 겁니다. 타자로부터의 인정은 자아의식 형성에 필수적입니다. 인정을 거부당하거나 '오인misrecognized'당하는 것은 곧 자아감의 왜곡이요, 자기 정체성의 훼손을 의미합니다.

현대의 인정 이론가들, 특히 정체성 모델의 옹호자들은 이러한 헤겔의 인정이론을 문화와 정치의 영역에 확대 적용합니다. 그에 따르면, 내가 속한 집단이 지배적 문화에 의해 평가 절하되는 것이 곧 '오인 혹은 몰인정misrecognition'인데, 이 과정에서 나는 자아관계의 왜곡을 경험하게 됩니다. 그리고 이 경험이 반복되면 평가 절하된 집단의 성원은 부정적 자아관을 내면화하고, 그럼으로써 자기 고유의 건강한 문화 정체성을 견지할 수 없게 되지요.

이런 맥락에서 인정의 정치학이 목표로 해온 것은 지배 집단의 멸시에 맞서서 내적으로 손상된 지아감을 회복하는 것이었죠. 인정을 거부당한 집단의 성원들은 그 왜곡된 상을 버리고 스스로 만든 새로운 긍정적 자아감을 획득(회복)해야 한다는 것입니다. 내면화된 부정적 자기 정체성을 과감히 박차고 집단이 힘을 합해 긍정적인 자기 문화 정체성을 회복해야 합니다. 기존 인정이론에서는 이런 과정이 성공적으로 이루어질 때, 그것이 바로 왜곡되지 않은 자기관계, 즉 '인정'이라고 봤습니다.

인정의 정체성 모델은 인종차별, 식민화, 문화적 제국주의 등이 초래하는 심리적 부작용에 대한 중요한 통찰을 제공한 측면이 있습니다. 하지만 다른 한편에서 보면 이 모델은 이론적으로나 정치적으로 심각한 문제가 있어요. 다름 아닌 집단 정체성을 물화하는 문제, 그리고 재분배의 과제를 간과할 위험성이 있는 것이죠.

재분배 과제의 상실

크게 보면 정체성 모델은 경제적 불평등 문제에 대해서는 침묵하는 가운데 몰인정을 마치 독립적인 문화적 해악인 양 간주하는 경향이 있습니다. 우선 어떤 이들은 아예 분배 정의의 문제를 논외로 하고 문화의 변혁에만 전적으로 매달립니다. 한편 또 어떤 이들은 부당한 분배, 잘못된 분배의 심각성을 인정하고 진정으로 이를 시정하려 하죠. 하지만 그럼에도 불구하고 후자 역시 결과적으로 재분배의 요구를 대체하게 됩니다.

첫 번째 그룹부터 살펴볼까요. 이들은 몰인정(무시)을 곧 문화적 멸시의 문제로 봅니다. 다시 말해서 이들은 사회적 부정의의 근원을 다른 사회적 요인이 아닌 문화적 멸시에서 찾습니다. 그러면 문제의 핵심은 '제도'가 아니라 독립적인 담론에 놓이게 되죠. 이 관점은 문화적 멸시를 제도의 맥락이나 분배적 부정의의 맥락으로부터 분리해버립니다. 예를 들면, 이들은 노동시장에서 여성의 활동을 평가절하하는 남성 중심의 규범이 여성 노동자의 저임금구조와 어떻게 연결되는지에 대해서는 간과하곤 합니다. 이처럼 몰인정을 왜곡된 정체성으로 보게 되면 몰인정의 사회구조적 연관은 실종되고, 그 결과 재분배의 정치학은 도외시됩니다.

두 번째 그룹의 경우는 일단 분배 정의의 문제를 무시하지 않습니다. 이들은 문화적 부정의가 종종 경제적 부정의와 밀접히 연결되어 있음을 인정합니다. 문제는 그들이 그 연관의 성격에 대해 오판한다는 점이죠. 다시 말해서 그들은 문화주의에 경도되어 부당한 분배를 곧 몰인정과 무시에 수반되는 부수적 부작용 정도로 이해합니다. 경제적 불평등은 문화적 위계질서의 반영이며, 계급 억압은 프롤레타리아 정체성에 대한 문화적 평가절하의 상부구조적 효과라는 식이죠. 부당하게 평가 절하된 정체성을 제대로 평가하는 일은 경제적 불평등의 깊은 뿌리를 공격하는 일이 되므로, 이들에 따르면 결국 인정의 정치 외에 재분배의 정치는 불필요한 것이 됩니다.

한때 통속적 맑스주의vulgar Marxism는 인정의 과제를 재분배의 과제로 대체했습니다. 경제적 환원주의죠. 반면, 통상의 인정 이론가들은 정체성의 정치학으로 재분배의 정치학을 대체합니다. 통속적 경제주의가 현대사회의 분석에 맞지 않듯이 통속적 문화주의 역시 현대사회의 분석에 적합하지 않습니다.

문화적 가치 유형이 인정관계뿐 아니라 분배관계까지도 규정하는 사회라면, 이런 문화주의적 해석이 적절할 수도 있습니다. 하지만 현실세계는 그렇지 않죠. 상대적 자립성을 갖는 시장이 있으니까요. 이 시장은 모든 사회에 구석구석 영향을 미칩니다. 그러는 가운데 최소한 부분적으로나마 분배의 경제적 기제는 문화적 가치 유형과는 구별됩니다. 다시 말해서 그러한 가치 유형과는 별개로 시장은 자신의 법칙을 따르는 것이죠. 이 법칙은 문화에 종속되지도 또 그것에 의해 규정되지도 않습니다. 시장이 만들어내는 경제적 불평등은 정체성 위계identity hierarchies의 단순한 표현이 아니에요. 따라서 인정의 정치학을 통해 재분배 문제까지 해결하겠다는 것은 착각입니다.

문화적 정체성의 물화 문제

앞에서 언급했듯이, 정체성의 정치학은 문화의 정체성을 물화하는 경향이 있습니다. 그리고 '진정한authentic' 집단 정체성, 긍정적이고, 자생적인 집단 정체성을 강조하는 가운데 개인으로 하여금 기존 집단 문화에 동화하도록 요구합니다. 그 문화에 반대하거나 문화적 실험을 시도하는 것은, 곧 집단 문화에 대한 불충disloyalty으로 간주되고요. 집단 내부의 문제, 예를 들어 젠더 문제, 성적 차이의 문제, 계급 문제 등을 거론하는 문화적 비판은 허용되지 않습니다. 종속된 문화의 인정을 주장하지만 그 문화 내의 차별, 예컨대 가부장제의 존재 따위는 관심 밖입니다. 결국 단순화된 집단 정체성을 주장함으로써 그 내부의 다양한 차이와 복잡성, 그들 간의 연관 등이 무시되는 것이죠. 이쯤 되면 정체성 모델은 인정이 아닌 몰인정과 무시의 수단이 됩니다. 집단 내부의 권력관계가 간과되는 것은 당연합니다. 종속된 집단 내부에도 지배 시스템이 있는데 말이죠. 결과적으로 정체성 모델은 쉽게 억압적 형태의 공동체주의로 흐를 수 있고 순응주의, 불관용, 가부장제로 연결될 수도 있습니다.

이쯤 되면 정체성 모델은 그 출발점인 헤겔의 사상, 즉 정체성은 주체들 간의 변증법적 상호작용을 통해 형성된다는 사상과도 모순됩니다. 이들은 집단 정체성을 강조하는 가운데, 차이의 사회적 상호작용을 배제하며 오히려 분리주의, 집단의 고립을 촉진하게 되거든요.

이상을 요약하면 정체성 모델은 이론적으로나 정치적으로나 결함이 있습니다. 인정의 정치학을 곧 정체성의 정치학으로 동일시함으로써 크게 두 가지 문제, 즉 집단 정체성을 물화하는 문제, 그리고 재분배의 문제를 간과하거나 대체하는 위험성을 안고 있는 것이죠.

인정의 '지위' 모델

이 문제를 해결하기 위해 프레이저는 인정 문제를 '사회적 지위 social status'의 문제로 접근할 것을 제안합니다. 이 모델에 따르면 인정을 요하는 것은 집단 고유의 정체성이 아닙니다. 인정되어야 할 것은 개별적 집단 구성원의 지위, '사회적 상호작용의 온전한 참여자full partner in social interaction'로서의 지위입니다. 따라서 인정받지 못하는 것, 즉 몰인정과 무시misrecognition는 집단 정체성의 평가절하와 왜곡을 뜻하는 것이 아니라 사회적 종속을 의미합니다. 다시 말해서 개인들이 사회생활에 동등하게 참여하는 것이 차단되는 것입니다.

인정을 지위의 문제로 접근하기 위해서는 문화적 가치의 제도화된 유형이 결과적으로 사회적 행위자의 상대적 지위에 어떤 영향을 미치는지 검토해야 합니다. 일정한 문화제도 내에서 사람들이 상호 동등한 참여자로서 활동한다면, 그것이 상호 인정reciprocal recognition이고 지위 평등status equality입니다. 반면 그 제도 내에서 일부 행위자가 열등한 존재로 취급받거나 배제되는 경우, 또 완전한 타자 취급을 받거나 아예 무시되는 경우, 다시 말해서 사회생활의 온전한 참여자로서의 지위를 거부당하는 경우, 이것이 바로 '무시 내지 몰인정'이자 지위의 종속status subordination입니다. 이런 접근법을 취하면 무시는 심리적 왜곡이나 독립적인 문화적 해악을 넘어 사회적 종속이라는 제도화된 관계의 산물이 됩니다.

몇 가지 예를 들어 봅시다. 혼인법은 동성관계를 부당한 관계, 상궤를 벗어난 관계로 간주하고, 사회복지 정책은 싱글 맘을 성적으로 무책임한 식객으로, 그리고 경찰은 특정 인종을 범죄와 밀접히 연결된 존재로 간주합니다. 인정의 지위 모델은 이상의 예에서 볼 수 있듯이 결과적으로 그 문화제도가 일부 구성원에게 사회생활의 온전한 파트너, 다른 사람과 동등한 파트너로서의 지위를 거부한다는 사실에 주목합니다. 물론 몰인정과 무시의 양태는 다양한 예에서 확인할 수 있습니다. 참여의 기회를 차단하는 문화적 가치가 여러 다양한 틀 속에 다양한 방식으로 제도화되어 있기 때문이죠. 어떤 경우는 무시가 법제화되어 있고, 어떤 경우는 무시가 정부 정책, 행정 절차, 전문적 관행 속에 자리 잡고 있습니다. 하지만 그 차이가 어떻든 간에 이것들이 사회적으로 부당한 이유는 그 문화제도가 일부 행위자들을 온전한 사회 참여자로서 인정하지 않는다는 데 있습니다.

이러한 제도적 종속은 정의에 대한 심각한 침해이므로 그것을 정정하자는 요구는 정당합니다. 중요한 것은 그 초점이 집단 정체성의 인정이 아니라 종속의 극복이어야 한다는 사실이죠. '참여의 평등parity of participation'을 가로막는 문화제도는 그것을 촉진하는 제도로 대체되어야 합니다. 사회제도가 바뀌어야 하는 것이죠.

인정의 지위 모델은 인정의 정체성 모델이 집단 정체성에 '선험적으로a priori' 권위를 부여하는 것과는 달리, 무시와 몰인정의 다양한 사례에 대해 선험적 접근법을 사용하지 않습니다. 그 다양한 가능성을 받아들이고 종속된 집단이 참여의 평등을 회복하는 데 필요한 그때그때의 구체적 상황에 주목합니다. 특정 집단의 차이가 과다하게 규정되어 있을 경우에는 그 규정을 벗겨야 합니다. 어떤 경우는 그 동안 인정되지 못했던 집단 특유의 차이를 인정

받도록 하는 게 중요합니다. 또 지배 집단의 차이가 마치 보편적 패러다임인 양 행세되고 있다면 그것을 벗겨야 합니다. 지위 모델은 보편적 인정과 해체적 인정을 논하며, 때로는 차이에 대한 긍정적 인정을 논합니다. 중요한 것은 지위 모델의 종착점이 정체성의 확인에 있는 것이 아니라 제도적 해악의 제거에 있다는 점이죠.

분배의 문제

지위 모델에 따르면, 참여의 평등을 가로막는 장애물은 제도화된 문화적 가치만이 아닙니다. 사회적 상호작용에 불가결한 자원이 결여될 때도 참여의 평등은 장애에 부딪히기 때문이죠. 부당한 분배도 사회적 종속의 한 원인이요, 명백한 부정의입니다. 결국 지위 모델은 인정 모델과 달리 서로 구별되는 두 차원, 즉 인정의 차원과 분배의 차원을 모두 아우르는 '확대된' 사회정의를 추구합니다.

인정과 재분배 두 차원은 이론적으로 서로 다른 사회질서의 두 측면입니다. 인정의 차원은 사회에 뿌리박고 있는 문화적 가치의 패턴에서 비롯된 지위의 문제이고, 분배의 차원은 사회의 경제적 구조, 즉 소유관계와 노동시장에 의해 규정된 개인이나 계급의 경제적 상황의 문제입니다.

뿐만 아니라 인정과 재분배 두 차원은 이론적으로 서로 다른 사회적 부정의 형태와 연관됩니다. 인정의 차원에서 사회적 부정의는 '무시misrecognition'입니다. 하지만 분배의 차원에서 부정의는 '부당한 분배', 즉 그로 인해 온전한 참여의 물질적 기초가 차단되는 것입니다. 두 경우 종속의 문제도 이론적으로 구별됩니다. 전자는 문화제도로 인한 지위 종속이고, 후자는 경제체제에서 야기된 경제적 종속이죠.

결국 지위 모델은 보다 넓은 사회적 프레임 속에서 인정의 문제를 바라봅니다. 사회 자체가 사회질서의 문화적 형태와 경제적 형태 모두를 지니고 있기 때문이죠. 자본주의의 조건에서 어느 한쪽은 다른 것으로 완전히 환원되지 않습니다. 경제와 문화는 상대적 독립성을 갖는 영역이죠. 전자, 즉 시장에서는 전략적 행위가 지배적이지만 후자에서는 가치 지향적 상호작용이 지배적입니다. 자본주의사회에서는 문화적 가치 패턴이 곧바로 경제적 할당과 재분배를 규정하지 않습니다. 마찬가지로 계급의 불평등이 지위의 위계를 단순히 반영하지도 않죠. 결국 지위 모델은 인정투쟁만을 통해서 분배의 문제가 온전히 해결된다고 보지 않습니다. 재분배의 정치학이 동시에 필요하다고 봅니다.

물론 그렇다고 해서 분배와 인정 두 영역이 확연하게 구별되는 것은 아닙니다. 두 차원은 서로 겹쳐 있고 또 인과적으로 상호작용합니다. 소득분배와 같은 경제적 이슈에는 인정의 맥락이라는 숨은 배경이 있죠. 노동시장의 제도화된 가치패턴은 여성보다는 남성 노동에, 흑인보다는 백인 노동에 특권을 부여합니다. 반면 미학적 가치판단과 같은 인정의 이슈는 그 배경에 분배의 맥락이 있습니다. 경제적 자원에 대한 접근이 차단될 경우, 예술 창조에의 참여 기회도 줄어들기 때문이죠. 이처럼 지위 체계와 경제 구조는 상호침투하고 상호강화하면서 종속의 악순환을 초래합니다.

지위 모델은 우리가 참여의 평등을 제고하기 위해서는, 또 그를 위해 참여의 평등을 가로막는 장애를 제거하기 위해서는, 분배와 인정 두 차원을 모두 고려해야 함을 주장합니다. 문화주의자들이 주장하듯이 인정을 통해 모든 경제적 부정의가 극복되는 것은 아닙니다. 지위 모델은 인정의 합당한 요구와 재분배의 합당한 요구 모두의 통합을 지향하죠. 그러는 가운데 정체성 모델이 안고 있는 대체의 위험을 줄이려고 하는 것이고요.

인정을 지위 모델로 접근할 경우, 집단 정체성 물화의 문제도 극복할 수 있습니다. 첫째, 제도화된 규범이 참여의 평등에 미치는 영향에 주목함으로써 문화를 실체화하거나 정체성에 머무르지 않고 사회 변화를 꾀할 수 있죠. 현존 집단 정체성에 대한 실체화를 피함으로써 그 역사적 변형의 가능성을 여는 것입니다. 둘째, 참여의 평등을 규범적 기준으로 제시함으로써 인정의 요구를 민주주의와 연결할 수 있습니다. 다시 말해서 분리주의, 집단고립주의, 억압적 공동체주의의 가능성을 갖고 있는 정체성 모델의 한계를 극복할 수 있는 것이죠.

인정이론, 인정의 정치학을 거부하자는 것이 아닙니다. 오늘날 사람들이 겪는 불행 중에는 분명 인정을 통해서만 치유될 수 있는 것들이 있어요. 문제는 우리가 '정체성 모델을 넘어서는non-identitarian' 정치학을 추구할 때만이 대체displacement와 물화의 위험성을 극복할 수 있다는 점입니다. 프레이저는 그녀가 제안하는 지위 모델이 이를 위한 토대를 제공할 수 있다고 주장합니다. 지위 모델은 인정을 지위의 문제로 이해하며 인정과 경제적 계급의 연관을 검토함으로써, 완전히는 아니더라도 대체의 문제를 해결하는 길을 열어준다고 보는 것이죠. 또 완전히 제거할 수는 없더라도

집단 정체성을 물화하는 위험한 경향을 감소시킬 수 있다는 것입
니다.

비판적 고찰

이상으로 프레이저가 2000년 《New Left Review》를 통해 시론적
으로 피력한 입장을 소개했습니다. 다소 도식적인 견해지만 '정체
성' 모델의 인정이론이 갖고 있는 문제점을 예리하게 지적한 점이
돋보입니다. 또 '참여의 평등'을 핵심으로 하는 새로운 정의관을
제시한 것도 새롭습니다.

그녀는 자신의 정의관을 '두 차원의two-dimensional' 정의관이라
고 부릅니다. 이 정의관은 '분배'와 '인정'을 정의에 대한 서로 다
른 두 조망distinct perspectives으로, 즉 정의의 두 차원으로 다룹니다.
다시 말해서 어느 한 차원을 다른 차원으로 환원하지 않고 포괄
적인 틀에서 양자 모두를 포괄하는 정의관입니다. 앞에서 언급했
듯이 그 정의관의 규범적 핵심은 '참여의 평등parity of participation'입
니다. 그리고 이 규범에 따르면 정의로운 사회는 그(성인) 구성원
들이 상호 동등하게 상호작용하는 사회입니다. 이런 참여의 평등
이 가능하려면 '최소한' 두 가지 조건이 충족되어야 합니다. 하나
는 참여 평등의 '객관적 조건'인 '재분배'이고, 다른 하나는 그 '상
호주관적 조건'인 '인정'*입니다. 재분배를 통해 참여자의 독립성
과 '목소리'가 보장되어야 합니다. 그리고 인정을 통해 문화적 가
치의 제도화된 패턴이 모든 참여자를 동등하게 존중하고, 그들에

게 사회적 존경 획득의 동등한 기회를 보장해줘야 합니다.

그녀는 2001년 〈Recognition without Ethics?〉라는 글을 통해 자기 입장을 좀 더 심화합니다. 프레이저는 먼저 오늘날 진보 정치의 두 흐름, 즉 '재분배론'과 '인정론' 사이의 심각한 갈등이 어떤 양상으로 전개되고 있는지, 그리고 그 철학적 배경은 무엇인지 상세히 추적합니다. 물론 여기서도 신자유주의의 폐해가 심화되고 있는 현재에 재분배와 인정 양자를 통합하는 이론적 전망이 절실함을 역설하고, 그 가능성을 앞서 소개한 '확장된 정의 개념'을 통해 해결하고자 합니다.

양 입장의 갈등은 예컨대 페미니즘 내의 두 경향에서 단적으로 드러납니다. '재분배가 남성 지배 척결의 핵심'이라는 입장과 '젠더 차이의 인정이 중요하다'는 입장 사이의 갈등이 그것이죠. 후자 내부에서도 갈등은 다시 반복됩니다. 젠더를 '사회관계'로 보아야 한다는 입장과 젠더를 '정체성 혹은 문화적 코드'로 보는 입장 사이의 갈등이 그것이죠. 극심한 경우 재분배론자는 차이 인정의

309

＊ 재분배와 인정

프레이저는 참여 평등이 가능하려면 '최소한' 두 가지 조건인 '재분배'와 '인정'이 필요하다고 말했다. 참여 평등이 가능하기 위해서 제3의 조건이 필요할 가능성을 열어놓기 위해 '최소한'이란 단서를 단 것이다. 그녀가 이에 대한 글을 쓸 당시 염두에 둔 제3의 조건은 '정치적인 것'이다. 재분배가 경제적인 것, 인정이 문화적인 깃이므로 이 제3의 것은 이와는 구별된다. 예를 들면 '부당한 재분배maldistribution'나 '무시misrecognition'가 없는데도 일부 사람은 의사결정 과정에서 체계적으로 배제될 수 있다.

예를 들면 다수결에 의한 승자독식의 선거제도에서 만년 소수자는 목소리를 낼 수 없다. 이 경우 해당 부정의는 '정치적 배제'이고, 그 치료는 '민주화'이다. 나중에 프레이저는 세계화 시대의 정의론을 다루면서 불법이민자나 무국적자의 유사한 경우도 다룬다. 이때는 자기표현/대표의 이중적 뜻을 갖는 representation을 그 제3의 조건으로 내세운다. 그러면서 2차원의 정의론이 3차원의 정의론으로 확장된다.

요구를 '허위의식'으로, 인정이론을 사회적 정의 추구에 걸림돌로 폄하하고, 인정론자는 분배의 정치학을 새 시대의 문제를 간과하는 낡은 유물론의 유산으로 봅니다. 결국 '문화정치'와 '사회적 정치' 사이의 단절, '차이의 정치'과 '평등의 정치' 사이의 단절이 야기되고 있는데요, 프레이저의 고찰에 따르면 이러한 갈등은 양 입장이 상호 통합되기 어려운 서로 다른 철학적 연원을 갖고 있기에 더 증폭됩니다.

재분배론과 인정이론은 각기 칸트냐 헤겔이냐, 도덕morality이냐 인류Sittlichkeit이냐, 옳음이냐 좋음이냐, 정의냐 좋은 삶이냐의 대립적 철학 전통을 전제하고 있습니다. 그래서 일반적으로 말하면 (재)분배는 도덕의 문제이고 인정은 인류의 문제가 되는데, 우리가 이런 일반론을 그대로 따르면 양자의 통합은 불가능해집니다.

프레이저가 인류에 호소하지 않는 새로운 인정의 정치학을 시도하는 이유는 이러한 철학적 정신분열을 극복하고 양자를 통합하기 위함입니다. 다시 말하면 기존의 정의론(재분배론)으로는 인정 문제의 포괄이 불가능하고 기존의 인정이론으로도 재분배 문제의 포괄이 불가능하므로, 새롭게 '확대된 정의 개념' 속에서 인정의 요구를 정의 요구 속으로 포섭하자는 것이죠. 오늘 소개했듯이 이것이 프레이저가 인정의 정체성 모델과 결별하고 인정의 지위 모델을 제안하게 된 배경입니다.

정리해보자면, 인정의 '정체성' 모델은 집단 특유의 문화적 정체성 인정을 중시합니다. 몰인정misrecognition은 지배집단에 의해 피지배집단의 정체성이 평가 절하되고 그럼으로써 해당 집단 구성원의 자아감이 손상되는 것을 의미합니다. 이 손상의 회복이 곧

'인정'인데 이를 위해 집단 구성원은 자기 문화에 대한 확신을 통해 집단 정체성을 회복하도록 노력해야 합니다. 이 모델의 문제점은 심리적 구조를 강조하는 가운데 사회변혁 대신 의식변혁에 초점을 둔다는 점, 그리고 '집단' 정체성을 강조함으로써 개인의 다양성 무시, 문화 물화의 경향, 문화 간 경계 강조, 문화 간 교류 및 습합 부정, 분리주의, 소수집단(소수자 문화) 고립주의, 집단 내 투쟁 현실 무시, 지배 분파의 권력과 지배 용인, '억압적' 형태의 공동체주의의 위험성 등을 안고 있다는 데 있습니다.

이상 소개한 프레이저의 주장에 대해서 인정론자인 호네트(호네트, "Recognition or Redistribution?: Changing Perspectives on the Moral Order of Society", *Theory, Culture & Society*, 2001 Vol. 18(2~3), pp. 43~55, 2001)는 비판적입니다.(호네트의 비판에 대한 프레이저의 응답 등 양자의 보다 진전된 논쟁은 프레이저·호네트, *Redistribution or Recognition? A Political-Philosophical Exchange*, Verso, 2003 참조) 우선 프레이저가 말한 대로 경제적 불평등이 심화되고 있는 세계 상황에서 개인이나 집단의 정체성 인정만을 통해 정의로운 사회에 도달할 수 있다고 생각하는 것은 착각이라는 점에 동의합니다. 하지만 호네트에 따르면 그녀는 인정 문제를 너무 협소하게 집단의 문화적 정체성 인정 문제로만 국한해서 다루고, 인정투쟁의 다른 중요한 차원들은 간과하고 있다는 것입니다(호네트는 주저 《인정투쟁》을 통해 상호인정의 세 측면, 즉 가족과 같은 친밀한 집단 내에서의 인정(사랑), 사회 내의 법률적 인정, 그리고 공동체 내에서의 인정(연대)에 대해 다루고 있습니다. 이 세 가지 인정은 인간 존엄성과 온전함의 조건이요, 원만한 자아실현의 조건입니다). 프레이저의 인정이론 비판은 집단의 문화적 정체성 인정을 강조한 테일러의 주장(테일러, *Muliculturalism and the Politics of Recognition*, Princeton University Press, 1992)에나 적합한 비판이라는 것이죠.

호네트는 프레이저가 테일러와 마찬가지로 근본적으로 잘못된 시대구분을 하고 있다고 비판합니다. 테일러는 그 동안의 자본주의사회에서는 법적 평등을 얻기 위한 투쟁이 주로 이루어진 반면 오늘날에는 그에 대신하여 집단의 문화적 정체성 획득 투쟁이 전개되고 있다는 식의 시대구분을 하였는데, 프레이저도 이 잘못된 시대구분을 그대로 추종하여 자기 이론 전개의 출발점으로 삼고 있다는 것입니다.

이 단순화된 시대구분이 잘못된 이유는 다음과 같습니다. 호네트에 따르면, 테일러와 프레이저는 마치 과거의 법적 평등 쟁취 투쟁이 사회적 인정투쟁의 요구와 무관한 것인 양 전제하고 있는데 이것이 오류라는 거죠. 그들 역시 법적 평등의 쟁취 투쟁 속에서 그들 고유의 가치지향과 삶의 방식에 대한 사회적 인정투쟁을 전개했기 때문입니다. 또 호네트에 따르면, 양자는 인정의 정치학이 마치 최근에야 등장한 새로운 현상인 양 전제하는데 이 역시 터무니없는 오류라는 겁니다. 여성운동은 200년의 역사를 가지고 있죠. 코뮌운동도 1960년대에 처음 등장한 것이 아니라 이미 19세기 초반부터 있었습니다. 19세기 유럽 민족주의 운동도 정체성의 정치학이었고, 미국 흑인의 투쟁, 반식민지 투쟁 등 이미 사회운동의 초기부터 정체성의 정치는 존재했다는 겁니다.

호네트는 '정체성의 정치학'에 의해 촉발된 오늘날의 운동이 단순한 문화 투쟁으로 환원되지 않듯이, 19세기 말, 20세기 초의 사회운동도 단순한 물질적 이해관계나 법적 이해관계의 투쟁으로 환원되지 않음을 강조합니다. 그리고 한 걸음 더 나아가 분배를 둘러싼 투쟁은 그 자체가 인정투쟁의 한 부분임을 주장합니다. 한 사회집단이 그들의 지위나 사회적 평판에 근거하여 어느 만큼의 물질적 재화에 대해 정당한 권리를 갖느냐를 규제하는 게 제도화된 가치 위계인데, 바로 이 가치 위계를 둘러싼 투쟁이 인정투쟁이기 때문입니다. 이런 의미의 인정투쟁, 그리고 그 의의는 점차 증대한다는 것이 호네트의 기본 입장입니다.

더 읽어보면
좋은 책

프레이저의 정의론을 상세히 소개한 글로 다음과 같은 것들이 있다.

이상환, 〈인정의 정치와 사회 정의〉, 대한철학회논문집, 《철학연구》
제107집, 2008. 8.

프레이저가 재분배 패러다임과 인정 패러다임을 어떻게 통합하는
지, 이 통합을 위해 인정 모델을 어떻게 변경하는지, 재분배론과
인정이론의 대립되는 철학적 전제들을 어떻게 조화시키는지 등을
소개한 글이다.

백미연, 〈'재분배'와 '정체성'을 넘어 '참여의 평등parity of
participation'으로〉, 《한국정치학회보》 제43집 제1호, 2009.

글로벌 시대의 맥락에서 '참여의 평등'을 핵심으로 하는 프레이저
의 정의관이 지닌 보편성과 적실성을 다룬 글이다. 그에 앞서 우리
시대의 대표적 이론인 '운평등주의'와 '정체성 인정이론'을 비판적
으로 검토한다.

백미연, 〈글로벌 시대 정의의 범위: 프레이저의 '대표representation'
개념을 중심으로〉, 《21세기 정치학회보》 Vol. 19 No. 2, 2009.

본문에서 언급했듯이 프레이저는 최초 거론한 참여평등의 두 조
건인 경제적 조건, 문화적 조건 이외에 제3의 조건을 나중의 이론

***

작업에서 추가한다. 정의론이 삼차원으로 확장되는 것이다. 바로 그 제3의 정치적 조건 representation을 다룬 글이다.

악셀 호네트, 문성훈·이현재 옮김, 《인정투쟁》, 사월의책, 2011.

인정이론의 의미를 이해하려면 꼭 보아야 할 책이다. 호네트는 1992년에 출간된 이 책에서 사회적 갈등과 발전의 핵심을 인정투쟁으로 보고 이상적 사회의 조건으로서 상호주관적인 세 가지 유형의 상호인정, 즉 사랑, 권리, 연대에 대해 논한다. 인정 개념의 사상적 연원을 추적하는 가운데, 헤겔 초기 저작과 법철학에 등장하는 인정투쟁의 세 발전 국면을 현대적으로 체계화한다.

낸시 프레이저·악셀 호네트, 《재분배냐 인정이냐: 정치철학 토론 Redistribution or Recognition? A Political-Philosophical Exchange》, Verso, 2003.

프레이저와 호네트는 '재분배냐 인정이냐'를 둘러싼 상호 간 이론적 대결을 책으로 묶은 것이다. 포괄적 정의론 속으로 인정 문제를 포용하려는 프레이저와 재분배 문제도 인정이론 속에서 합당하게 다룰 수 있다고 주장하는 호네트 간의 논쟁을 소개하고 있다.

이문수, 〈정의에 대한 새로운 인식: 호네트와 프레이저의 인정이론을 통해 본 현대사회에서의 정의〉, 《한국거버넌스학회보》 제19권, 2012년 12월, 23~45쪽.

호네트와 프레이저 논쟁을 논점별로 정리 비교한 글이다. 현대사회의 정의 문제를 다룰 때 인정의 요구가 지니는 의미와 실천적 함의가 무엇인지도 분석한다.

김원식, 〈인정과 재분배: 한국 사회 갈등 구조 해명을 위한 모색〉, 사회와 철학 연구회 논문집, 《사회와 철학》 제17호, 2009. 4.

호네트와 프레이저의 논쟁을 소개하고 평가한 글이다. 아울러 이 논쟁이 한국 사회의 갈등구조를 이해하는 데 어떤 시사점을 주는지 분석하고 있다.

프레드릭 제임슨의
역사와 유토피아 공간

—

이경덕

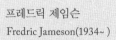
프레드릭 제임슨
Fredric Jameson(1934~)

프레드릭 제임슨은 미국의 맑스주의 철학자이며 문화 이론가
로서 사르트르 연구로 박사학위를 받았다. 미국은 1950년대
말까지만 해도 경험주의와 실증주의와 매커시즘의 나라였다.
제임슨은 68혁명을 전후해서 맑스주의 연구의 토대가 마련
되자《맑스주의와 형식》을 통해서 여러 맑스주의 사상가들을
소개하면서 변증법적 사유의 중요성을 역설하였다. 이후《언
어의 감옥》을 통해 러시아 형식주의와 프랑스 구조주의 및
후기구조주의를 비판적으로 검토했다. 이 책은 당시 미국 비
평계에 아성으로 자리 잡고 있었던 예일대학교의 해체파를
겨냥한 것이기도 하다. 또한 그는 주저인《정치적 무의식》을
통해서 맑스주의 문학연구 방법론을 확립하는 동시에 포스트
맑스주의에 대하여 비판했다. 그 후 모더니티 이론들이 대두
하자, 맑스주의 생산양식 이론을 가지고 그 현상과 이론들을
자리매김해냈다.《포스트모더니즘, 혹은 후기 자본주의의 문
화적 논리》,《문화적 선회》등이 그러한 작업에 속하고, 그 외
에도《후기 맑스주의: 아도르노 혹은 변증법의 지속》,《브레
히트와 방법》,《변증법의 결속가》,《헤겔 변주》,《《자본》재현
하기》등을 통해서 맑스주의와 변증법의 중요성을 역설해왔
다. 또한 두 권의 영화론과 SF론 모음집을 냈을 뿐만 아니라
모더니티의 단계들을 거슬러 올라가면서 모더니즘, 리얼리
즘, 로맨스에 해당하는 연구서들을 기획 출판하고 있는데, 그
중《모더니즘 논고》와《리얼리즘의 이율배반》이 출판되었다.

생산양식과 역사

프레드릭 제임슨이 전 세계적으로 유명해진 것은 〈포스트모더니즘, 혹은 후기 자본주의의 문화적 논리〉(1984)라는 긴 논문 때문입니다. 요즘은 포스트모더니즘이란 말 대신에 지구화라는 말을 쓰게 되었습니다만, 당시 제임슨은 맑스주의적 관점에서 '후기 자본주의'라는 생산양식 개념을 문화 이론에 도입하려고 했습니다. 포스트모더니즘 대신에 지구화라는 말을 쓴다고 해도, 현재의 생산양식이 후기자본주의라는 것은 변함이 없고 대신 자본주의의 전 지구적 확산이라는 측면이 더 부각되면서, 그 확산과 관련된 이론 및 이데올로기들(신자유주의 대 반지구화)이 서로 각축을 벌이고 있다고 할 수 있겠지요.

그러니까 제임슨을 이해하는 데 중심적인 것은 이 후기 자본주의라는 '생산양식'인데요, 맑스주의와 친숙하지 않은 분들에게는 '생산양식'이 뭔가 와 닿지 않는 추상적인 것으로 들릴 수도 있을 거예요. 그러나 제임슨의 주저로 알려져 있는 《정치적 무의식》(1981)에서도 이 개념은 '역사'와 관련해서 아주 중요하므로 먼저 짚고 넘어가기로 하겠습니다.

소련과 동구권의 급격한 변화 이래로 자본주의가 결국 승리했다는 논리가 있어 왔지요. 그것은 현실 사회주의라는 생산양식에 비해서 자본주의 생산양식이 결국 인류에게 더 적합한 것이 아닌가, 그러니까 자본주의를 마지막으로 이제 역사는 끝났다는 프랜시스 후쿠야마Francis Fukuyama(1952~)의 이론이 검증되는 것처럼 보였어요. 그러나 제임슨의 입장에서 보면 현실 사회주의는 자본주의 이후에 도래하는, 혹은 자본주의를 대체하는 새로운 생산양식이 아니었습니다. 자본주의에 포위된 채, 국가 주도로 이루어진 강력한 국가 자본주의로서, 근대화 즉 자본주의화를 단기간에 이룩한 사례라는 것입니다. 소련이 그 근대화의 결과 스푸트니크를 먼저 쏘아 올린 것은 잘 알고 계시지요? 따라서 소련과 동구권의 예가 사회주의 생산양식의 실패로 귀결되는 것은 아닙니다. 사회주의 생산양식은 존재한 적도 없기 때문이지요.

이처럼 자본주의냐 사회주의냐 하는 논의들이 바로 생산양식에 관한 것인데요, 전통적으로 맑스주의에서는 생산양식을 생산력과 생산관계가 결합된 '경제적인' 하부구조, 즉 토대로 생각해왔습니다. 그 토대 위에 정치·문화·법률 등 상부구조가 자리 잡는다고 생각하는 동시에 토대와 상부구조는 서로 영향을 준다고 생각했지요. 그러나 알튀세르Louis Pierre Althusser(1918~1990) 등의 구조주의가 영향을 끼친 이래로는 생산양식을 삶 전반 내지 문화 전반으로 규정하는 경향이 있습니다. 그러니까 문화라고 할 때 이전에는 문학과 예술에 국한되는 경향이 있었는데, 요즘에는 증권 투자에서부터 대통령 선거 때의 유세 전략, 공정무역 커피를 사마시는 일에 이르기까지 삶 전반을 아우르게 된 것이지요.

이런 생각들은 문학작품을 읽거나 영화를 보는 관점에도 영향을 끼칩니다. 여전히 문학작품은 문학작품이고, 영화는 영화이긴 하되, 왜 바로 그 시기, 그 문화에서 그런 형태로 작품이 만들어졌는지가 문제가 된 것이지요. 그래서 포스트모더니즘이라는 현상이 자본주의의 후기 단계와 관련이 있다고 보는 것이 바로 제임슨의 관점인 것입니다. 이렇게 보면 저 태곳적 그리스의 비극이나 서사시, 그리고 중세의 기사도와 관련이 있는 로맨스 문학 이라든가, 발자크Honoré de Balzac(1799년~1850)나 디킨스Charles John Huffam Dickens(1812~1870)의 리얼리즘 소설, 랭보Jean Nicolas Arthur Rimbaud(1854~1891)의 상징주의 시, 조이스James Augustine Aloysius Joyce(1882년~1941)나 콘래드Joseph Conrad(1857~1924)의 모더니즘 소 설도 다 이 생산양식과 관련이 있습니다. 《정치적 무의식》에서는 포스트모더니즘이 암시만 되고 있지만, 그 책에서 다루는 작품들 은 모두 최종적으로 이 생산양식과 관련되어 있습니다.

그러면 '역사'와 생산양식은 어떤 관련이 있을까요? 전통적으 로 맑스주의에서는 아시아적, 원시공산적, 고대적, 봉건적, 자본주 의적, 사회주의적 내지 공산주의적 생산양식을 구분해왔으며, 그 차별성과 이행 과정에 대하여 많은 연구를 해왔습니다. 이처럼 큰 덩어리로 역사를 보면 리오타르Jean-Fran ois Lyotard(1924-1998) 등이 제시한 포스트모던 사상에서는 이것을 거대서사라고 비판하기도 했습니다만, 이 시점에서 거대서사 내지 추상성 자체를 왜 부정적 으로 생각하게 되었는지를 생각해보아도 좋을 것 같습니다.

슬로터다이크Peter Sloterdijk(1947~)라는 사람은 현대를 냉소주의 의 시대라고 보았지요. 일리가 있는 것이, 누군가 국가와 민족을 위해서 무엇을 한다고 하면 비웃음을 사기 십상이고, 대의라든가 양심이라든가 하는 것도 실체가 없다고 치부되지요. 이런 것들이 그냥 말에 불과하고 내용은 각자 편한 대로 해석하는 것이 대세 라고 여겨지다 보니, 거창한 말이나 이야기(거대서사) 자체를 못 믿 게 된 것이지요. 이것을 제임슨은 유명론nominalism의 상황이라고 봅니다. 양심이란 단어도 말만 있고 실체는 없으며, 역사도 단어는 있으되, 실제로는 그냥 각자의 일상적 삶이 쭉 이어져 있는 것이 아니냐, 역사란 남아 있는 유물이나 향토음식 조리법이나 유네스코에 등재되는 문화유산 정도가 아니냐는 것이지요.

이처럼 역사가 골동품화하거나 미시화되는 경향이 있지만, 확실히 우리의 삶 전반을 뒤흔드는 격변이 있는 것도 사실이거든요. 9·11사태가 단적인 예이지요. 지젝 Slavoj Žižek(1949~) 같은 사람도 이 사태로 인해서 우리가 잊고 있었던 실재 the Real가 모습을 드러낸 것이라고 보았지요. 또 그로 인해 촉발된 이라크전쟁 자체가 바로 이 무시무시한 실재 즉 역사의 현장인 것이고요. 제임슨은 우리가 아무리 잊고자 하고 없는 것으로 친다 해도 역사는 우리를 잊지 않으며 마치 프로이트의 "억압된 것의 휘귀"처럼 돌아와 우리를 덮친다고 말했습니다. 이처럼 우리는 정치적 혁명이나 전쟁이나 테러 앞에서 역사를 비로소 절감합니다만, 제임슨에 의하면 사실 우리가 문학이나 예술이라는 이름으로 접하는 것도 언제나 역사가 드러나는 '문화혁명'의 와중에 있었고 지금도 있습니다.

실재와 문화혁명

앞서 지젝의 '실재'라는 말이 나왔습니다만, 이 실재라는 말이 라캉 Jacques-Marie-Émile Lacan(1901~1981)에서 온 것임을 잘 아실 거예요. 라캉에서 인식의 세 영역은 '상상계', '상징계', '실재계'이지요. 제임슨은 일찍이 〈라캉에서의 상상계와 상징계〉(1977)이라는 논문에서 세 영역에 대해서 자세히 다루었습니다. 그런데 사실 라캉을 맑스주의에 처음 전용한 사람은 알튀세르예요. 알튀세르의 이데올로기론은 라캉의 상상계에서 가져온 것이거든요. 즉 이데올로기는 사람들이 실재와 상상적인 관계를 맺는 것을 말합니다. 실재 자체는 언어로 표현되거나 재현되지 않으며 오직 상상계와 상징계를 통해서만 접근 가능하지요. 그렇지만 실재는 상상계와 상징계 자체를 지배합니다.

제임슨은 바로 이 대목에 착안합니다. 역사는 바로 이 실재와 같다는 것이지요. 우리가 상상계적인 이데올로기 속에서 역사를 종언시키거나, 교육 체계와 같은 상징질서 속에서 역사를 무시한다고 하여도 바로 이 이데올로기와 이데올로기 장치를 규정하는 것 자체가 역사, 즉 실재라는 것입니다. 이 역사는 혁명이나 변혁의 어느 순간 섬광처럼 밝게 자신의 존재를 드러내지만, 그렇게 자신을 드러내지 않는다고 하더라도 '언제나 이미' 존재하고 있는 것입니다.

그런데 앞서 말했듯이 이 실재가 언어로 표현되지 않는다면, 문제가 발생합니다. 그것이 존재한다는 것을 어떻게 증명하느냐는 것입니다. 그러나 애초에 존재 증명은 되지 않습니다. 부재 원인 absent cause이기 때문이지요. 따라서 실재는, 역사는, 그 효과에서만 그 존재를 간접적으로 알 수 있습니다. 제임슨에게 있어서 그 효과는 바로 문화혁명입니다. 문화혁명을 통해서 우리는 역사라는 것을 재현할 수 있습니다. 생산양식도 마찬가지고요.

자본주의라는 말은 누가 어떻게 쓰느냐에 따라서 그 함의가 달라집니다. 사회주의를 누르고 승리한 유일하게 가능한 체제라고 보는 입장인가 아니면 언젠가는 극복되어야 하는, 장기적이긴 하되 역사의 한 단계에 불과한 것으로 보는 입장인가에 따라서 의미가 달라집니다. 이처럼 자본주의 생산양식도 역사 내지는 실재로서 우리의 모든 삶을 규정하되, 오직 우리의 이데올로기와 상징적 질서를 통해서 정의되고, 가치판단됩니다. 그러므로 맑스주의는 이러한 규정들, 정의들, 가치판단들을 연구함으로써, 다시 말해서 상상계와 상징계에 대한 연구를 통해서 실재와 역사와 생산양식에 다가가는 것이라고 할 수도 있습니다. 이러한 규정들, 정의들, 가치판단들이 실재에 대한 반응으로서의 코멘트라고 볼 수 있다면, 맑스주의 연구는 이 코멘트에 대한 코멘트라고 볼 수 있겠지요? 그러한 측면에서 제임슨은 자신의 방법을 '메타코멘터리'라고 했습니다.

좀 전에 '문화혁명'이라는 말을 썼는데요, 하나의 생산양식을 있는 그대로 볼 수는 없지만, 하나의 생산양식에서 다른 생산양식으로 넘어가는 이행기에는 문화상의 혁명이 일어나기 때문에 역사, 즉 실재의 작용을 좀 더 분명하게 볼 수 있어요. 원시 공동체의 삶에서 고대사회로 넘어갈 때의 문화혁명도 거대한 것이었어요. 모계제에서 가부장제로, 그리고 유혈보복의 원칙, 즉 '이에는 이, 눈에는 눈으로' 식에서 법적 정의라는 체계로 넘어간 것입니다.

봉건제에서 자본주의로 넘어갈 때의 문화혁명은 현재도 진행 중이라고 할 수 있는데요. 이와 관련된 내용은 맑스와 엥겔스의 《공산당 선언》에 그리고 베버의 《프로테스탄트 윤리와 자본주의 정신》에 잘 나타나 있습니다. '모든 단단한 것들이 자취 없이 사라진다'는 《공산당 선언》의 유명한 구절은 봉건시대에 정착되었던 신분 질서와 신념 체계가 자본주의 생산양식 아래에서 와해되는 부르주아 문화혁명 현상을 적절하게 표현하는 문장이지요. 우리는 요즘 학교와 선생님의 권위가 실추되는 것을 목격하며, 이것이 선생님의 그림자도 밟지 않아야 한다고 믿었던 시대와 얼마나 다른지 느끼실 것입니다. 이것이 바로 자본주의 아래 모든 과거의 신분적 권위가 눈 녹듯 사라지는 현상을 보여주는 것이지요.

또 프로테스탄트 윤리는 우리 동양에도 침투한 지 오래되어서, 근면성실하기만 하면 대부분의 결함은 눈감아주게 되었고, 근면을 통한 치부는 그 과정이 좀 잘못되어도 정당화되게 되어 있지요. 이것이 과거의 기사도나 귀족의 고상한 윤리의식과 얼마나 차이가 있는지는 발자크의 소설에 보면 잘 나타나 있어요. 제임슨은 여러 편의 발자크론에서 돈이라는 약호가 매너라든가 품격과 같은 고상한 귀족적 약호를 대체해가는 과정을 잘 보여주고 있습니다.

발자크 이야기가 나왔으니, 제임슨의 분석을 좀 볼까요? 발자크는 프랑스혁명 이후 나폴레옹이 집권하던 시대의 전후에 살았고, 생산양식 측면에서는 봉건제에서 자본주의로의 이행이 가시화되고, 계급 측면에서는 귀족이 몰락하는 대신 부르주아가 상승하며, 일부 귀족은 살아남기 위해 부르주아와 결탁하면서 우아함이라든가 품위 같은 자질들이 손상되어 가던 때였지요. 발자크 자신은 왕당파 이데올로기를 가지고 있었다고 합니다. 그러니까 귀족들이 몰락하는 과정을 안타깝게 여긴 것이지요. 제임슨에 의하면 발자크가 당대의 사회를 여실히 그려내는 리얼리즘 작품을 쓸 수 있었던 이유는, 그가 자신의 이데올로기와 욕망을 누르고 사회를 있는 그대로 그려내기보다는(이것이 리얼리즘에 대한 루카치의 입장입니다) 왕당파적 욕망을 실현할 수 있는 사회에 대한 시나리오를 그럴듯하게 만들어내려다 보니, 현실의 저항을 무시할 수 없었기 때문이라는 것이지요. 현실의 저항을 무시하고 귀족이 속된 부르주아에 대하여 승리하는 이야기를 썼다면 멜로드라마가 되었겠지만, 발자크는 그럴 수 없었던 것이죠. 영국 리얼리즘 소설의 대표 저자라고 하면 디킨스가 떠오릅니다만, 디킨스 소설에서도 산업혁명 초기의 비참한 현실을 그려내는 부분은 읽기에 불편해요. 그래도 멜로드라마적 구석이 있어서 선한 사람들이 개입해서 구원해주고 그래서 독자들이 선악구도에 기대어 안심하는 부분이 있거든요. 그에 반해 발자크의 소설에는 그러한 멜로드라마적 환상(이것은 라캉의 구도에 의하면 상상적인 것이지요)이 당대 현실의 상징적 질서에 의해서 무참히 깨지고 말지요. 그래서 발자크 소설이 읽기 불편하다고 말하는 사람들이 많습니다.

모더니티와 부르주아 문화혁명

학계에서나 문화계에서 한참 '모더니티'라는 용어를 쓰곤 했어요. 포스트모더니즘론들이 대두하던 무렵이었는데요. 이 모더니티가 무엇인가를 두고 여러 이론들이 분분했는데, 제임슨은 그것을 간단히 "봉건제에서 자본제로의 이행 자체"라고 정리했습니다. 그러니까 모더니티란 부르주아 문화혁명과 같은 것이지요. 모더니즘이나 포스트모더니즘의 특성을 가지고 모더니티를 설명하는 사람들과는 달리 자본주의 발생기에서부터 현재까지의 긴 기간을 포함하되, 특히 리얼리즘이 모더니티의 성립에 있어 작용한 부분을 잘 보여주었지요. 다시 말하면 당대의 대중은 리얼리즘 소설을 읽으면서 세속화된 돈의 세계에 적응해서 살아가는 방법을 배워간 것이지요. 리얼리즘이 처음으로 그려낸 세상은 아직도 지속되고 있지요. 발자크에서 가끔 예외적으로 나타나는 고매한 귀족이라든가 디킨스의 소설에 나타나는 온화한 신사들은 찾아보기 힘들지 몰라도 말입니다.

제임슨은 부르주아 문화혁명, 즉 모더니티를 다른 용어로도 설명합니다. 베버의 용어로는 '합리화rationlization' 과정, 루카치György Lukács(1885~1971) 및 프랑크푸르트학파의 용어로는 '사물화reification' 과정, 들뢰즈Gilles Deleuze(1925~1995)·과타리Félix Guattari(1930~1992)의 용어로는 '탈약호화decoding' 및 '재약호화recoding' 내지 '탈영토화deterritorialization' 및 '재영토화reterritorialization' 과정이라고 부릅니다. 결국 동일한 과정을 지칭하는 것이지만, 이 모든 개념들의 특징은 전통적으로 토대와 상부구조라고 부르던 것을 문화 영역 안에서 서로 매개해주고 연관시켜 한꺼번에 말할 수 있게 해준다는 것이지요.

예를 들어 사물화 같은 경우 맑스의 저작에서는 상품을 통해서 인간과 인간의 관계가 사물과 사물의 관계로 드러나는 것을 의미했는데, 루카치는 이를 문화 현상 전체에 적용시킵니다. 제임슨은 나아가서 토대에서의 노동의 분화가 정신에서의 분화로 이어지는 현상을 문학작품 분석에서 탁월하게 예증해 보여줍니다.

정신의 분화가 이루어지는 양상을 언어를 통해서 살펴볼까요? 모든 문화현상을 언어의 구조로부터 밝혀내려고 한 것은 소쉬르 이후 구조주의에서 많이 한 작업인데요, 제임슨은 거기에 역사적 과정을 대입합니다. 부르주아 문화혁명이 일어나면서 전자본주의 시대에 언어가 지녔던 마술적 환기력은 상당 부분 사라지고 오직 대상을 지칭하는 것으로 바뀌게 되지요. 예전에는 정말로 이름 자체에 뭔가 특별한 것이 있다고 여겼다는 것을 잘 아실 거예요. 요즘에는 그런 믿음이 흔적만 남아 있는 셈이지만요.

리얼리즘은 그렇게 대상을 지시하는 언어를 가지고 이 세상 모든 것을 그려낼 수 있다고 믿었고, 그렇기에 발자크 같은 사람은 백 권에 달하는 소설을 기획하고, 그중 상당 부분을 써낸 것이지요. 그러니까 지시 대상과 기호의 관계가 행복한 일치를 이루고 현실은 투명하게 파악될 수 있다고 봤던 것입니다. 이것을 제임슨은 '투명성의 수사학'이라고 합니다. 그런데 모더니즘 시대에 오면 기호와 지시 대상을 분리시켜 기호의 자율적 영역을 만들어내는 경향이 생깁니다. 다시 말하면 언어가 대상을 투명하게 지시할 수 없다는 인식이 생기면서 이른바 재현representation이 문제가 되기 시작합니다. 랭보의 유명한 시구가 있어요. "나는 침묵과 밤에 대해 썼고, 표현할 수 없는 것에 유의했다. 나는 현기증을 응시했다." 왜 모더니즘은 '표현할 수 없는 것'에 집착하게 되었을까요? 현실이 투명하게 보이고 재현할 수 있다면 현기증은 일어나지 않았을 것입니다. 모더니즘에서 왜 언어와 형식을 자꾸 의식하면서 실험했냐면요. 이건 우리가 앞이 투명하게 잘 보이다가 안 보이게 되면, 자기 눈에 이상이 있는 것 아닌가 의식하게 되는 것과 같은 이치로 보시면 됩니다. 리얼리즘 시대에는 세상이 잘 보이다가 모더니즘 시대에는 왜 그렇지 않게 되었는지는 단지 문학 양식의 변화를 가지고는 설명할 수 없다는 것이 제임슨의 입장입니다. 그 이유는 궁극적으로 그 작품들이 태어난 자본주의의 형태가 달라졌기 때문이라는 것이지요. 그 이후 포스트모더니즘에서는 기호 자체 내의 분리가 일어납니다. 즉 기표signifier와 기의signified가 분리되는 것입니다. 우리는 지금 포스트모더니즘 시대에 살고 있는데요, 이런 현상을 광고에서 자주 접하면서 재미있어 하지요. 예를 들면, 복어 요리집과 행복은 기의로 보면 전혀 다른 것을 지시하는 것임에도 기표상으로 '복'이라는 같은 발음을 갖고 있어서 연결될 수도 있는 것입니다. 이렇게 연결되는 이유는 애초에 분리가 일어났기 때문입니다. 진지한 사람들은 기표와 기의가 언제나 일치되도록 조심스럽게 말을 하고, 이렇게 기표만 따로 떼어내서 멋대로 갖다 붙이는 것을 경박하다고 생각할지 모릅니다. 그러나 이 시대 자체가 이렇게 깊이를 잃어버린 시대인 것입니다. 제임슨이 포스트모더니즘의 특징들 중 하나로 지적한 것이 바로 이런 '깊이의 상실'입니다.

이렇게 보면 부르주아 문화혁명은 세 단계로 이루어집니다. 앞서 포스트모더니즘 내지 지구화가 후기 자본주의에 대응하는 것이라고 했는데요, 발자크나 디킨스의 리얼리즘은 발생기 자본주의, 즉 산업 자본주의 내지 시장 자본주의에 대한 반응 형태인 것이지요. 요즘에는 영화화에 힘입어서인지 오스틴Jane Austen(1775~1817)의 작품들을 많이 읽고 있는 것 같습니다. 언제나 신분과 돈과 결혼이 중심이긴 하지만, 그래도 요즘에는 찾아보기 힘든 삶을 살아가는 지혜나 진정성 같은 것을 전달해주는 것 같아서 사람들이 좋아하는 것 같아요. 오스틴의 세계에서는 결혼을 할 때 돈이 중요하다는 것이 숨김없이 드러나 있지요? 그런데 그 이후에는 낭만적 사랑이라는 이름으로 혹은 박애와 자선이라는 이름으로 결혼을 둘러싼 상황이 왜곡되기 시작합니다. 요즘은 잘 읽히지 않는 자연주의 소설에서는 그렇게 꼬이고 비틀려서 괴로운 상황이 드러나게 되지요. 기싱George Robert Gissing(1857~1903) 같은 작가는 연민의 마음으로 프롤레타리아계급 여성과 결혼했다가 비참한 생활을 하기도 했고, 그러한 체험이 그의 소설들에 반영되어 있습니다. 자연주의 시대에는 이미 계급관계가 고착되어 있었기 때문에 신분상승을 꿈꾸는 하층계급 인물들은 작품 속에서 단죄를 받아요. 디킨스 소설에 등장하는 구원의 천사 같은 인물도 없어요. 유명한 소설 〈크리스마스 캐럴〉에는 사람이 회개하고 바뀔 수 있는 장치가 있지 않습니까? 자연주의에는 그런 장치들이 없고, 따라서 독자들을 불편하게 만드는 것입니다.

그 다음 자본주의 단계는 흔히 제국주의 시대 내지는 독점자본주의 시대라고 하지요? 식민지 경영을 토대로 시장을 확장하는 동시에 독점하는 형태를 말합니다. 랭보, 발레리,《인도로 가는 길》이나《전망 좋은 방》처럼 소설이 영화화가 되어서 사랑받고 있는 E.M. 포스터, 콘래드, 조이스, D.H. 로런스, 월러스 스티븐스의 작품들이 다 이러한 제국주의 시대 자본주의의 문화적 논리라고 할 수 있지요. 좀 전에 랭보가 '표현할 수 없는 것'에 유의했다고 했지만, 이것을 자본주의와 연결시켜 보면 '식민 현실' 자체가 표현할 수 없는 것이라고 말할 수도 있지요. 오스틴의 일부 소설에서 이미 가문의 부와 유산이 인도에서 온 것이라는 점이 밝혀지고 있는데요, 하지만 그러한 진실은 억압된 현실로서 감추고 왜곡되고 꼬여서 표출되진 않거든요. 하지만 본격적인 제국주의 시대의 작가들은 식민 본국의 작가들이냐 식민지의 작가들이냐에 따라서 작품의 특징이 달라집니다. 제임슨은 모더니즘 작가들을 내면으로 들어가는 작가들과 대화적dialogic인 작가들로 나눈 적이 있는데요, 전자의 작가들은 대체로 식민 본국의 작가들입니다. 아예 제국주의적 성향을 보이는 작가들은 사이드Edward Wadie Said(1935~2003) 같은 탈식민주의 이론가에 의해서 호된 비판을 받았지요.

그렇다면 제국주의 현실과 모더니즘 작품의 관계는 어떻게 이론화해야 할까요? 루카치 같은 맑스주의자는 모더니즘 작품 전체를 리얼리즘과 대비시키면서 비판하는 경향이 있었는데, 모더니즘 작품을 모더니즘 이데올로기가 구현된 것으로 보았지요. 그러나 제임슨은 이데올로기와 작품 간의 관계가 그렇게 간단하지 않다는 것, 그리고 제국주의 현실과 작품 간의 관계도 그냥 반영이라고 하기에는 보다 복잡하다는 점을 보여주려고 했지요.

모순의 해결과 정치적 무의식

조이스의 경우를 한번 볼까요? 조이스는 아일랜드 작가입니다. 소련이 붕괴하기 전에는 미국 등 자본 진영을 제1세계로, 소련과 중국 등 현실사회주의 진영을 제2세계로, 그밖에 식민지였거나 식민지인 나라들을 제3세계로 칭한 적이 있었지요. 그리고 제국주의 내지 독점 자본주의의 피해자인 제3세계는 중심부로부터 침탈당하는 주변부이다 보니 자기의 내면으로 들어가기보다는 세계의 전체 구조를 파악해야만 살아남을 수 있다는 절박한 인식이 있었던 것이지요. 이것이 남다른 제3세계 문학을 낳은 토대인데요, 제임슨은 〈다국적 자본주의 시대의 제3세계 문학〉(1986)이라는 논문에서 헤겔의 '주인과 노예'의 변증법을 빌려와 향유하는 주인, 즉 제1,2세계가 파편적인 현실만 보고 있다면 제3세계는 총체성을 인식할 수 있는 특권적 지위를 가지고 있다고 주장했지요. 그렇다면 식민지 작가들의 문학은, 모더니즘 문학이라 할지라도 제3세계 모더니즘이라고 할 수 있는 독특한 지형을 산출한다는 것이 제임슨의 주장이에요.

그러면 조이스의 제3세계 모더니즘은 아일랜드의 모순을 어떻게 작품화했을까요? 조이스의 《율리시즈》는 더블린에서 하루 동안에 일어난 일과 주인공의 의식 속에서 일어난 일을 한 권에 담은 작품입니다. 리얼리즘에서처럼 혁명과 전쟁과 살인과 결혼 같은 대사건이 있는 것이 아니라 아주 파편적이고 일상적인 하루를 그려냈지요. 그런데 조이스는 식민지 도시 더블린의 하루를 《오디세이》라는 그리스 서사시의 틀에 맞춥니다. 갑자기 식민지의 하루 속에 그리스, 아니 세계가 들어오는 것이지요. 또 그 하루가 서양 문명의 기원과 맞아 들어가는 것이지요. 이렇게 해서 중심부와 주변부 간의 민족 모순 내지 국가 간 모순은 '상상적으로' 혹은 '상징적으로' 해결됩니다.

이 '모순의 해결'이라는 점이 제임슨에게 아주 중요합니다. 앞에서 '민족 모순'이라는 말을 했는데요, 전통적으로 맑스주의에서는 주로 계급 모순을 다루었지요. 고대사회에서의 귀족과 노예, 봉건사회에서의 영주와 농노, 자본제에서의 부르주아와 프롤레타리아의 관계는 계급 모순의 관계입니다. 양자가 서로를 전제하지 않고서는 존재할 수 없습니다. 또한 그 관계를 형성하는 구조 자체가 바뀌지 않는 한 모순은 계속 존재합니다. 제국주의 단계에 와서 식민 상황은 기존의 계급 모순에다가 다른 민족국가와의 모순 내지는 민족 내 모순이 중첩되는 상황이며, 이러한 모순 역시 식민지의 해방과 독립이 오지 않는 한 계속 존재하지요. 물론 해방과 독립을 위한 정치적 행위를 할 수 있다면 좋겠지만, 언제나 그럴 수 있는 것도 아니며 누구나 투사가 될 수 있는 것도 아닙니다. 대부분의 사람들은 어쩌면 그런 모순에 눈감고 살아갈지도 모릅니다. 그러할 때 문학과 예술은 그 모순의 해결을 "꿈꾸기" 시작합니다.

여기서 꿈이란 말은 프로이트적인 의미로 쓰인 것입니다. 프로이트에 의하면 모든 꿈은 소망성취이지요. 아무리 악몽이라 할지라도 그러합니다. 그러나 그러한 소망성취는 잠든 상태, 즉 현실원칙을 배제한 상태에서 무의식적 꿈 작업을 통해서 현실적 모순을 해결하는 것입니다. 그 꿈 작업은 현실적 모순을 응축하고 대체하고 전도시켜 원래의 모순이 무엇인지 알아볼 수 없게 만듭니다. 그래서 보통 '한갓 꿈'이 되어 버립니다. 하지만 프로이트가 보여주었듯이 해석을 해보면 그러한 형태들은 다 현실에 기초하고 있는 것이지요.

문학과 예술은 꿈처럼 무의식적으로 모순의 해결이라는 소망성취를 지향하지만, 다른 한편 꿈과 달리 현실원칙이 지배하는 현실 바로 안에서 존재 의미를 가져야만 합니다. 그래서 동시에 상상적이기도 하고 상징적이기도 한 것입니다. 이것이 바로 '정치적 무의식'의 작용입니다. 좀 더 자세히 설명해볼까요?

제임슨은 레비스트로스 Claude Lévi-Strauss (1908~2009)의 《슬픈 열대》에서 브라질의 한 부족의 얼굴 장식에 관한 대목을 가져와서 정치적 무의식을 설명합니다. 네 부족들 가운데 카두베오족은 유독 사회적 모순이 외양상으로 조율되지 않았습니다. 네 부족들 모두 위계적이며 가부장적이긴 했으나, 다른 세 부족들이 비위계적이며 평등주의적인 방식으로 족외혼을 허용한 반면 카두베오족은 그렇지 못했습니다. 그러자 카두베오족 여인들은 "해결책을 개념화하거나 직접 실생활로 살아갈 수 없었기에 그것을 꿈꾸기 시작했고, 상상계 속에 투사해 넣기 시작했"(Claude Lévi-Strauss, *Tristes Tropiques*, tran. by John and Doreen Weightman, Atheneum, 1973, p. 196)습니다. 레비스트로스는 이를 "열렬히 상징적 표현을 부여하고자 하는 한 사회의 환상 생산으로 해석하고 설명해야"(*Tristes Tropiques*, p. 197) 한다고 주장했지요.

제임슨은 바로 이 대목에 착안합니다. 현실적으로 모순을 해결할 수 없을 때, '상상적'인 해결책을 모색하되, 그것은 사회적으로 수용된다는 의미에서 상징적인 것이어야 합니다. 라캉의 구도를 다시 떠올려 보면, 상상계는 현실적으로가 아니라 이데올로기적으로 모순을 해결하는 단계입니다. 상징계는 반면에 사회제도적인 것입니다. 일단 '화장법'이라는 상징적 형식으로 인정받게 되면 사회적으로 용인되는 것이지요. 이렇게 사회적으로, 즉 상징적으로 용인되는 방식을 통해 사회적 모순을 상상적으로 해결하는 것이 정치적 무의식입니다.

정치적이고 현실적인 모순을 정치적이고 현실적으로 해결할 수 있다면 '무의식'이나 '꿈'은 존재할 필요가 없겠지요? 현실적으로 해결될 수 없기 때문에 모순은 무의식 속으로 억압되어 들어가 봉쇄되면서, 겉으로 모순과는 전혀 관련 없어 보이며 순진하고 무해한 환상의 형태를 만들어냅니다. 카두베오족 같은 경우 동그라미와 사선 같은 기하학적 형태로 말입니다. 즉 상상적으로 해결책을 모색하되 사회적으로 인정될 수 있는, 따라서 꿈의 검열과 유사한 검열 작업을 거쳐 상징적 형식을 띠게 된다는 것입니다. 그리고 이러한 무의식은 개인적 차원이 아니라 사회적이고 정치적 차원을 띠게 됩니다.

그렇다면 예술이나 문학에는 애초에 억압하고 봉쇄할 그 모순이 깊게 자리 잡고 있는 것 아닐까요? 이처럼 무의식 속으로 숨어 들어간 모순적 현실을 제임슨은 '하부 텍스트'라고 부릅니다. 우리가 접하는 문학과 예술의 텍스트는 하부 텍스트에 프로이트의 꿈 작업과 같은 부단한 정치적 무의식의 작업을 행한 결과 드러난 산물인 것입니다.

이렇게 보면 문학작품을 읽고 해석하는 작업은 이 정치적 무의식이 어떻게 작동하고 있는가, 애초의 사회적 모순은 무엇이었으며 그것을 어떻게 상상적이고 상징적으로 해결하고 있는지를 보는 일과 같습니다. 앞에서 조이스의 작품이 어떻게 더블린이라는 도시에 전 세계를 우겨 넣었는지를 보셨지요? 그리고 그 치밀한 작업이야말로 은밀하게 식민 상황을 역전시켜 상상적으로 모순을 해결한 것이지요. 그 결과 상징적으로는 《율리시즈》가 세계적인 위대한 고전으로 남게 되지 않았습니까? 조이스의 《젊은 예술가의 초상》을 보면 조국 아일랜드에 대해 "새끼를 잡아먹는 암퇘지",

운운 하는 대목이 나와요. 그리고 예술을 위해 종교와 조국을 버리기로 결심하지요. 그러나 상징적으로는 문학을 통해 양자를 다 구원한 셈이지요. 왜냐하면 결국 신교 아일랜드와 갈등을 일으키는 그 카톨릭 아일랜드라는 하부 텍스트에서 조이스라는 예술가와 작품이 만들어졌기 때문입니다.

방금 상상적인 것은 이데올로기적이라고 했는데요, 이 점에 대해서 좀 더 살펴보기로 하지요. 현실적인 사람들은 예술과 예술가를 좀 얕잡아보는 경향이 있어요. '글 나부랭이'라든가 '글쟁이'라든가 '몽상가'라든가 아무튼 비하하는 경향이 있는데, 그것이 바로 이 '꿈'의 성격 때문이거든요. 현실에 무지하다는 것이지요. 그러나 바로 이 현실에 현실적으로 대응하지 않는 이유가 현실을 너무 잘 인식하기 때문이라면 어떻게 될까요? 예술가는 (무의식적으로) 너무나 예민하게 또 총체적으로, 변증법적으로 현실을 본다, 이렇게 보는 관점이 바로 아도르노나 제임슨 같은 사람의 예술 인식인 겁니다. 현실에 현실적으로 대처하지 않으므로 상상적이고 이데올로기적인 것은 맞지만 다른 한편으로는 그 현실을 넘어서 있는 상징적이며 유토피아적인 '공간'을 창출하고 있기 때문에 양자 간에 변증법적인 작용이 일어난다는 겁니다.

만일에 카두베오족이 화장법을 상상해내고 발명하지 않았더라면 어떻게 되었을까요? 해결책은 없는 채 사회적 모순의 격화로 인하여 자멸했을지도 모를 일입니다. 이러한 의미에서 예술은 우리가 처한 현실에서 살아갈 수 있는 최선의 공간을 만들어냅니다. 이것은 그때그때 상황에 매몰되어 예컨대 자신이 손해와 이익이라고 판단하는 것에 따라 행동하는 게 아니라 손해와 이익을 가르는 선이 어디에서 오는지를 사유할 수 있는 변증법적인 시각이 있어야 가능한 것입니다. 그런데 이 '선'은 눈에 잘 보이지 않습니다.

해석의 세 지평과 유토피아 공간

자본주의 체제는 개인들이 특히 경제적인 손해와 이익을 따라 갈수록 '합리적으로' 행동하게 만듭니다. 베버가 자본주의의 과정을 '합리화'의 과정이라고 했잖아요? 따라서 옛날 신분사회의 윤리 체계인 인정(이것은 영주나 귀족이 시혜하는 데서 나온 것입니다)을 베풀거나 의리(이것도 기원을 따지면 기사도이지요)에 따라서 행동하면 그 과정에 어긋나는 별난 행동이기 때문에 뉴스에 나오게 됩니다. 따라서 지금 이른바 '인간적인 자본주의'를 만들고자 한다면 이 합리성이라는 것이 어디에서 오는지를 역사적으로 살펴본 다음에 과연 그것이 가능한지 따져보아야 합니다.

　제임슨은 그래서 자본주의 현실을 분석하는 데 제일 중요한 것이 '상품'을 보는 일이라고 하지요. 상품은 원래 사용가치와 교환가치가 결합된 것입니다. 사용하려고 돈 주고 사는 것입니다. 그런데, 자본주의 체제에서는 이 사용이라는 것이 다시 돈을 벌기 위해서 사용하는 것 아니면 대체로 낭비로 여겨집니다. 아니 내가 먹고 살기 위해서 돈 주고 사는 것인데도?라고 말할지 모르지만 내가 먹고 사는 것이 다시 돈 벌기 위해서 충전하는 과정, 맑스주의 정치경제학의 용어로 말하자면 '노동력'을 만들어 팔기 위해서 먹고 사는 것으로 되어 있지 않나요? 그리고 이 노동력의 값, 즉 임금을 낮추기 위해서 항상 산업예비군, 즉 실업자가 존재하게 됩니다. 제임슨은 《《자본》 재현하기》(2011)라는 최근의 저서에서 맑스의 《자본》은 결국 실업에 관한 책이라고 말했지요. 자, 이러한 상황을 넘어설 수 있는 유토피아적 공간은 어디에서 찾을 수 있을까요? 우리는 감히 상품 혹은 화폐가 없는 세상을 꿈꿀 수 있을까요?

물론 푸리에Jean Baptiste Joseph Fourier(1768~1830)라든가 오웬 같은 사람들이 이런 세상을 꿈꾸었고 비록 실패하긴 했어도 실천에 옮기기까지 했습니다. 그리고 토머스 모어Thomas More(1477~1535)의 《유토피아》에서부터 어슐러 르 귄Ursula Le Guin(1929~)의 《어둠의 왼손》에 이르기까지 무수한 서사를 통하여 새로운 사회에 대한 성찰이 이어져 왔으며, 바로 이러한 성찰의 공간은 우리를 노동기계의 상태로부터 잠시나마 벗어나게 해줍니다. 왜냐하면 이러한 공간은 우리가 지금 처한 현실을 낯설게 바라보게 해주기 때문이지요. 즉 자연스러운 것이 아니라, 역사적으로 만들어진 것으로, 또 앞으로 바뀔 수 있는 것으로 바라보게 해주지요. 그러니 유토피아 공간을 창출한 작품들은 변증법적이고 총체적인 시각을 갖추고 있으며, 또한 이데올로기적인 동시에 유토피아적이라고 말할 수 있지 않겠어요? 그런데 명시적으로 이처럼 유토피아적인 공간을 보여주는 유토피아 문학 내지 SF (제임슨은 《미래의 고고학: 유토피아라 불리는 욕망과 SF 작품들》(2005)에서 이런 작품들을 다룹니다)가 아니더라도 모든 작품들에 이러한 유토피아적 요소가 있다는 것이 바로 제임슨의 주장입니다.

그 이유는 모든 예술과 문학작품에 들어 있는 '집단적인' 요소 때문입니다. 사람은 혼자 살아도 어떻게든 사회의 테두리 속에서 살게 마련이지만, 둘만 모여도 벌써 그 관계를 어떻게 '살아낼까' 생각하게 됩니다. 둘만 모여도 1960년대인지 2013년인지 하는 일정한 역사적 시점이 작용하고, 상사인지 부하인지 하는 넓은 의미의 계급관계나 여자인지 남자인지 아니면 양성애자인지 동성애자인지, 흑인인지 백인인지 하는 성적, 인종적 관계가 작용하고, 나아가서 자본주의 체제라는 생산양식이 작용합니다. 아무리 사적인 관계라 하더라도 그러합니다.

그래서 제임슨은 문학작품의 내용이 아무리 파편적이고 사적인 것처럼 보여도, 집단적이고 역사적인 지평에 있으니 "항상 역사화하라"라고 말하는 것입니다. 따라서 문학작품을 해석할 때도 세 가지 지평들을 나누어 볼 수 있고, 이를 점점 확장시킬 수 있게 됩니다. 첫 번째는 앞서 레비스트로스에서 나온 개념으로 일정한 역사적 시점에서 그 모순을 상상적으로 해결하려는 몸짓으로서의 상징적 행위로 보는 것이고, 두 번째는 계급적, 성적, 인종적 측면에서 일정한 이데올로기들을 재료로 하여 유토피아적 공간을 창출해내는 측면이고, 세 번째는 생산양식과 관련된 것으로서 주로 장르의 문제와 관련됩니다.

첫 번째 지평, 즉 문학작품이 상상적인 것인 동시에 상징적인 것이라는 것은 충분히 설명을 했습니다. 두 번째 지평에서는 '이데올로기소', 즉 이데올로기의 최소 단위를 추출해내는 것이 관건입니다. 제임슨은 특히 '분한ressentiment'이라는 이데올로기소에 대해서 주목하고 있습니다. 니체의 철학을 읽어보신 분들은 아시겠지만, 이 단어는 불어로서 영어나 독어로 번역이 되지 않습니다.

영어로 가끔 'resentment'로 옮기고 한국어로 '원한'으로 옮기기도 하지요. 그러나 아무래도 원뜻을 전달하기에는 역부족인 것 같아서 제 나름대로 '분한'이라는 번역어를 만들어 보았습니다. 원한은 사실 개인적인 뜻이 많이 들어가 있는 것 같은데요, 분한은 종교에서 많이 쓰는 '분심憤心'이라는 말과 집단적인 뜻이 살아 있는 '한恨'을 합친 것입니다.

니체는 귀족과 노예의 관계에서 노예가 귀족에게 대하여 갖는 생각 및 감정 체계를 이렇게 본 것이지요. 당장은 무력하기 때문에 행동으로 어찌해 볼 수는 없지만 이러한 분한의 체계를 통해서 자신을 정당화하고 위무하는 것이지요. 우리는 도처에서 분한을 목격합니다. 잘 나가는 사람들에 대해서 그렇지 못한 사람들이 갖는 것이 대체로 이 분한입니다. 한편으로 질투하고 부러워하지만 당장 거기에서 끌어내리지는 못할 때, 은밀하게 가치 자체를 전도시켜 자신이 우위를 점하려고 합니다. 니체에 의하면 기독교가 바로 이러한 체제를 갖추고 귀족적 가치 체계를 무너뜨린 것입니다. 즉, 영웅적이고 고상하고 호화롭게 넘치는 것들 대신 겸손하고 검약하고 가난한 것이 우월한 가치로 현상하게 만들었다는 것입니다. 가끔 호화롭게 잘 사는 사람들을 볼 때, '그러면 뭐 좋냐, 나름대로 힘들겠지'라고 말하는 것이 바로 이러한 이데올로기소에 의한 것이지요. 그래서 냉정한 지식인은 영웅적이고 희생적이고 열정적인 사람들의 속내라는 것을 드러내고야 맙니다. 제임슨은 기성의 작품을 분석하면서 이러한 이데올로기소를 부르주아가 프롤레타리아에 대해서도 가질 수 있다는 것을 잘 보여주었지요. 때로 프롤레타리아는 창백한 지식인에 비해서 건강성과 열정의 표본으로 보일 수 있기 때문이지요. 콘래드의 《로드 짐》에서도 악당 브라운이 건강한 열정을 가진 짐에 대해서 품는 것이 바로 이 분한입니다. 이처럼 근본적으로 계급적인 이데올로기소들을 많이 발견해낼수록 작품 분석의 지평은 더 넓어지고 풍부해질 것입니다.

세 번째 지평은 생산양식의 지평이라고 했지요? 맑스는 그리스의 서사시와 비극을 좋아했다고 해요. 그러면서 그리스 서사시와 비극은 바로 인류의 유년기에서야 나올 수 있는 것이었다, 증기 기관과 신문의 시대에서는 도저히 나올 수 없는 것이라고 했거든요. 바로 이것이 내용과 형식의 변증법적 관계를 생각하게 해주는 대목이지요. 레이먼드 윌리엄즈Raymond Henry Williams(1921~1988)는 과연 현대에 비극 자체가 가능한가라는 문제를 제기하기도 했어요. 그러니까 지금 이 시점에서 서사시를, 비극을 쓰고 싶다고 그 의지만으로 쓸 수 없다는 것이지요. 하나의 장르는 역사가 그것을 가능하게 만들어주어야 하는 것입니다. 그리고 장르라는 형식은 내용적으로 특유한 이데올로기소를 지니고 있기도 합니다. 예를 들면 로맨스는 선악의 이분법이라는 이데올로기소를 장착하고 있어요. 로맨스 장르는 원래 중세 봉건시대 기사도 문학에서 나왔고, 기사란 항상 나와 적 사이의 항상적인 전투 속에 있는 것 아니겠어요? 그래서 선과 악의 구분이 선명한 것입니다. 선과 악을 선명하게 가를 필요가 있을 때, 게다가 그것이 계급적, 성적, 인종적일 경우 로맨스가 흥성하게 됩니다. 할리우드 영화가 대표적이지요. 사실 영화도 역사가 짧은 하나의 장르이고, 제임슨도 영화론을 많이 썼습니다. 그런데 할리우드 영화라는 특수한 장르 속에 로맨스적 성격이 강하게 각인되어 있다는 것이지요. 잘 아시다시피, 그 역사를 살펴보면 필요에 따라 "악의 축"이 그때 그때 달라지는 것을 알 수가 있습니다. "선악을 넘어서" 세계의 구조가 눈에 들어올 때 "소설"이 나타날 수 있는 것입니다만, 소설 가운데도 로맨스적, 멜로드라마적 성격이 강한 것은 선악구도를 작동시킬 때라고 보시면 됩니다.

인식적 지도 그리기

마지막으로 제임슨이 포스트모더니즘 내지 지구화 시대에 필요한 전략으로 제시한 "인식적 지도 그리기"에 대해서 이야기해볼까요?

그는 앞서 언급한 포스트모더니즘 논문에서 포스트모던 공간, 예컨대 '보나벤투라 호텔'(제임슨 덕분에 유명한 관광명소가 되었지요)의 경우에 거기에 부속된 상가에는 옛 공간과 같은 친숙한 표지들이 없어 방향을 잃고, 한번 찾았던 상점을 다시 찾지 못한다는 이야기를 들려줍니다. 이것이 바로 포스트모던 혹은 지구화 공간에 대한 '알레고리'가 될 수 있는 것이지요. 이때 방문자들뿐만 아니라 상점 주인들에게도 결여되어 있는 것이 바로 그 공간에 대한 인식적 지도인 것입니다.

이 개념은 사실 다른 개념들과 약호전환이 되는 것인데요, 전통적 맑스주의 용어로 하면, 계급의식입니다. 계급은 원래 관계 개념이지요. 제임슨이 말하는 것도 '관계망'입니다. 다만 이 의식을 전 지구적으로 넓힐 수 있는 안목이 필요한 것이지요. 예를 들어전 지구적 빈부격차에 따라서 이른바 남북 문제가 생기는 데, 이것을 자본주의 체제에 의한 계급관계로 볼 수 있어야 한다는 것입니다. 또 다른 말로 하면 "알레고리적 인식"이기도 합니다. 이것은 총체성과도 연결됩니다. 즉 파편적인 것이 어떤 전체의 파편이라는 것을 인식하는 것이지요. 그러니까 나의 일상적인 경험이 보다 큰 집단적인 것의 변화의 지표라는 것을 인식해야 하지요. 또한 변증법적 인식이기도 한데요, 선악을 넘어서서, 브레히트가 말했듯이 "현재의 나쁜 것에서 출발"(베르톨트 브레히트, 〈루카치에 대한 반론〉, 게오르크 루카치 외, 홍승용 옮김, 《문제는 리얼리즘이다》, 실천문학사, 1987, 120쪽)할 수 있는 힘이기도 합니다. 나쁜 것은 그 이면에 좋은 것을 가지고 있다는 인식, 유토피아적인 것은 이데올로기적인 것들의 최선의 조합에서 나온다는 점을 아는 것이기도 합니다.

프레드릭 제임슨, 여홍상·김영희 옮김, 《맑스주의와 형식》, 창비, 2014.

이 책은 1984년 《변증법적 문학이론의 전개》라는 제목으로 번역 출간되었다가, 이번에 수정 과정을 거쳐서 재출간되었다. 아도르노, 벤야민, 마르쿠제, 블로흐, 루카치, 사르트르 등 맑스주의 사상가들을 소개하고 있는 책이다. 그 중요한 범주는 '역사'와 '해석'으로서 이 범주들은 제임슨의 주저인 《정치적 무의식》에서 본격적으로 전개된다. 마지막 5장은 특히 헤겔과 '통시성'의 개념, '형식과 내용', '관념론과 유물론'의 범주 등이 논의되고 있어서 맑스주의의 철학적, 미학적 기초를 다지는데 좋은 책이다.

프레드릭 제임슨, 신현욱 옮김, 《문화적 맑스주의와 제임슨》, 창비, 2014.

이 책은 부제가 보여주고 있듯이 대담을 모은 것이다. 제임슨은 저명한 사상가임에도 불구하고, 비교적 대담을 하지 않는 편이다. 그의 복잡한 변증법적 사유가 단편적인 발언들을 통해서 전달되기 어렵기 때문일 것이다. 그러나 세계적인 지성들의 문제의식을 통해서 어느 정도 정리된 형태로 제임슨의 면모를 파악할 수 있을 듯하다. 한국의 석학으로는 백낙청 교수가 참여하고 있다.

***

테리 이글턴·프레드릭 제임슨·에드워드 사이드, 김준환 옮김, 《민족주의, 식민주의, 문학》, 인간사랑, 2011.

이 책은 식민지 아일랜드의 문학을 다루고 있는 책이다. 특히 제임슨이 쓴 〈모더니즘과 제국주의〉는 식민 본국 작가들과 식민지 작가들의 차이를 보여주며, 또한 제3세계 모더니즘으로서의 조이스의 문학이 어떻게 정치적 무의식을 통해서 식민지의 모순을 상상적으로 또 상징적으로 해결하고 있는지를 잘 보여주고 있다.

프레드릭 제임슨, 이경덕·서강목 옮김, 《정치적 무의식》, 민음사, 근간.

'정치적 무의식'은 제임슨의 저서 제목인 동시에 하나의 비평용어로 정착됐다. 사실 제임슨의 사상 전체를 관통하고 있는 단어이기도 하다. 책의 삼분의 일을 차지하는 〈해석에 대하여〉에서는 역사 및 생산양식과 문화혁명 개념이 전개되고 있으며 이어지는 장들은 실제 비평에 해당하는 것으로서, 로맨스, 리얼리즘(발자크), 자연주의(기싱), 모더니즘(콘래드) 작품들을 각각 다루고 있다. 이 책이 출간된 후 3년 뒤에 이론화가 본격적으로 이루어지는 포스트모더니즘에 대한 이론적 골격도 이미 이 책에 담겨 있다. 결론인 〈유토피아와 이데올로기의 변증법〉은 많은 논란을 불러일으키기도 했지만, 비평은 단지 이데올로기 비판에 그치는 것이 아니라 작품이 담고 있는 새로운 사회에 대한 열망 또한 포착해내야 함을 강조하고 있다.

이 책에 나오는 책

게오르그 빌헬름 프리드리히 헤겔, 《정신현상학Phäomenologie des Geistes》, 1807.

김동식, 《프래그머티즘》, 아카넷, 2002.

낸시 프레이저, 《미완의 정의: '포스트-사회주의적' 상황에 대한 비판적 성찰Justice Interruptus: Critical Reflections on the 'Postsocialist' Condition》, Routledge, 1997.

_____, 《쉽지 않은 관행: 현대 사회 이론에서의 권력, 담론, 젠더Unruly Practices: Power, Discourse, and Gender in Contemporary Social Theory》, Univ of Minnesota Pr, 1989.

낸시 프레이저·악셀 호네트, 《재분배냐 인정이냐: 정치철학 토론Redistribution or Recognition? A Political-Philosophical Exchange》, Verso, 2003.

노엄 촘스키, 이종삼·박행웅 옮김, 《촘스키, 9-11》, 김영사, 2001.

_____, 황의방·오성환 옮김, 《패권인가 생존인가》, 까치글방, 2004.

_____, 황의방 옮김, 《패권인가 생존인가》, 까치, 2004.

_____, 황의방 옮김, 《환상을 만드는 언론》, 두레, 2004.

_____, 강주헌 옮김, 《촘스키, 실패한 국가, 미국을 말하다》, 황금나침반, 2007.

_____, 이정아 옮김, 《촘스키의 아나키즘》, 해토, 2007.

_____, 강주헌 옮김, 《촘스키, 우리가 모르는 미국 그리고 세계》, 시대의창, 2008.

_____, 강주헌 옮김, 《촘스키, 점령하라 시위를 말하다》, 수이북스, 2012.

_____, 이종인 옮김, 《촘스키, 세상의 물음에 답하다1·2·3》, 시대의창, 2013.

_____, 《통사 이론의 양상Aspects of the Theory of Syntax》, Mit Pr, 1969.

노엄 촘스키·에드워드 허먼, 정경옥 옮김, 《여론조작》, 에코리브르, 2006.

도널드 W. 셔번, 오영환·박상태 옮김, 《화이트헤드의 과정과 실재 입문》, 서광사, 2010.

드니 로베르·베로니카 자라쇼비치노엄·촘스키, 강주헌 옮김, 《촘스키, 누가 무엇으로 세상을 지배하는가》, 시대의창, 2013.

라카토스·무스그레이브 편, 조승옥·김동식 옮김, 《현대과학철학 논쟁》, 민음사, 1987/ 아르케, 2002.

레이 몽크, 김병화 옮김, 《HOW TO READ 비트겐슈타인》, 웅진지식하우스, 2007.

_____, 남기창 옮김, 《비트겐슈타인 평전》, 필로소픽, 2012.

로날드 수터, 남기창 옮김, 《비트겐슈타인과 철학》, 서광사, 1998.

로버트 노직, 남경희 역, 《아나키에서 유토피아로》, 문학과지성사, 1997.

루트비히 비트겐슈타인, 박정일 옮김, 《수학의 기초에 관한 고찰》, 서광사, 1997.

_____, 이영철 옮김, 《논리-철학 논고》, 책세상, 2006.

_____, 이영철 옮김, 《철학적 탐구》, 책세상, 2006.

_____, 이영철 옮김, 《청색책·갈색책》, 책세상, 2006.

_____, 이영철 옮김, 《확실성에 관하여》, 책세상, 2006.

_____, 이기흥 옮김, 《심리철학에 관한 고찰1·2》, 아카넷, 2013.

346

리처드 로티, 김동식·이유선 옮김,《우연성, 아이러니, 연대성》, 민음사, 1996.

_____ , 김동식 옮김,《실용주의의 결과》, 민음사, 1996.

_____ , 박지수 옮김,《철학 그리고 자연의 거울》, 까치글방, 1998.

_____ , 임옥희 옮김,《미국 만들기》, 동문선, 2003.

_____ ,《객관성, 상대주의 그리고 진리Objectivity, Relativism, and Truth: Philosophical Papers》, Cambridge University Press, 1990.

_____ ,《하이데거에 관한 논문들Essays on Heidegger and Others》, Cambridge University Press, 1991.

_____ ,《진리와 진보Truth and Progress》, Cambridge University Press, 1998.

_____ ,《철학과 사회적 희망philosophy and social hope》, Penguin Group USA, 1999.

_____ ,《문화정치로서의 철학Philosophy as Cultural Politics》, Cambridge University Press, 2007.

마르셀 프루스트,《잃어버린 시간을 찾아서A la recherche du temps perdu》, 1913.

마이클 노직,《무정부, 국가, 유토피아Anarchy, State, and Utopia》, Basic Books, 1977.

마이클 왈쩌, 정원섭 외 옮김,《정의와 다원적 평등》, 철학과현실사, 1999.

_____ , 김용환·박정순·윤형식·정원섭 옮김,《자유주의를 넘어서》, 철학과현실사, 2000.

_____ , 송재우 옮김,《관용에 대하여》, 미토, 2004.

_____ , 김은희 옮김,《해석과 사회비판》, 철학과현실사, 2007.

_____ , 유홍림 옮김,《전쟁과 정의》, 인간사랑, 2009.

_____ ,《정의로운 전쟁과 정의롭지 못한 전쟁Just And Unjust Wars》, Paidos Iberica Ediciones S A, 2001.

_____ ,《정전론Just and Unjust Wars》, Paidos Iberica Ediciones S A, 2001.

막스 베버,《프로테스탄트 윤리와 자본주의 정신Die protestantische Ethik und der 'Geist' des Kapitalismus》, 1905.

문창옥,《화이트헤드 과정철학의 이해》, 통나무, 1999.

박병철,《비트겐슈타인》, 이룸, 2003.

백미연,〈'재분배'와 '정체성'을 넘어 '참여의 평등parity of participation'으로〉,《한국정치학회보》제43집 제1호, 2009.

백미연,〈글로벌 시대 정의의 범위: 프레이저의 '대표representation' 개념을 중심으로〉,《21세기 정치학회보》Vol. 19 No. 2, 2009.

블라디미르 나보코프,《롤리타Lolita》, 1955.

아이버 레클럭, 안형관 옮김,《화이트헤드 형이상학 이해의 길잡이》, 이문출판사, 2003.

악셀 호네트, 문성훈·이현재 옮김,《인정투쟁》, 사월의책, 2011.

알래스데어 매킨타이어, 이진우 옮김,《덕의 상실》, 문예출판사, 1997.

_____ , 김민철 옮김,《윤리의 역사, 도덕의 이론》, 철학과현실사, 2004.

_____ ,《도덕적 탐구에 대한 세 가지 경쟁적 설명 방식Three Rival Versions of Moral Enquiry》, Univ of Notre Dame Pr, 1991.

_____ ,《의존적인 이성적 동물Dependent Rational Animals》, Open Court Pub Co, 2001.

_____ , 김민철 옮김,《윤리의 역사, 도덕의 이론》, 철학과현실사, 2004.

347

_____, 《누구의 정의인가? 어떤 합리성인가?whose justice? which rationality?》, Univ of Notre Dame Pr, 1989.

알베르트 아인슈타인, 《상대성 이론Relativity: the Special and the General Theory》, 1916.

알프레드 노스 화이트헤드, 오영환 옮김, 《관념의 모험》, 한길사, 1996.

_____, 오영환 옮김, 《과정과 실재》, 민음사, 2003.

_____, 오영환 옮김, 《과학과 근대세계》, 서광사, 2008.

_____, 오영환·문창옥 옮김, 《사고의 양태》, 치우, 2012.

_____, 《자연인식의 원리에 관한 연구An Inquiry Concerning the Principles of Natural Knowledge》, 1919.

_____, 《자연의 개념The Concept of Nature》, 1920.

앨런 차머스, 신중섭·이상원 옮김, 《과학이란 무엇인가》, 서광사, 2003.

어슐러 르 귄, 서정록 옮김, 《어둠의 왼손》, 시공사, 2002.

웨슬리 샤록·루퍼드 리드, 김해진 옮김, 《토머스 쿤》, 사이언스북스, 2005.

이문수, 〈정의에 대한 새로운 인식: 호네트와 프레이저의 인정이론을 통해 본 현대사회에서의 정의〉, 《한국거버넌스학회보》 제19권, 2012년 12월, 23~45쪽.

이상환, 〈인정의 정치와 사회 정의〉, 대한철학회논문집, 《철학연구》 제107집, 2008. 8.

이양수, 《롤스&매킨타이어》, 김영사, 2007.

이언 해킹, 이상원 옮김, 《표상하기와 개입하기》, 한울, 2005.

이유선, 《듀이&로티》, 김영사, 2006.

임마누엘 칸트, 장동진·김기호·김만권 옮김, 《영구평화론》, 아카넷, 2009.

잭 런던, 곽영미 옮김, 《강철군화》, 궁리, 2009.

정원섭, 《롤스의 공적 이성과 입헌 민주주의》, 철학과현실사, 2008.

제임스 래디먼, 박영태 옮김, 《과학철학의 이해》, 이학사, 2003.

제임스 조이스, 《예술가의 젊은 초상A Portrait of the Artist as a Young Man》, 1916.

_____, 《율리시즈Ulysses》, 1922.

조승옥·김동식 옮김, 〈현대 과학철학 논쟁〉, 민음사, 1987.

조인래 편역, 《쿤의 주제들》, 이화여자대학교출판부, 1997.

조지프 콘래드, 《로드 짐Lord Jim》, 1900.

존 롤스, 장동진·김기호·김만권 옮김, 《만민법》, 아카넷, 2009.

_____, 장동진 옮김, 《정치적 자유주의》, 동명사, 1999.

_____, 황경식 옮김, 《정의론》, 이학사, 2003.

카를 폰 클라우제비츠, 김만수 옮김, 《전쟁론1》, 갈무리, 2006.

칼 맑스, 《자본론Das Kapital》, 1867.

칼 맑스·프리드리히 엥겔스, 《공산당 선언Manifest der Kommunistischen Partei》, 1848.

클로드 레비스트로스, 박옥줄 옮김, 《슬픈 열대》, 한길사, 1998.

토마스 쿤, 김명자·홍성욱 옮김, 《과학혁명의 구조》, 까치, 2013.

_____, 《본질적 긴장The Essential Tension》, Univ of Chicago Pr, 1979.

_____, 《흑체 이론과 양자 불연속성Black-Body Theory and the Quantum Discontinuity》, Univ of Chicago Pr, 1978.

_____, 《코페르니쿠스 혁명The Copernican Revolution》, Harvard Univ Pr, 1992.

_____ , 《구조 이후의 도정The Road Since Structure》, Univ of Chicago Pr, 2000.

토마스 호진스키, 장왕식·이경호 옮김, 《화이트헤드 철학 풀어 읽기》, 이문출판사, 2003.

토마스 홉스, 《리바이어던Leviathan》, 1651.

토머스 모어, 《유토피아De Optimo reipublicae statu, deque nova insula Utopia》, 1516.

프레드릭 제임슨, 여홍상·김영희 옮김, 《맑스주의와 형식》, 창비, 2014.

_____ , 신현욱 옮김, 《문화적 맑스주의와 제임슨》, 창비, 2014.

_____ , 이경덕·서강목 옮김, 《정치적 무의식》, 민음사, 근간.

_____ , 《변증법의 결합가Valences of the Dialectic》, Verso, 2009.

_____ , 《헤겔 변주The Hegel Variations》, Verso, 2010.

_____ , 《《자본》을 재현하기Representing Capital》, Verso, 2014.

테리 이글턴·프레드릭 제임슨·에드워드 사이드, 김준환 옮김, 《민족주의, 식민주의, 문학》, 인간사랑, 2011.

프리드리히 니체, 《비극의 탄생Die Geburt der Tragodie》, 1872.

플라톤, 《국가Politeia》.

해럴드 블룸, 양석원 옮김, 《영향에 대한 불안》, 문학과지성사, 2012.

힐러리 퍼트남, 김효명, 옮김, 《이성, 진리, 역사》, 민음사, 1987.

_____ , 원만희 옮김, 《과학주의 철학을 넘어서》, 철학과현실사, 1998.

_____ , 김효명 옮김, 《이성, 진리, 역사》, 민음사, 2002.

_____ , 홍경남 옮김, 《존재론 없는 윤리학》, 철학과현실사, 2006.

_____ , 노양진 옮김, 《사실과 가치의 이분법을 넘어서》, 서광사, 2010.

349

353

354

루트비히 비트겐슈타인

박정일 서울대학교 수학과를 졸업하고, 동 대학 철학과 대학원에서 박사학위를 받았다. 서울대학교 철학사상연구소 선임연구원, 연세대학교 철학연구소 선임연구원, 세종대학교 초빙교수를 지냈으며, 현재 숙명여자대학교 리더십교양교육원 교수로 재직 중이다. '의사소통'과 '실천'을 화두로 철학을 하고 있으며, 주로 비트겐슈타인 철학과 논리철학, 수학철학을 연구하고 있다. 저서로 《추상적 사유의 위대한 힘: 튜링&괴델》이 있으며, 비트겐슈타인의 《수학의 기초에 관한 고찰》, 《괴델》, 《수학자, 컴퓨터를 만들다》, 《비트겐슈타인의 수학의 기초에 관한 강의》를 우리말로 옮겼다.

357

알프레드 노스 화이트헤드

문창옥 연세대학교 철학과와 동대학원에서 철학 박사학위를 받았고, 현재 연세대학교 철학과 교수로 재직 중이다. 주로 초기 근대철학과 현대 형이상학 관련 분야를 강의하고 연구한다. 저서로 《화이트헤드의 과정철학의 이해》, 《화이트헤드 철학의 모험》, 《화이트헤드 과정과 실재 읽기》(공저)가 있고, 《상징 활동》, 《사고의 양태》(공역) 등을 우리말로 옮겼으며, 화이트헤드의 철학과 관련된 다수의 논문들을 발표하였다.

토마스 쿤

이봉재 서울대학교에서 건축학을 공부하고, 동 대학 철학과 대학원에서 과학철학 분야의 박사학위를 받았다. 현재 서울과학기술대학교 기초교육학부 교수로 재직 중이며, 과학의 인식론적 해석, 지식과 문명, 디지털 혁명의 해석 등의 주제를 연구한다. 저서로《매체의 철학》,《현대 과학철학의 문제들》,《공동체란 무엇인가》(공저) 등이 있으며,〈과학적 실재론〉,〈컴퓨터, 사이버스페이스, 유아론〉,〈지식으로서의 과학: 기술과학테제에 대한 반론〉,〈위험과 무능: 생태 위기와 과학적 합리성의 문제〉,〈포퍼-쿤 논쟁 재론〉 등 다수의 논문이 있다.

존 롤스   마이클 왈쩌

정원섭 서울대학교 철학과를 졸업하고, 동 대학원에서 석사학위 및 박사학위를 받았다. 미국 퍼듀대학교 철학과에서 박사 후 과정을 거쳐 현재 건국대학교 교양학부에 재직하고 있다. 롤스와 왈쩌 등 도덕철학 및 정치철학에 관심이 많고, 디지털기술이 야기하는 윤리적 문제들에 대하여 꾸준히 관심을 기울이고 있다. 최근에는 인권에 대한 철학적 정초 작업을 과제로 삼아 전쟁과 평화의 문제에 주목하고 있다.《존 롤즈의 공적 이성과 입헌 민주주의》,《롤즈의 정의론과 그 이후》 등을 썼고,《정의와 다원적 평등》,《자유주의를 넘어서》,《전환기의 새로운 직업윤리》,《아시아의 인권 교육》,《기업윤리》 등을 우리말로 옮겼다. 이외에도〈인권과 아시아적 가치〉,〈인권의 현대적 역설〉,〈공적 이성과 정치적 정의관〉,〈디지털 환경에서 자아 정체성〉,〈영미 윤리학계의 최근 연구 동향과 도덕 교육〉 등 다수의 논문을 발표했다.

알래스데어 매킨타이어

김수정 미국 가톨릭대학교에서《알래스데어 매킨타이어의 현대 도덕철학 비판: 도덕적 행위자와 공동체의 관계를 중심으로》라는 논문으로 박사학위를 받았으며, 현재 가톨릭대학교 의과대학 인문사회의학과 조교수로 재직 중이다.《토미즘 원리와 생명윤리》,《생의 마지막에서의 의료적 보살핌》을 우리말로 옮겼으며,〈아리스토텔레스의 덕윤리와 생명윤리에의 적용〉,〈규범 중심의 생명윤리 논의에 대한 비판: 행위의 통합성을 중심으로〉,〈덕윤리와 의학전문직업성의 관련성〉,〈인격주의 생명윤리의 도덕적 단초: 인간의 기본적 선, 인간 생명의 존엄성과 인격〉 등 다수의 논문을 썼다.

힐러리 퍼트남

황희숙 서울대학교 철학과를 졸업하고, 동 대학원에서 석사학위와 박사학위를 받았다. 현재 대진대학교 철학과 교수로 재직 중이다. 《신경과학과 마음의 세계》와 《이것이 생물학이다》(공역)를 우리말로 옮겼다. 또한 〈회의론과 지식의 이념〉, 〈은유와 인식〉, 〈과학과 성의 은유〉, 〈과학주의와 인문학의 재정위〉, 〈과학적 철학의 꿈〉, 〈회의론과 인간 조건〉, 〈페미니스트 과학론의 의의〉, 〈감정과 지식〉, 〈전문가주의와 젠더문제〉 등 다수의 논문을 썼다.

리처드 로티

이유선 고려대학교 철학과를 졸업하고 동대학원에서 박사학위를 받은 후, 버지니아대학교에서 리처드 로티의 지도로 박사 후 과정을 마쳤다. 현재 서울대학교 기초교육원 전임대우 강의교수로 재직 중이다. 저서로 《아이러니스트의 사적인 진리》, 《리처드 로티》, 《사회철학》, 《실용주의》, 《듀이&로티》 등이 있고, 《철학의 재구성》, 《철학자 가다머 현대의학을 말하다》, 《정의에 관한 6가지 철학적 논쟁》, 《퍼스의 기호학》(공역) 등을 우리말로 옮겼다.

359

노엄 촘스키

강주헌 한국외국어대학교 프랑스어과를 졸업하고, 동대학원에서 석사학위와 박사학위를 받았다. 그 후 프랑스 브장송대학교에서 수학했다. 한국외국어대학교와 건국대학교 등에서 강의했고, 현재 전문번역가로 활동하면서 '펍헙 번역 그룹'을 통해 후진 양성에도 힘쓰고 있다. 2003년 '올해의 출판인 특별상'을 수상하기도 했다. 《기획에는 국경도 없다》 등을 썼고, 《촘스키, 우리가 모르는 미국 그리고 세계》, 《권력에 맞선 이성》, 《지식인의 책무》, 《어제까지의 세계》, 《20세기의 셔츠》, 《컬처쇼크》 등 100여 권의 책을 우리말로 옮겼다.

낸시 프레이저

서유석 서울대학교 철학과 졸업했고, 동 대학원에서 헤겔의 역사철학으로 석사
학위를, 맑스의 사회과학방법론으로 박사학위를 받았다. 현재 호원대학교 교양학
과 철학 교수로 있다. 《청년 헤겔》, 《변증법적 유물론》, 《철학 오디세이》, 《머레이 북
친의 사회적 생태론과 코뮌주의》 등을 우리말로 옮겼고, 《철학, 문화를 읽다》, 《다
시 쓰는 맑스주의 사상사》 등을 함께 썼다. 최근 주 관심 키워드는 인정, 연대, 공
동체운동 등이다.

프레드릭 제임슨

이경덕 연세대학교 영문학과를 졸업하고 동대학원에서 《프레드릭 제임슨의 역사
주의적 상상력》이란 논문으로 박사학위를 받았다. 《탈식민주의: 이론과 쟁점》을
함께 썼고, 테리 이글턴의 《문학비평: 반영 이론과 생산 이론(원제: 맑스주의와 문학
비평》, 에두아르도 갈레아노의 《사랑과 전쟁의 낮과 밤》, 제임슨의 《정치적 무의식:
사회적으로 상징적인 행위로서의 서사》(공역, 근간)을 우리말로 옮겼다. 그 밖에도
〈페미니즘의 공과, 그리고 19세기 영국소설 읽기〉, 〈이글턴과 제임슨에 있어서의 해
체론〉, 〈불교철학과 근대문학〉 등 다수의 논문이 있다.